裁判文书说理丛书

主 编 宋北平

英美法系裁判文书说理

——以判例分析为重点

YINGMEIFAXI CAIPAN WENSHU SHUOLI

张 清 钟林燕·著

人民法院出版社

图书在版编目（CIP）数据

英美法系裁判文书说理：以判例分析为重点 / 张清，钟林燕著. -- 北京：人民法院出版社，2022.7
（裁判文书说理丛书 / 宋北平主编）
ISBN 978-7-5109-3059-1

Ⅰ.①英… Ⅱ.①张… ②钟… Ⅲ.①英美法系—法律文书—研究 Ⅳ.①D916.13

中国版本图书馆 CIP 数据核字（2020）第 254770 号

英美法系裁判文书说理——以判例分析为重点
张　清　钟林燕　著

责任编辑　丁塞峨
出版发行　人民法院出版社
地　　址　北京市东城区东交民巷 27 号（100745）
电　　话　（010）67550656（责任编辑）　67550558（发行部查询）
　　　　　65223677（读者服务部）
客服 QQ　2092078039
网　　址　http://www.courtbook.com.cn
E-mail　courtpress@sohu.com
印　　刷　天津嘉恒印务有限公司
经　　销　新华书店

开　　本　787 毫米×1092 毫米　1/16
字　　数　314 千字
印　　张　18.5
版　　次　2022 年 7 月第 1 版　2022 年 7 月第 1 次印刷
书　　号　ISBN 978-7-5109-3059-1
定　　价　63.00 元

《裁判文书说理丛书》

序

由宋北平教授主编，四级法院多位法官和专家、教授共同执笔撰写的“裁判文书说理丛书”即将由人民法院出版社出版发行，令人欣喜和振奋。这套丛书以习近平法治思想为指导，科学分析了裁判文书释法说理的意义及重点、难点问题，结合优秀裁判文书实例阐明了说理技巧，就厘清裁判思路、提炼裁判要旨提出了具有可操作性的意见和建议，有助于提高法官释法说理能力、提升法院司法公信力、促进“说理型”社会的形成，对法学界了解新时代法官释法说理、理性司法实践具有良好的参考意义。应丛书编委会和主编之邀，谨就裁判活动和裁判文书释法说理略抒己见，代为序。

司法是一项神圣的理性事业，它既是公平正义的守护神，也是法治文明的顶梁柱。“法律之内，应有天理人情在。”“法律的基本意图是让公民尽可能的愉悦。”“法，非从天下，非从地出，发于人间，合乎人心而已。”自古以来，在法治的叙事中，司法并非只以权威而获得服从，却是因“理智”和“善意”而赢得赞美。在当代中国，社会关系、法律关系、诉讼关系日趋复杂，公众法律知识、法治意识、法理修养日渐增长，特别是随着全面依法治国背景下司法公开的强力推进，司法裁判文书的说理性、说服力和可接受性日益成为保障公民诉权、提高司法公信力、培育全社会理性司法文化的基本要求。为此，法官不能局限于“法条主义”一判了之，而要善于“释法说理”以理服人，把裁判意见当中的法理、事理、情理讲清、讲明、讲透，使当事人和普通公众知法明理、遵法循理，切实感受到公平正义就在身边。

习近平总书记指出：“法律不应该是冷冰冰的，司法工作也是做群众工作。一纸判决，或许能够给当事人正义，却不一定能解开当事人的‘心结’，‘心结’没有解开，案件也就没有真正了结。”① 执法的最好效果就是让人心服口服，所以要“坚持以法为据、以理服人、以情感人，努力实现最佳的法

① 习近平：《论坚持全面依法治国》，中央文献出版社 2020 年版，第 23 页。

律效果、政治效果、社会效果。”① 司法人员“要坚持以法为据，以理服人、以情感人，既要义正辞严讲清‘法理’，又要循循善诱讲明‘事理’，感同身受讲透‘情理’，让当事人胜负皆明、心服口服。”②。习近平总书记的重要论述和法理命题传承了中华法系的优良传统，借鉴了人类法治文明的思想精华，为我们正确认识司法过程中的法、理、情关系提供了科学指引，是做好释法说理工作的根本遵循。

对于裁判文书释法说理工作，以习近平同志为核心的党中央早有系统部署和安排。2013 年，《中共中央关于全面深化改革若干重大问题的决定》提出“增强法律文书说理性”。2014 年，《中共中央关于全面推进依法治国若干重大问题的决定》中提出“加强法律文书释法说理，建立生效法律文书统一上网和公开查询制度。”2015 年，《最高人民法院关于全面深化人民法院改革的意见——人民法院第四个五年改革纲要（2014—2018）》明确提出“推动裁判文书说理改革”，尤其是要“加强对当事人争议较大、法律关系复杂、社会关注度较高的一审案件，以及所有的二审案件、再审案件、审判委员会讨论决定案件裁判文书的说理性。”“完善裁判文书说理的刚性约束机制和激励机制，建立裁判文书说理的评价体系，将裁判文书的说理水平作为法官业绩评价和晋级、选升的重要因素。”中央政法委和最高人民法院先后出台了一系列文件，贯彻落实习近平总书记的重要指示和党中央决策部署，具体指导裁判文书释法说理工作。2015 年，《中央政法委关于建立律师参与化解和代理涉法涉诉信访案件制度的意见（试行）》中提出，律师参与化解和代理涉法涉诉信访案件，应当遵循“依法据理”的原则，即“严格依照法律和政策，向信访人讲清法理、讲明事理、讲通情理，向政法机关提出法律意见。”2018 年，最高人民法院印发《关于加强和规范裁判文书释法说理的指导意见》，提出“裁判文书释法说理，要阐明事理，说明裁判所认定的案件事实及其根据和理由，展示案件事实认定的客观性、公正性和准确性；要释明法理，说明裁判所依据的法律规范以及适用法律规范的理由；要讲明情理，体现法理情相协调，符合社会主流价值观；要讲究文理，语言规范，表达准确，逻辑清晰，合理运用说理技巧，增强说理效果”。2021 年，最高人民法院印发《关于深入推

---

① 习近平：《论坚持全面依法治国》，中央文献出版社 2020 年版，第 260 页。

② 习近平在中央政法工作会议上的讲话（2019 年 1 月 15 日）。

进社会主义核心价值观融入裁判文书释法说理的指导意见》，指出“裁判文书释法说理应积极回应人民群众对公正司法的新要求和新期待，准确阐明事理，详细释明法理，积极讲明情理，力求讲究文理，不断提升人民群众对司法裁判的满意度，以司法公正引领社会公平正义”。此外，最高人民法院多个有关司法工作文件也具体就释法说理进行了工作安排。例如，2012 年，最高人民法院研究室印发《关于编写报送指导性案例体例的意见》《指导性案例样式》，提出指导性案例中的裁判理由要“根据案件事实、法律、司法解释、政策精神和法学理论通说，从法理、事理、情理等方面，结合案情和裁判要点，详细论述法院裁判的正确性和公正性”。2017 年，《最高人民法院对十二届全国人大五次会议第 1549 号建议的答复》提出加强基层法官能力培养，“加强社会知识、人文素养等方面的培训，帮助基层法官拓宽视野，善于从法律视角和社会视角通盘考虑法理、事理、情理，实现法律效果和社会效果相统一”。2019 年，最高人民法院印发《全国法院民商事审判工作会议纪要》提出，“在民商事审判工作中要弘扬社会主义核心价值观，注意情理法的交融平衡，做到以法为据、以理服人、以情感人，既要义正辞严讲清法理，又要循循善诱讲明事理，还要感同身受讲透情理，争取广大人民群众和社会的理解与支持”。这些部署表明，释法说理已经成为中国司法不断进步、追求善治的实践议程。

释法说理，重在“理”。古人云：“理者，物之固然，事之所以然也。”①在司法审判中，“理”恰承载着事实之“固然”和法律之“所以然”，因而具有真理和正义的双重力量。“释法说理”就是向当事人和公众展示裁判合法性、正当性、合理性、可信性的论证过程，体现出法官法律思维、法治思维和法理思维相统一的鲜明特征。具体而言，释法说理的“理”主要包括法理、事理、情理等。

法理，顾名思义，就是“法之理”。“法者，天下之理。”② 一般来讲，法理乃“蕴含于法中的道理。可用以说明某事物、某现象、某说法之类能够成立，如：‘这是合乎法理的’；也可用来支持某主张、某事物、某现象，如：

① 语出自王夫之哲学著作《张子正蒙注》。

② 语出自朱熹《朱文公文集》中的名篇《学校贡举私议》。

‘从法律上讲应当如此’。”[①] 就诉讼案件而言，法理，含法律原理、法律原则、法治精神、法治原则、法学通说等多重意涵，亦指法律条文内在的或其背后的法的精神、法的价值、法的理念、道德公理、公共政策等，或曰裁判的合法性依据和正当性理据。事实表明，法理在制度生活中有很多被权威所认可而转化为实在法，但任何法律（法典、法规）规定均无法承载全部的法理，更难以淋漓尽致地全面展现法理精义，从而有待法官去分析、挖掘、提炼，并有的放矢地给当事人讲清法理、道明“言外之意”。在“公说公有理、婆说婆有理”的现实情况下，尤其是在已经陷入“舆论风波”的公众关注的案件中，更加需要法官“义正词严地讲清法理”，用法理来“定风波”。讲清法理，直接任务是说明与案件相关的法律规范的准确含义和意义、法律适用的理由根据，间接任务则是把法律条文内在的或其背后的法理揭晓出来，使当事人和公众“明达法理”，即知晓权利、义务、责任的法律根据和法理依据。鉴于“万物各异理，而道尽稽万物之理”[②]，必要时还应向当事人和公众讲一讲与案件相关的法律之“道”（普遍法理），诸如“公序良俗”“诚实信用”“公平正义”“权利义务对等”等法治核心价值。

当然，长于法理的法官不只是真知灼见的表达者，更是法理经典的诠释者和创作者。卡多佐说：“判决应当具有说服力，或者具有真挚和热情这样感人至深的长处，或者带着头韵和对偶这样有助记忆的力量，或者需要谚语、格言这样凝练独特的风格。忽视使用这些方法，判决将无法达到目的。”[③] 卡多佐以感悟告诉我们，为了增强裁判文书释法说理的解释力、论证力、穿透力和感染力，法官应当注重引用以简洁、优雅、精湛的语言承载和表达出来的脍炙人口的法理格言和法谚，诸如，“法不阿贵，绳不挠曲”“法律面前人人平等”“宪法法律至上”“法官除了法律就没有别的上司”“国有国法、家有家规”“无规矩不成方圆”“法律的生命在于实施”“法律必须被信仰，否则形同虚设”“权利不得滥用”“享用自己的财物应以不损害他人利益为度”“不得损人利己”“任何人不得从其错误中获利”“法律活动不得违背公序良

① 参见周旺生、朱苏力主编：《北京大学法学百科全书——法理学、立法学、法律社会学》，北京大学出版社2010年版，第243页。

② 语出自《韩非子·解老》。

③ ［美］本杰明·N. 卡多佐：《演讲录法律与文学》，董炯、彭冰译，中国法制出版社2005年版，第115页。

俗”“法律不可强人所难”“没有无义务的权利，也没有无权利的义务”“有权利的地方就有救济，有救济的地方就有权利”“法不溯及既往”“法律不保护权利上的睡眠者”“善有善报，恶有恶报”“躲得过初一、躲不过十五”“打官司就是打证据”“罪刑法定”“疑罪从无”等。

事理，顾名思义，就是“事之理”、事物的使然之理。“事有必至，理有固然”①“物之所在，道则在焉”②，任何事物，其形成、存在和发展都有“规律”“轨迹”“常理”“条理”，可谓“事事有事理”“事象之中必有事理”。在法律实践领域，“事理”系指蕴含于法律行为、法律关系、法律事件等法律事实当中的“规律”“常理”“条理”，或者是法律事实的主观动因、客观原因，或者是法律行为的根本原因、动机、活动与其结果的因果联系，或者是具体法律事实中权利、义务和责任的关联度，或者是诸如不可抗力、紧急避险、善意取得等法律事实的过程、环境、情节、事由等。讲清事理，最关键的是向当事人，尤其是“不明事理”的当事人回溯性地说明裁判所认定的案件事实，注重“让证据说话”，解释证据采信与事实认定的根据和理由，展示案件事实的客观性、类案的普遍事理和个案的具体事理，讲明案件事实认定的科学性、准确性和公正性，全面公开事实认定与采信的正当程序，营造当事人亲历性场景，让当事人“心知肚明”，以臻致“已判定的事项应当被视为真理”的理想效果。

情理，顾名思义，就是“情之理”“人之常情”。法谚云：“人类受制于法律，法律受制于情理”“情理是法律的生命”。波斯纳认为，“在许多案件中，并且是在那些最重要的案件中，法官将不得不接受一个合乎情理的、一个说得通的结果……什么才合乎情理，什么才说得通，这常常取决于道德感觉、常识、同情，以及其他不易转换成可测度后果计算的思想情感成分。”③。中国在司法实践中一直注重协调法律与情理的关系。在法律适用当中，情、理、法都是共同的价值考量，法官在严格司法的同时，充分考虑“仁义礼智信”，兼顾人情世故、伦理纲常等因素，塑造了中华司法文明的优秀传统。在现代法律生活中，情理的内涵是极其丰富的，诸如我们时常挂在嘴边的“合

---

① 语出自《战国策·齐策四》。

② 语出自南宋叶适撰写的《习学记言》。

③ 参见［美］理查德·波斯纳：《波斯纳法官司法反思录》，苏力译，北京大学出版社2014年版，第5~12页。

乎情理”“人之常情”“人情世故”“社会常情”“普遍感情”“同理之情”“恻隐之心”“良知爱心”“社群情怀”“礼之用，和为贵”“国无德不兴，人无德不立”“要酌理、要揆情”“情理上说得过去”等。在利益多元化、价值多元化、道德多元化、审美多元化的现代社会，法律情理属于“同理心”意义上的情理。滋贺秀三的一段论述表达了“同理心”的情理观和判断方法，他指出：“情理判断的中心部分是任何人都不会想到提出异议的普遍和不言而喻之理，其边缘部分则依具体情况可以呈现出千变万化的灵活性。不过，这种灵活性并非完全无原则，其程度和范围是熟悉这个环境的人们大体上能够把握的东西。”① 我们所谓“己所不欲勿施于人”“人同此心，心同此理”“老吾老以及人之老，幼吾幼以及人之幼”“勿以恶小而为之，勿以善小而不为”“言必信，行必果”“人无信而不立”“德不孤，必有邻”等，就是“人们大体上能够把握的东西”。法律情理包括为人处事的基本道理、普遍公认的是非曲直、为人称道的人伦情操、社会大众的公理公德、历史形成的公序良俗等，法律上的情理不仅包含私人良知（同情、友善、博爱等），也包含公共良知（正义、平等、自由、人权等）。讲透情理，就是要在重视民心、尊重民意、体察民情的基础上，激发当事人和大众的“法感”，知行合一，“言必信，行必果”“德不孤，必有邻”“人而无信，不知其可也”，做一个法律上、伦理道德上、公共生活中的“明白人”，有情有义、重情重义的人，诚实守信、一诺千金的人。要激活当事人的“同理心”“同情心”“恻隐心”“道义感”等，引导当事人换位思考、将心比心、善解人意、善待弱者、懂得感恩、珍惜亲情、父慈子孝、见义勇为、互惠互利、有福同享等。让当事人不仅在个案中感受到公平正义，而且通过个案感受到法的真善美，进而基于“法感”之“共情”而成为法治的尊崇者和捍卫者。

应当认识到，释法说理并不意味着裁判文书就是修辞技术和文字游戏，其意义并非限于强化裁判过程的说理性、提升裁判文书的合理性、增强裁判文书的公信力，而且也在于提升社会公众对司法裁判的认同感，本质上表达的是对当事人诉讼权利的尊重，是“以人民为中心”的法治理念在司法领域的具体体现。英国女王王室法律顾问路易斯认为，“陈述判决理由是公平之精

---

① ［日］滋贺秀三：《清代诉讼制度之民事法源的考察——作为法源的习惯》，载王亚新、梁治平编：《明清时期的民事审判与民间契约》，法律出版社 1998 年版，第 80 页。

髓。在现代民主社会中，越来越多的人承认，受到判决的人有权知道判决是如何做出的。”① 裁判活动与裁判文书的释法说理不是法官自说自话，而是法官与当事人和公众的真诚对话和理性沟通，是司法民主、民主司法的常规形式。释法说理本身不是目的，其目的是让当事人知法明理、胜败皆服，达到案结事了人和，“人”才是“理”的归宿。裁判和裁判文书的感染力，主要不在法律条文的逻辑，也不在司法实践经验，而在于晓之以法、以法为据，导之以理、以理服人，动之以情、以情感人的裁判艺术，“三理融合”是其至高境界所在。

中华优秀传统法律文化以“当人情、合法理”“谨持法理，审察人情”②“融天理、国法、人情为一体”为底色，自古以来孕育并沉淀在定分止争、利国安民的司法经验之中。法理、事理、情理不是孤立存在的，而是有机统一、息息相通、彼此交融。其中，法理是根本理据，事理是科学判定，情理是道义基准，法理尚“善”，事理求“真”，情理通“美”。它们共同演绎出司法维护公平正义的和谐韵律，通达于“让人民群众在每一个司法案件中感受到公平正义”的终极目标。

张文显

二〇二二年三月

① ［英］彼得·斯坦、［英］约翰·香德：《西方社会的法律价值》，王献平译，中国法制出版社2004年版，第114页。

② 详见（宋）郑克：《折狱龟鉴译注》卷八，《何武夺财》，刘俊文译注，上海古籍出版社1988年版，第461页。

编写说明

随着全面依法治国、建设法治中国进程的不断推进，裁判文书释法说理在提升国家治理能力方面的作用日益凸显，成为展示人民法院公正形象的载体。从裁判文书的制作看，它是提高司法质量和审判效率的优化工程，是推进司法公正的升华工程，是提升人民群众幸福感、获得感的民生工程。如何进一步增强裁判行为的公正度和透明度，规范审判权行使，提升司法公信力和司法权威，发挥裁判的定分止争和价值引领作用，弘扬社会主义核心价值观，切实维护诉讼当事人合法权益，努力让人民群众在每一个司法案件中感受到公平正义，促进社会主义现代化国家的建设和发展，是本丛书编撰力求实现的目标。

为此，我们按照优秀法官与学者相结合的原则选择作者，按照应用研究与基础研究相结合的原则架构丛书体系，以《裁判文书论证与说理》《裁判文书语言与说理》《英美法系裁判文书说理——以判例分析为重点》解决通用需求，而《刑事裁判文书说理》《民事裁判文书说理》《行政裁判文书说理》探讨说理实践，在总结、借鉴学界相关成果的基础上，力求有所创新和超越，为提升法官的释法说理能力、提高法院司法公信力和促进“说理型”社会的形成与发展提供些许智慧与经验。

本丛书在编撰过程中，得到了多方支持，作者们多年辛勤耕耘，主编、副主编承担实施《丛书编撰方案》的任务，在撰写样稿、召集作者会议、申报国家出版基金、联系出版等方面做了很多具体工作，在此一并致谢。

《裁判文书说理丛书》编委会

二〇二二年三月

前　言

裁判文书是审判活动的记录，是裁判结果的文字载体，是法院与当事人以及公众联系沟通的桥梁，是法律正义与司法权威的彰显手段①。作为裁判制度最直接、最具体的产物，裁判文书可以体现一国司法制度的公平与正义。说理是裁判文书的核心和灵魂，对裁判结果的公正性起着至关重要的作用。说理充分的裁判文书可以避免司法擅断，实现司法公正，促进法律信仰，树立司法权威，对化解矛盾、宣传法制、促进和谐社会都具有重要意义②。法官通过裁判文书将法律规定、案件事实、推理过程以及裁判结果传递给当事人及社会公众。当事人及公众可以通过说理性强的裁判文书树立对法律的信仰，建立对司法权威的尊重，并可以心悦诚服地接受裁判结果，从而降低司法成本。

裁判文书的说理一直是司法改革关注的重点。随着2013年7月《最高人民法院裁判文书上网公布暂行办法》的正式实施，依据该办法，除法律规定的特殊情形外，最高人民法院发生法律效力的判决书、裁定书、决定书一般均应在互联网公布。这标志着司法进一步的公开，为司法公正提供了保证。然而仅仅司法公开并不一定必然能保证司法公正。一份能够体现司法公正的裁判文书，还应该说理到位，能使当事人心服口服地接受。因此，裁判文书的说理性研究至关重要。重视对裁判文书的说理是我国司法文明进步的标志，有利于保护当事人的权利，有利于树立法律的权威。但是实践中，裁判文书说理空洞化、形式化、繁简不分、论证不清的现象还时有发生。随着国际交往的加深，特别是"一带一路"倡议的落实与深化，了解其他国家，特别是研究英美发达国家裁判文书的说理，对于我国裁判文书的说理研究有一定的参考价值和借鉴意义。

---

① 刘鎏：《裁判文书的说理研究》，载《法制博览》2017年第6期。

② 胡云腾：《论裁判文书的说理》，载《法律适用》2009年第3期。

笔者多年来从事法律语言研究，对裁判文书多有关注，特别是对于我国及英美法系国家的裁判文书对比做过一定的研究。2012 年，笔者主持的项目“中美刑事判决书比较研究”（项目号 12YJAZH197）获得教育部人文社会科学研究规划基金资助。虽然项目已经结项，且关注点主要在刑事判决书比较研究上，但是该项目的研究也为未来的研究打下了很好的基础，同时也留出了很多待进一步研究的余地。此次有幸参与到裁判文书论证说理丛书编写组中，得以对英美法系国家的裁判文书说理做一梳理和研究。本书主要分为六章，第一章主要阐述英美法的来源及特征，第二章论述美国的法律制度及特征，第三章概述美国的法院制度，第四章主要分析研究美国裁判文书的结构及说理，第五章介绍英国裁判文书的说理，第六章是中美裁判文书说理比较研究（因为篇幅关系，重点还是放在了刑事裁判文书的比较上。这一章也是作为一个范例，为以后其他类型的比较研究做一示范）。限于我们才疏学浅，研究还很肤浅，还有待于深化和补充，这也是我们未来持续研究的动力。王韫翔对本书的写作也提供了一定的帮助。此外，本书中的案例翻译也得到了徐新燕、郝瑞丽、刘艳、王小刚等老师的大力支持，在此一并表示感谢。书中的不足都归于我，请读者批评指正。

张　清

二〇二二年三月十七日

目　录

第一章　英美法系概述

第一节　当今世界的法律体系

当今世界主要有三大法律体系，即大陆法系（Civil Law）、普通法系（Common Law）和宗教法系（Religious Law）。大陆法系是世界上使用最为广泛的法律体系，以罗马法为基础，首先在欧洲大陆产生，所以有时也被称为欧洲大陆法系（Continental European Law）。普通法系又称为英美法系（Anglo - American Law），其法律渊源来自法官作出的判决，因此普通法或英美法亦可称为判例法（Case Law or Judge - made Law）。宗教法系是指将宗教制度或文件用作合法的法律渊源，尽管其所使用的方法论各不相同。值得注意的是，还有一种社会主义法系（Socialist Law），指社会主义国家所使用的法律制度，是建立在大陆法系基础之上，将马克思列宁主义思想（Marxist - Leninist Ideology）作为其重要修改和补充①。中华法系（Chinese Law）是大陆法系和社会主义法系的混合体，是具有中国特色的社会主义法系（Socialist Law with Chinese Characteristics）。

对于普通法系或者英美法系而言，除了英国（苏格兰除外），采用该法系的还包括英国殖民地、附属国的许多国家和地区，如美国（路易斯安那州除外）、加拿大（魁北克除外）、印度、巴基斯坦、孟加拉、马来西亚、新加坡、澳大利亚、新西兰以及非洲的个别国家和地区。其中变动不大的有加拿大、澳大利亚和新西兰等，加拿大的魁北克省保留了法国法的特点，斯里兰卡则具有罗马 - 荷兰法的特点，原属法国的美国路易斯安那州也仍保持了大陆法

① 黄震：《中华法系与世界主要法律体系——从法系到法律样式的学术史考察》，载《法学杂志》2012 年第 9 期。

系的特征。美国的法律虽然源于英国，但改动最大，并对许多国家的法律产生了很大的影响。因此，英美法系中又分为英国法和美国法两大分支[①]。本书主要以英美法系中的美国法为重点，对美国裁判文书的说理进行重点探讨研究，同时也会对英国的有关裁判文书说理进行分析。

第二节　英美法系的形成

英美法是指由英国发展而推广于大部分以英语为官方语言的国家的法律制度，与欧陆国家及受欧陆国家历史上征服和统治之国家所使用的大陆法有所不同。英美法系国家的法律制度基本上采用普通法，亦称判例法，不同于经过立法程序而制定法规的成文法（Statutory Law）。普通法最早就是指英国12 世纪左右开始形成的一种以判例形式出现的适用于全国的法律[②]，是由法官依据一般习惯、司法实务之原理、同一法域之上诉法院或最高法院的先例而作出之判决[③]，普照通法是英国以及沿袭英国传统的诸多国家所特有的体系，其实质原则是“先例约束将来”[④]。要了解普通法，必须要了解它的历史。

一、盎格鲁撒克逊时期

英美法最早起源于英国盎格鲁撒克逊时期的地方习惯法。盎格鲁撒克逊时期的社会没有中央集权似的司法制度，也没有律师、法官等专业法律人，更没有通用于全英国的统一法律。所有的法律诉讼皆由分散于各地之自治体法院（Communal Court），依据当地之习惯作出判决，所以判决会因各地习惯不同而相异。因此，在诺曼征服英格兰之前，地方自治体法院各自为政，每个地方法院都适用本地的习惯法，法律制度权利分散[⑤]。

---

① 李金玉、金博：《英美法律制度》，西北工业大学出版社 2014 年版，第 35 页。

② 钱弘道：《英美法讲座》，清华大学出版社 2004 年版，第 2 页。

③ 王泽鉴：《英美法导论》，北京大学出版社 2012 年版，第 1 ~4 页。

④ ［英］威廉·格尔达特：《英国法导论》，张笑牧译，中国政法大学出版社 2013 年版，第 12 页。

⑤ 王泽鉴：《英美法导论》，北京大学出版社 2012 年版，第 3 ~4 页。

二、英王威廉一世时期

1066 年，威廉公爵带领诺曼人征服英格兰后，成为英王威廉一世。威廉一世为了巩固国王权力，以日耳曼式封建制度取代了盎格鲁撒克逊式领土与封臣的附庸关系。同时，为避免封建贵族割据地方，施行了以国王为中心的中央集权统治，并设立了国王法院（King's Court）和巡回法院制度（Nisi Prius System）。国王法院由英王威廉一世主持，在所有法院中具有最高的地位。威廉一世将英格兰划分为几个巡回区，并带着国王法院的法官到各地巡视，解决民众间纠纷，或是处理民众对当地官员和政府的申诉。全国司法权由英王掌理，但英王无法亲自审理全国所有的申诉案件，于是开始任命巡回法官（Justice in Eyre）代表国王巡视全国，到各地的自治体法院审理民众的诉讼案件，代理国王行使司法权，这些巡回法官作出的判决相当于将国王的权力贯彻于地方①。

三、英王亨利二世时期②

直至英王亨利二世统治期间（1154—1189），皇家中央法院系统和普通法得以形成并获得重大发展。由于司法事务日渐繁多，亨利二世建立了三个具有各自管辖范围的普通法法院：处理普通民众间民事纠纷的民诉法院（Court of Common Pleas）、主要处理刑事诉讼案件的王座法院（Court of King's Bench）以及处理财税纠纷的财政法院（Court of Exchequer）等三个皇室法院，形成适用普通法于全国的皇家中央法院系统。早期国王经常带着一些法官到英国各地审理案件，这就是王座法院，其拥有广泛的刑事案件管辖权，以及附属的民事案件管辖权，还拥有监督所有地方法院活动的权力。

亨利二世担心其权力被削弱，进而持续进行司法改革，确立巡回法院制度、陪审制度和令状制度。

首先是巡回法院制度的确立。亨利二世确立了由威廉一世设立的巡回法

---

① 王泽鉴：《英美法导论》，北京大学出版社 2012 年版，第 6～8 页。

② 王泽鉴：《英美法导论》，北京大学出版社 2012 年版，第 7～14 页。

院制度，将巡回审判变成一种定期的制度，派遣并任命法官巡回审理案件，从而适用皇家法院作出的判决。皇家法院的判决具有优于地方法院的最高效力，适用于全英国的皇家法院判决推动了英国法律的统一，逐渐形成了全国通用的习惯法，即普通法。

其次是陪审制度的确立。由于国王和法官到各地巡视、审理民众投诉时，对当地的情况并不熟悉，于是便创建了一种由当地居民提供地方习惯法的机制。到亨利二世时期，颁布《克拉伦登诏令》（*The Assize of Clarendon*），规定巡回法官在各地审理土地纠纷时，可从当地居民挑选 12 名与当事人关联的知情者作为证人，即陪审员，由此将陪审制度化。陪审制度的建立，对普通法的形成和发展尤为重要，巡回法官得以将各地的习惯法结合在一起，构成通行全国的普通法。

最后是令状制度的确立。令状（writ）是大法官以国王名义签发的书面命令，是责令被告到皇家法院出庭的正式文件，每种诉讼理由都有相应的诉讼形式，同时发给相应的令状。早期民众要在皇家法院提起诉讼，必须先向拥有全国司法权的英王申请，取得国王核发的令状，皇家法院才有审理民众诉讼的权力。国王通过核发令状，从而提供皇家法院作为解决民众之间纠纷的初审法院，皇家法院逐渐对所有重要的法律争议拥有了管辖权。

因此，先前的皇家法院判例是法律的主要渊源，皇家法官借由皇家法院的判决造法，使皇家法院的判决成为整个王国共同的法律（the law common to the whole kingdom），普遍的法律原则得以适用于大部分地区。统一的司法体制逐渐得到发展，通用于全英国的普通法得以形成。随后，英国把普通法传统带到了其他国家，尤其是其殖民地。美国的普通法便是从英国的普通法演变而来。

第三节　普通法和衡平法

衡平法（equity）只存在于遵循普通法传统的国家，衡平原则在广义上意味着公平（fair）或公正（just），其存在是为了在法庭内恢复自然正义，是对普通法的拾遗、注释和补充[①]。在一些情况下，因为普通法法院和令状制度过于强调诉讼形式和诉讼程序，以及普通法法官僵硬而僵化的做法，普通法没有能够给予当事人适当的救济，衡平法便应运而生，从而对普通法在实体法上的缺失进行相应补充，给予当事人普通法无法提供的救济。

比如，在中世纪时期，如果甲向乙借了50英镑，甲可能需要签署一份约定文件，表明甲同意偿还借款。假设甲已偿还借款，但未将此前签订的约定取消。随后乙要求甲再次偿还借款，并将此前签订的约定作为甲欠款的证据。普通法法院将拒绝审查甲和乙所签订约定文件以外的证据，甲将不得不再次偿还借款。

由上述例子可知，在普通法法院中，甲并没有得到应有的救济。当出现此类问题时，遇到跟甲有类似情况的诉讼当事人诉至国王请求特别救济，国王便通过大法官（chancellor）设立大法官法院（the Court of Chancery），以此解决类似纠纷。

常用的衡平法救济（equitable remedy）包括实际履行/强制履行（specific performance）和禁止令（injunction）。衡平法院没有陪审团参与，衡平法权利和救济方式由法官自由裁量，而普通法权利或救济方式都是当事人应当享有的法定权利。当同一案件同时适用普通法与衡平法存在冲突或分歧的时候，优先适用衡平法。1875年，英国废除了普通法法院和大法官法院（即衡平法院），并将两者合二为一，但两种救济方式依然存在，法院可以同时执行普通法和衡平法项下的权利和义务，以及救济方式。

普通法的含义一般有三个层次：相对于制定法而言，普通法指判例法；相较于衡平法而言，普通法指普通法院所适用的法律；与大陆法系相对而言，普通法指英美法系。普通法的传统及特征是遵循先例的原则、判例法为主导性、判例法方法及诉讼救济中心主义等[②]。

第四节　遵循先例原则

判例在普通法系中扮演着至关重要的角色，判例法在普通法国家具有独

① 钱弘道：《英美法讲座》，清华大学出版社2004年版，第43页。
② 钱弘道：《英美法讲座》，清华大学出版社2004年版，第2页。

一无二的权威性和影响力，判例法最主要的特征是“遵循先例原则”（the doctrine of precedent，the principle of stare decisis），遵循先例原则是判例法的核心原则。先例（precedent）是已作出的判决，是法院用作决定未决案件（pending case）的依据，未决案件与其具有类似的事实和相同或相似的争议焦点要遵循先例。遵循先例（stare decisis）是一项法律原则，要求法院对在同一制度中的该法院或上级法院产生的相同或相似争议焦点适用现有先例。1537 年至 1865 年，英国私人汇编和出版的记名判例集，普遍重视判决及其理由，并增加判例的印证，确立了援引先例的惯例。1854 年《国会法令》对判例的应用作用进行原则性规定后，最终形成了遵循先例原则。美国从 17 世纪开始，继承了普通法，建立了普通法的判例理论，同样实行遵循先例原则[①]。

当双方当事人对诉争案件之法律适用有不同意见时，就会寻找法院之相关先例。如果法院之前曾解决过类似的争议，则法院必须遵循先例的推理，这就是所谓的“遵循先例原则”或是“判例拘束原则”，而判例主要是指判决书中的判决理由。如果法院认为，目前的争议根本不同于之前的所有先例，法官就有权利和义务，借由法院的判决来“造法”。自此之后，新的判决将成为先例，并且拘束日后法院的判决。遵循先例原则能确保法律的一致性和可预测性[②]。

已作出的司法判决（judicial decisions）对于处理事实相似的当下争议，具有正式和普遍的约束力，但是此司法判决只有在同一司法制度或司法管辖区内才是真正意义上的先例。判例法程序需要仔细分析、比较和区分案件的事实。在同一司法管辖区内，司法判决只有与待决案件在事实上具有相似性，即具有相同的实质性事实（the same material facts），才能成为先例，才具有普遍的约束力。一些司法判决作为先例而言，比其他司法判决更具重要性，比如，上级法院的判决作为先例，比下级法院的判决具有更强的法律效力。

上诉法院的每一个最终判决都有双重的影响或作用：一是作为法院已判决且无法再上诉的案件，遵循一事不再理原则，即已决案件（res judicata）；二是作为未来案例的先例或潜在先例，即遵循先例的原则。按照正常的上诉程序，上级法院审查发现下级法院作出了错误的判决，上级法院可以撤销

---

① 孙华璞、王利明、马来客：《裁判文书如何说理：以判决说理促司法公开、公正和公信》，北京大学出版社 2016 年版，第 8 ~ 9 页。

② 王泽鉴：《英美法导论》，北京大学出版社 2012 年版，第 2 页。

(reverse) 下级法院的判决，被撤销的判决不再具有法律效力。当同一管辖区内的最高法院推翻 (overrule) 其先例后，先前的判决对双方当事人具有法律约束力，但被推翻的判决对随后的案件不再具有先例的效力。

第五节　英美法系与大陆法系的差异

大陆法系又称罗马法系、成文法系、民法法系或罗马－日耳曼法系，起源于罗马帝国，可以追溯到罗马十二铜表法 (*the Twelve Tables of the Republic of Rome*)。罗马法以查士丁尼皇帝《民法大全》(*Codex of Justinian*) 为根基，大陆法系承袭了古罗马法的传统，仿照了《法国民法典》和《德国民法典》的样式，从而建立其法律制度。大陆法系的主要历史渊源包括罗马法和日耳曼法，另外还有教会法、商法和城市法，采用该法系的国家主要有法国、德国以及曾是法、西、荷、葡四国殖民地的国家和地区，另有日本、泰国、土耳其等国。以 1804 年《法国民法典》为代表的拉丁分支和以 1896 年《德国民法典》为代表的日耳曼分支是该法系的两大分支①。

英美法系和大陆法系主要存在六点差异。一是在法律渊源上，大陆法系是成文法系，以制定法为基础，其正式的法律渊源不包括司法判例；英美法系最初是以判例法作为其法律渊源，后来也包括制定法，但司法判例仍然是英美法系的核心。二是在法典编纂传统上，法典化是大陆法系法律的基本样态，英美法系一般而言不倾向于法典形式。三是在法律结构上，大陆法系建立法律基本结构的基础是传统意义上公法（宪法、行政法、刑法、诉讼法等）和私法（民法、商法等）的划分；英美法系的基本结构是在普通法和衡平法的分类基础上建立的，普通法以判例法为基石，衡平法是普通法的补充规则。四是在法官职权上，大陆法系法官只能援引法律的明文规定，而不能创造法律规则或原则；英美法系法官拥有较大的自由裁量权，法官可以借由法院的判决造法。五是在诉讼程序上，大陆法系采用纠问式，法官是诉讼的中心；英美法系是抗辩式的诉讼体制，以诉讼当事人为中心。六是在职业教育传统上，大陆法系注重法学理论的阐释，法官和律师是两个独立的职业；英美法

① 李金玉、金博：《英美法律制度》，西北工业大学出版社 2014 年版，第 37 页。

系重视实践能力的培养，通常情况下，法官从优秀律师中挑选产生[①]。

尽管普通法和大陆法有上述差别，但从近年来各国法律制度的发展来看，两大法系早已互相影响，世界上已无纯粹的普通法系国家或纯粹的大陆法系国家。以美国为例，立法机关制定的成文法日益增加，目前美国大部分州已自行制定民事诉讼法，而所有的州政府也均已制定刑法及刑事诉讼法，只是在普通法之下，制定法仍需经过法院的司法审查和司法解释。反之，大陆法系国家近年来也越来越重视司法判例，下级法院参考上级法院判决的情况也逐渐增多[②]。

① 李金玉、金博:《英美法律制度》，西北工业大学出版社 2014 年版，第 39 页。

② 王泽鉴:《英美法导论》，北京大学出版社 2012 年版，第 3 页。

第二章　美国的法律制度

第一节　美国法律制度的形成

美国的法律制度有若干不同的层级，其中一个重要原因就是联邦法律和州法律的分化，联邦有一套单独的法律制度，而 50 个州都有各自独立的法律制度，因此美国有“50 + 1”共 51 套法律制度。其原因起源于早期的历史，最初美国并非作为一个单独的国家而成立，而是由 13 个殖民地联合而成，每个殖民地都宣称独立于英国皇室。美国 1776 年在《独立宣言》中指出，这些联合的殖民地是、而且有权成为自由和独立的国家。因此，美国每一个独立的管辖区内都有其独立的法律制度，除了原属法国的殖民地路易斯安那州以《法国民法典》为基础，保持了大陆法系的某些特点之外，美国大部分州的法律制度依旧承袭了普通法传统。

独立战争时期，殖民地人民对英国的敌对情绪影响了法学界人士对英国法的态度，进而出现了禁止使用英国判例法而引进大陆法系成文法典的活动。对于美国法律的发展而言，独立战争时期是以英国普通法为基础，并参照欧洲大陆的法律创建美国法的重要时期。虽然各州纷纷参照大陆法系制定法典，但美国的法律还是深受英国普通法的影响。美国法在传承英国普通法传统的基础上得以发展，但是由于独立战争时期的成文法典运动，因此美国法比英国法更加注重成文法。近百年来，美国联邦政府和各州政府纷纷将许多普通法原则法典化，所以美国的普通法其实已非纯粹的判例法，而是注入了大量成文法的混合体①。

① 王泽鉴：《英美法导论》，北京大学出版社 2012 年版，第 20～24 页。

第二节　美国法的法律渊源

如上节所述，美国法在承袭英国判例法的基础上不断发展的同时，也继受了一部分大陆法系成文法制度，因此美国法主要有两大法律渊源（two primary sources of law）：立法机关制定的法律（简称制定法）（Legislative Law）和判例法（Case Law，Judge – made Law or Common Law），参见图 1。

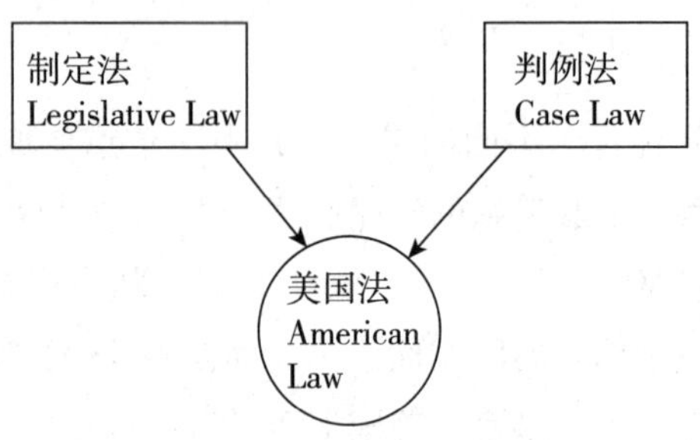

图 1　美国法的两大法律渊源

一、制定法

制定法是明确规定用来约束和指引社会行为的规则合集，主要包含宪法（Constitution）、法令（Statute）和行政法规（Administrative Law）。这三种制定法在重要性（Importance）、具体性（Specificity）和有效期（Life Span）方面显示出不同的等级特征，且均存在州层级和联邦层级的宪法、法令和行政法规，参见图 2、表 1。

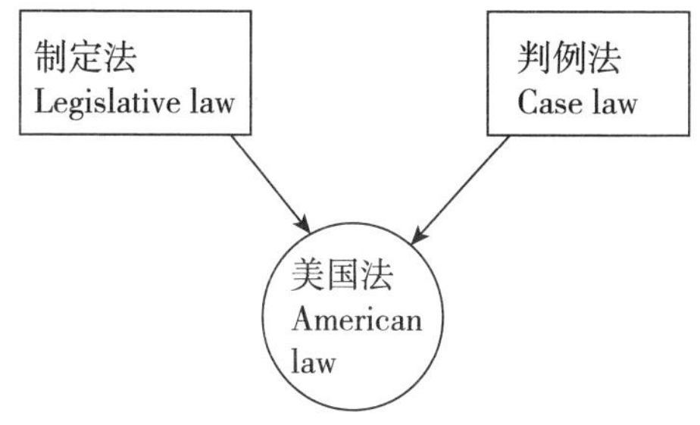

图 2　美国制定法类型

表 1　三种制定法的重要性、具体性和有效期等级

特征	**等级（从左至右由低到高排列）**		
重要性 Importance	行政法规 Administrative Law	法令 Statute	宪法 Constitution
具体性 Specificity	宪法 Constitution	法令 Statute	行政法规 Administrative Law
有效期 Life Span	行政法规 Administrative Law	法令 Statute	宪法 Constitution

在联邦层级的制定法中，首先是美国联邦宪法，其是联邦政府体制（federal system of government）的根源，也是规定个人权利以及各州和联邦政府之间关系的基本政策。宪法是三种制定法中最重要的一种，具有最长的有效期限；同时，宪法较为抽象、最不具体且最难修订。但是宪法要服从于法院的解释（subject to interpretation by the courts）。其次是法令，其相比宪法而言较为具体且较易修订，但是有效期限没有宪法长。美国国会（Congress）制定法令来处理特定的较大范围的问题，这些法令更能反映社会政策变化。但是也要服从于司法解释（subject to judicial interpretation）。最后是行政法规，相较于宪法和法令而言，行政法规最为具体、最易修订、有效期限最短。法令中通常会有政策规定，相关政府部门负责执行此法令，此时便要由该政府部门的行政机关颁布相应行政法规，以此解决实施政策规定过程中遇到的实际细节问题。行政法规跟法令一样，服从于司法解释。

在州层级的制定法中，也有宪法、法令和行政法规，这三种制定法的等级制度划分与联邦层级的划分相同。州宪法制定本州的政策，有效期限长且难以修订。州立法者颁布法令来实施本州的相应政策。州行政机关颁布州层级的行政法规，以执行本州法令的具体适用问题。

二、判例法

美国法的另一个法律渊源是判例法，又称为普通法或法官造法，其起源于英国法律制度，沿袭了英国普通法传统。在联邦层级和州层级都存在普通法制度。普通法由法官的司法判决组成，法院的判例是普通法的根基，所谓判例，主要是指判决书中的判决理由，而不是它的处置意见[①]。此外，普通法基于“类似事实应给予相同对待”的原则，相当重视司法先例。当事人对于案件适用法律有不同意见时，就会寻找法院之相关先例。如果法院先前曾解决过类似的争议，则法院必须遵循先例；如果法院认为，目前的争议根本不同于之前的所有先例，法官就有权利和义务，借由法院的判决来“造法”。新的判决将成为先例，并且拘束日后法院的判决。诉讼当事人面对不利之先例或判例，通常会采取区分（distinguish）其诉与先例为不同之案件事实的策略，说服法院拒绝采用对其不利之先例。判例法有时被视为非成文法，是因为由法院判决所创制的法律通常隐含在判决里，而非明文规定[②]。

普通法为社会普遍运作提供了必不可少的一致性（consistency），公众可以预测不同类型行为产生的结果。普通法也会适应变化。如果出现与现有先例略有不同的案件，法院在必要时会修改相应规则，以此对未决案件进行判决。如果案件事实与现有先例不同，法院将对规则进行扩大解释，用以涵盖新事实；或对规则进行狭义解释，从而拒绝其适用。律师通过在法庭上对案件和先例的异同之处进行辩论，并与其他先例进行类比来推动法律的发展。值得注意的是，某些判决比其他判决能够作为更好的先例，比如：来自同一个州的判决比其他州的判决具有更大的权重；联邦层级中的某些判决比别的判决更有说服力；法院层级越高，其判决更具分量[③]。

---

① 钱弘道：《英美法讲座》，清华大学出版社 2004 年版，第 160 页。

② 王泽鉴：《英美法导论》，北京大学出版社 2012 年版，第 2 页。

③ 沙丽金：《法律英语》，中国民主法制出版社 2010 年版，第 11～12 页。

三、制定法与判例法的差异

制定法和判例法的主要区别在于其关注点不同。通常情况下，制定法的受众是公众，其制定一般性规则，从而适用于各种具体情况。普通法的根源是案件的具体事实，法院的具体判决形成规则，并将此规则适用于后来的案件。制定法具有广泛适用性，判例法开始时适用范围较小，随后转化成更为广泛的规则，然后再适用于具体的事实情况。

制定法反映了普通法的存在。除了法的一些特定部门会以成文法典形式表达外，其他成文法是普通法判例的追加记录和勘误记录。因此，制定法若不以普通法为参照就将毫无意义。如果所有制定法都消失，我们仍有一个法的体系，尽管它有可能无法正常运作。试想，如果我们清除了普通法而仅保留制定法，我们就只剩下了毫无体系关联的法规，而最重要的与生活相关的规则都将消失①。

---

①［英］威廉·格尔达特：《英国法导论》，张笑牧译，中国政法大学出版社2013年版，第2～3页。

第三章　美国的法院体系

第一节　州法院体系[①]

美国总共有52个法院系统，包括50个州法院系统（The State Court System）、1个哥伦比亚特区法院系统以及1个联邦法院系统（The Federal Court System）。这些法院系统的层级结构具有相似性。联邦法院系统是独立于州法院系统而存在的，美国各州的法院系统由各州的宪法确定，各个州均有本州的最高法院。联邦法院和州法院法官分别适用不同的任职资格标准和遴选程序。州法院体系在任职资格方面，法官的资格条件要比联邦法院法官低一些。例如，有些州法院法官通过选举产生，可能由于地处乡村，不少当选的法官没有法律背景，也没有当过律师，任职资格比联邦法院法官的任职资格要宽松得多。但是，最高法院、上诉法院和具有普通管辖权的审判法院（初审法院）[②] 的法官，一般应当具备联邦法院法官的任职资格条件[③]。通常情况下，美国各州的法官遴选通过选举或者任命两种形式产生。虽然50个州都有各自的法院体系，但各个州的法院基本组织结构相同，下级法院的判决均可以由上级法院进行审查。一般而言，州法院可以分为审判法院和上诉法院两个层级，人口比较多的州将上诉法院又分出中级上诉法院和州最高法院两个层级。

---

① ［美］艾伦·法恩思沃斯：《美国法律体系（第4版）》，李明倩译，上海人民出版社2018年版，第32~33页。

② Trial Court一般译为审判法院或者初审法院，但是由于初审法院带有误导性（因为美国没有所谓的二审法院和再审法院，上诉法院只是审查，不具有审判职能），所以笔者在本书中一律使用审判法院。

③ 王琦：《国外法官遴选制度的考察与借鉴——以美、英、德、法、日五国法官遴选制度为中心》，载《法学论坛》2010年第5期。

基本上，美国各州实行的是两审终审制的审判程序①（参见表1）。

表1　州法院系统

1	上诉法院 Appellate Court	州最高法院 Supreme/Highest Court or the Court of Last Resort
2		中级上诉法院 Intermediate Appellate Court
3	审判法院 Trial Court	有限司法管辖权审判法院 Trial Court of Inferior/Limited Jurisdiction
		普遍司法管辖权审判法院 Trial Courts of General Jurisdiction

一、州审判法院

州审判法院（Trial Courts）② 根据管辖权不同，可以划分为具有有限司法管辖权的审判法院（Trial Court of Inferior/Limited Jurisdiction）和具有普遍司法管辖权的审判法院两种（Trial Court of General Jurisdiction）。

具有有限司法管辖权的审判法院也被称为低级（inferior）法院，这是相较于高级（superior）法院来称谓的。其管辖权仅限于涉及小额索赔的民事诉讼和轻微刑事案件。在乡村地区，这些法院依旧延用古代名称，即治安官法院（Justice of the Peace Court）。治安官法院司法管辖权可能仅限于不超过100美元的索赔诉求。在都市，这些法院经常被称为市镇法院（Municipal Court）或城市法院（City Court），其可能有权裁决上限为1000美元的索赔诉讼。与此同时，一个低级的刑事法院很可能所判刑罚最高不超过6个月的监禁。

具有普遍司法管辖权的审判法院有权审判各类案件，没有标的或标的额限制。在某些案件中，具有普遍司法管辖权的审判法院可以受理来自有限司法管辖权审判法院的上诉案件。每个州都有普遍管辖权的审判法院，但其名

① 沙丽金：《法律英语》，中国民主法制出版社2010年版，第17～18页。
② 沙丽金：《法律英语》，中国民主法制出版社2010年版，第17页。

称各有不同。在某些州，具有普遍司法管辖权的审判法院被称为高级法院（Superior Court），在另外一些州，被称为地区法院（District Court）或巡回法院（Circuit Court），少数州保留旧的普通法名称即民事诉讼法院（Court of Common Pleas）。

二、州上诉法院

每个州至少有一个上诉法院，有可能是中级上诉法院（Intermediate Appellate Court）或者是最高上诉法院或终审法院（Supreme Court or the Court of Last Resort）。大部分案件到达中级上诉法院就终止正常程序了，从而使得终审法院可以集中精力解决疑难的且具有重要社会意义的争议案件。随着每个州的诉讼案件数量持续增长，中级上诉法院作为终审法院处理案件的权力逐渐增加，其处理的案件数量要远远多于能够最终提交至终审法院的案件数量。

在美国，上诉法院不审判案件，其作用是审查本州下级法院作出的判决，只做法律上的审查，而不审查案件事实。通常情况下，上诉法院尊重审判法院对案件事实问题的意见，不审查此案件的事实问题。上诉法院通过审查案件的诉讼记录，确定下级法院是否在程序方面或在适用实体法方面有误。上诉法院处于司法层级的顶端，其最终决定了该州实然和应然层面的法律。

三、州最高法院

州最高法院（State Supreme 或 Highest Court）是本州的最高上诉法院，是本州诉讼的终审法院。每个州的最高法院对案件的审理都属于终审判决，不需要再上诉到联邦最高法院。只有当其判决涉及联邦法律问题的时候，联邦最高法院才有可能对其判决进行审查。值得注意的是，纽约州具有普遍司法管辖权的审判法院被称为最高法院（Supreme Court），而纽约州的最高法院则称为上诉法院（Court of Appeals）。马里兰州的法院跟纽约州具有相同的称谓。

第二节　联邦法院体系[①]

联邦法院系统独立于州法院系统，联邦法院的设立根据是美国联邦宪法第3条第2款。联邦司法制度（federal judicial system）演变中的里程碑式规则，是由第一届国会（the first Congress）作为其早期的会议议程之一而得以通过，于1789年9月24日正式成为法律。自1789年以来，联邦司法制度发生了很大的变化[②]。联邦法院的法官，包括最高法院的大法官（justices of the Supreme Court），都是终身制的。联邦法院法官在任职资格上，首先是美国公民；其次是在美国大学法学院毕业并获得JD学位；同时通过律师资格考试，并从事律师工作若干年。在遴选程序方面，联邦与州之间、部分州之间存在差异。联邦法院系统的最高法院、联邦上诉法院、地区法院三级法院的法官，由总统提名，经参议院（Senate）批准，总统任命[③]。联邦法院系统目前有三个层级：联邦地区法院、联邦上诉法院（巡回法院）、联邦最高法院。另外还有些联邦专门法院，参见表2。

表2　联邦法院系统

<table>
<tr><td>1</td><td>联邦最高法院
Supreme Court of the United States</td><td rowspan="3">联邦专门法院
Specialized Federal Court
（包括联邦军事上诉法院、联邦索赔法院、联邦国际贸易法院、联邦税务法院、联邦破产法院等）</td></tr>
<tr><td>2</td><td>联邦上诉法院（13个）
Court of Appeals of the United States</td></tr>
<tr><td>3</td><td>联邦地区法院（94个）
District Court of the United States</td></tr>
</table>

① ［美］艾伦·法恩思沃斯：《美国法律体系（第4版）》，李明倩译，上海人民出版社2018年版，第33~39页。

② 沙丽金：《法律英语》，中国民主法制出版社2010年版，第19页。

③ 王琦：《国外法官遴选制度的考察与借鉴——以美、英、德、法、日五国法官遴选制度为中心》，载《法学论坛》2010年第5期。

一、联邦地区法院

美国目前共有 94 个联邦地区法院（District Court of the United States）[①]。地区法院的数目主要由人口数量和待处理案件数量确定，每个州至少有一个联邦地区法院，其不能处理属于美国宪法规定的“美国司法权力”（judicial power of the United States）之外的案件。联邦地区法院有权受理以下三类案件：

（1）美国政府作为一方当事人的案件，包括美国政府作为原告（plaintiff）或被告（defendant）的民事案件和所有触犯联邦刑事法律的犯罪案件。

（2）涉及联邦问题的案件，是指涉及美国宪法或者联邦法令、条例的解释或效力的问题。

（3）涉及多元管辖的案件，即涉及来自美国不同州的公民。这里指的“公民”包括公司法人。在这种多元化（diversity）管辖权项下，公司法人是指注册地在本州或者其主要营业地在本州。在此类案件中，当事人主张的损害赔偿金额不得低于 75000 美元。

二、联邦上诉法院

联邦上诉法院（Court of Appeals of the United States）[②] 也被称为联邦巡回上诉法院（Circuit Court of Appeals），不管是民事还是刑事联邦上诉案件，均由三名法官组成合议庭进行审查。美国共有 13 个联邦上诉法院，其中有 12 个（包括哥伦比亚特区）巡回法院和 1 个联邦巡回法院（Federal Circuit）。12 个巡回区上诉法院负责审理其各自司法巡回区内的联邦地区法院上诉案件，1 个联邦巡回法院的管辖权并非按地理划分，而是由标的物确定。其对于某些特定类型的案件具有上诉管辖权，例如专利法案件以及美国联邦政府作为被告的案件。与此同时，联邦巡回法院对联邦专门法院的上诉案件具有管辖权，并且还可审理由联邦行政机构判决所引发的索赔案件。

---

① 沙丽金：《法律英语》，中国民主法制出版社 2010 年版，第 20 页。

② 沙丽金：《法律英语》，中国民主法制出版社 2010 年版，第 21 页。

三、联邦最高法院

联邦最高法院（Supreme Court of the United States）[①] 是美国联邦法院系统中最高的一级，可以审查由联邦上诉法院作出判决的所有案件以及某些由州法院作出判决的上诉案件。虽然联邦最高法院受理的大部分是上诉案件，但其对某些案件也具有初审管辖权，比如与大使有关的案件，或者两个州之间纠纷的案件，或者州作为一方当事人的案件。联邦法院系统中只有一个最高法院，由九位大法官（justice）组成。

当事人若想将案件移送至联邦最高法院审查，必须由联邦最高法院出具调案复审令（a writ of certiorari）。是否同意发布调案复审令，由联邦最高法院进行自由裁量。一般而言，只有当四位或四位以上的大法官同意接收下级法院移送案件诉讼文件时，才会发布调案复审令。绝大多数的调案申请都会被联邦最高法院拒绝，每年调案复审令的发布率只有大概 2.8%。联邦最高法院拒绝对某个案件进行复审，并不意味着对此案件的实体裁决，而是同意了下级法院对案件的判决，使下级法院的判决在特定争议中具有权威性，对当事人具有法律效力。在民事案件和刑事案件中，联邦最高法院均是最终上诉法院。

四、联邦专门法院

美国联邦法院系统中，还有些联邦专门法院（Specialized Federal Court），比如联邦军事上诉法院（Court of Military Appeals）、联邦索赔法院（Court of Claims）、联邦国际贸易法院（Court of International Trade）、联邦税务法院（Tax Court）、联邦破产法院（Bankruptcy Court）等。

联邦军事上诉法院审理军事法院的上诉案件，当军人犯罪时，可以由军事法庭审判。联邦国际贸易法院审理涉及美国海关裁决的上诉案件。联邦索赔法院审理美国政府被起诉的案件。

---

① 沙丽金：《法律英语》，中国民主法制出版社 2010 年版，第 22 页。

第四章　美国裁判文书结构和说理内容

第一节　美国裁判文书的结构

关于美国裁判文书的结构，笔者主要参考乔伊斯·J. 乔治（Joyce J. George）所著的《司法意见写作手册》（*Judicial Opinion Writing Handbook*）一书。法官对于同样的司法文书（judicial document），会使用不同的名称，美国并没有统一的司法文书称谓。在乔治的书中，审判法官写的裁判文书包括法官的裁判（decision）、裁定（finding）、事实认定（finding of fact）以及法律结论（conclusion of law），而上诉法院法官写的裁判文书是司法意见（opinion）[①]。笔者据此主要分两类介绍裁判文书的结构，一类是审判法院的裁判（decision），另一类是上诉法院司法意见（opinion）。

一、审判法院裁判文书的结构

美国审判法院和上诉法院与中国的法院设置功能有很大区别。在美国，上诉法院尊重审判法院对事实问题的意见，不审查案件的事实问题，所以没有审查事实与展示证据的环节。上诉法院通过审查案件的诉讼记录，确定下级法院在程序方面或在适用实体法方面是否有误。在美国的州法院系统中，审判法院的判决只是判决（judgment），而不能称之为判例，只有上诉法院的

---

① Joyce J. George, Judicial Opinion Writing Handbook (Fifth Edition), William S. Hein & Co., Inc. Buffalo, New York. 2007. P24. For decades judges have used differing names for the same judicial documents, and there has been no consistency. To understand the nomenclature used in this handbook, remember that decisions, findings, and findings of fact and conclusions of law are the communicative writings written by the trial judge. Opinions are the communicative writings written by the appellate judge.

司法意见才有可能成为判例。但是联邦地区法院是个例外，在联邦法院系统中，地区法院虽然也是审判（初审）法院，但是作出的判决有时候也具有先例的效力。笔者对美国裁判文书说理的研究主要是指能够成为判例的裁判文书之说理。因此，笔者主要研究州上诉法院司法意见中的说理和联邦法院裁判文书的说理，在此仅对审判法院判决的结构进行简要介绍。

一个正式的审判法院判决主要有五个要素，即案件性质（nature of the case）、案件事实（fact）、争议焦点（issue）、适用的法律及说理（law and reasoning）以及判决意见（holding or disposition）。案件性质包括案件背景和法律性质（jurisprudential character）、诉讼当事人以及案件经历过的各级诉讼程序等。案件事实是指与本案争议焦点相关的法律事实。争议焦点包括与案件相关的事实争点和法律争点。适用的法律及说理指的是适用于解决争议焦点的法律，并对其进行推理论证。判决意见是指法官针对案件的争议焦点提出的处理意见①。

二、上诉法院司法意见的结构

上诉法院的司法意见有多种不同的类别，主要有三大类：多数意见（majority opinion）、少数意见（minority opinion）和特殊意见（special opinion）②。

多数意见包括完整意见（full opinion）、法庭意见（per curiam opinion）和非正式意见（memorandum opinion）三种。完整意见是最常出现的一种司法意见，指多数法官同意判决结果，其中也可以出现并存意见（concurring opinion）和异议意见（dissenting opinion）；法庭意见是指全体法官一致的意见，对有关问题不必再作讨论③；非正式意见只简要说明上诉法院判决的结果，不叙述判决理由④，不具有判决先例的效力。少数意见包括并存意见和异议意见两种。并存意见是指一名或少数法官的单独意见，同意多数法官作出的判决，

---

① Joyce J. George, Judicial Opinion Writing Handbook (Fifth Edition), William S. Hein & Co., Inc. Buffalo, New York. 2007. P161 - 184.

② Joyce J. George, Judicial Opinion Writing Handbook (Fifth Edition), William S. Hein & Co., Inc. Buffalo, New York. 2007. P321 - 337.

③ 薛波：《元照英美法词典》，法律出版社 2003 年版，第 1043 页。

④ 薛波：《元照英美法词典》，法律出版社 2003 年版，第 907 ~ 908 页。

但对判决依据提出不同理由[①]；异议意见是指一名或几名法官持有的根据多数法官意见所作出判决结果的意见[②]。

因为特殊意见并不具有判例的法律效力，本文对其不作详细讨论。值得一提的是，特殊意见中有一种法官的附带意见（dictum in opinion），是指某一法官在作出判决的过程中就某一与案件并不直接相关的法律问题所作的评论，并非为本案判决所必要，因此不具有判例的约束力，也被称为“obiter dictum”[③]（法官顺便说的话或附带意见）。美国联邦最高法院成立之初，由每位大法官逐一发表意见的方式发布司法意见书；马歇尔任首席大法官后，由首席大法官以法院意见的名义发布司法意见书；约翰逊之后，由大法官发表个人意见，包括多数意见、附议意见（即上文所述的并存意见）、异议意见等[④]。

一个正式的司法意见可以分为五个部分，即案件性质（nature of the case）、争点和判决的综述（general statement of issues and holding）、案件事实（fact）、错误裁定（error）和处置意见（disposition）。这五个部分又包括九个要素，除了上述五个要素之外，错误裁定中还涵盖了四个要素，即争议焦点（issue）、审查标准（standard of review）、适用的法律和说理（law and reasoning）以及小结（mini－conclusion）。

案件性质除了有诉讼当事人、案件的法律性质和历审程序外，还包括案件上诉之前的法院作出的判决（prior decision）。争点和判决的综述简要概括上诉法院司法意见中涉及的主要争点，以及针对此争点作出的处置意见。案件事实是指与处理该上诉案件相关的事实陈述。错误裁定指的是案件上诉之前的法院作出的错误裁定，每一个错误裁定都需要按照争议焦点、审查标准、适用的法律和说理以及小结这样的步骤进行讨论。处置意见是上诉法院针对此上诉案件先前的判决所采取的处置办法，一般有五种情况，即确认/维持（affirmed）、撤销（reversed）、发回重审（remanded）、修改（modified）和驳

---

① 薛波：《元照英美法词典》，法律出版社2003年版，第278页。

② 薛波：《元照英美法词典》，法律出版社2003年版，第423页。

③ 薛波：《元照英美法词典》，法律出版社2003年版，第413页。

④ 罗灿：《美国裁判文书说理的微观察——从费尔南德斯案的司法意见书切入》，载《人民司法》2015年第7期。

回（dismissed）[1]。

第二节　美国裁判文书说理

一、说理的受众

受众，顾名思义，是指接受者。判决书的受众是指判决书说理和论证的接受者。判决书受众范围极其广泛，包括案件当事人、普通公众、法官、律师和学者等，几乎所有的人都可能成为判决书的受众[2]。裁判文书作为一种法律文书，不仅是法院审理案件过程和裁判结果的载体，也是司法监督的重要依据，更是法院确定和分配当事人实体权利义务的法律凭证。裁判文书所载内容是否客观公正对当事人和裁判者均有直接利害关系，其既关系到当事人的利益，又关系到裁判者的职业生命和职业荣誉，更关系到社会公众的价值判断和行为指引[3]。裁判文书运用法律修辞进行说理，法律修辞的背后有大量的潜在读者，其中包括与法律相关的共同体也包括普通大众。因此，法律修辞在适用上必须具备特定语境，即对普通大众在实质正义上的说服力和法律人所形成说服力的特定语言环境[4]。这里的法律相关共同体既包括诉讼当事人，也包括法官和律师等，普通大众即为社会公众。由此可知，裁判文书的受众主要有当事人、法官（裁判者）和社会公众。

当事人与案件的判决结果有直接的利害关系，法院的判决直接关系到诉讼当事人的利益。判决只有进行了充分说理，才能使诉讼当事人心服口服。按照与裁判文书关系密切程度，受众可以划分为不同的层次。首先是当事人，其次是代理人、辩护人、公诉人，再次是法官同行，最后是社会公众[5]。按照

---

① Joyce J. George, Judicial Opinion Writing Handbook (Fifth Edition), William S. Hein & Co., Inc. Buffalo, New York, 2007, p. 285 - 319.

② 王贵东：《判决书受众研究》，载《人民论坛》2010 年第 11 期。

③ 孙华璞、王利明、马来客：《裁判文书如何说理：以判决说理促司法公开、公正和公信》，北京大学出版社 2016 年版，第 1 页。

④ 黄现清：《裁判文书说理的法理分析》，载《政法论丛》2016 年第 1 期。

⑤ 宋北平：《裁判文书说理的基本问题》，载《人民法治》2015 年第 10 期。

与判决的利害关系，判决书受众分为直接受众和间接受众。当事人是唯一的直接受众，判决结果直接关系到他们的切身利益，正因为如此，司法判决以当事人为直接对象[①]。也就是说，当事人与裁判文书的关系最为密切，是裁判文书说理最直接的受众。除当事人之外，诉讼当事人的法定代理人或委托代理人（比如律师）以及刑事案件中的公诉人和辩护人都是裁判文书说理的受众。在某些情形下，代理人、公诉人、辩护人与案件判决结果都有直接利害关系。如在“里格斯诉帕尔默案”中，案件的当事人既包括原告里格斯和普瑞斯顿（埃尔默·帕尔默的两位姑姑）与被告埃尔默·帕尔默，也包括原告和被告请的律师莱斯里·W. 茹塞尔和W·M. 豪肯斯。

上诉法院的法官针对此上诉案件先前的判决要给出相应的处置意见，即确认/维持、撤销、发回重审、修改或驳回下级法院的判决，对司法意见中给出的处理办法要进行说理，这里的受众是先前给此案作出判决的法官。英美法系法律制度围绕上诉审司法而展开，遵循先例的传统使法官更加注重上级法院的意见、对下级法院今后处理类似案件的影响以及对同级法院的示范意义，而非普通公众的意见，所以判决书的主要受众，至少对于上诉审法院来说，不是案件的当事人以及关心此案的社会公众，而是法官等法律实务工作者[②]。如在“里格斯诉帕尔默案”中，案件的上诉法院法官包括厄尔法官、格雷法官、丹佛斯法官等共七位法官。

社会公众虽然与案件的判决结果没有直接的利害关系，但是法院的判决与公众的价值判断和行为指引息息相关。与此同时，公众对法院的判决具有社会监督作用，能够促进法院的公正裁判。但仅仅是裁判结论的公正不是完整的公正，只有裁判结果为什么公正以说理的方式让当事人和社会公众接受才叫裁判的公正[③]。从社会公众的角度来看，判决书的写作涉及司法权威形象的载体问题。在英美法系国家，裁判文书的写作带有强烈的法官个人色彩，很多精彩的裁判文本不仅对以后的案件影响巨大，甚至成为法学院的教科书。这些裁判文书的作者也成为司法权威，是一般公众心目中司法权威的代表[④]。

---

① 王贵东：《判决书受众研究》，载《人民论坛》2010 年第 11 期。

② 王贵东：《判决书受众研究》，载《人民论坛》2010 年第 11 期。

③ 孙华璞、王利明、马来客：《裁判文书如何说理：以判决说理促司法公开、公正和公信》，北京大学出版社 2016 年版，第 4 页。

④ 孙光宁：《从社会听众的视角看简约判决文书的力量》，载《政法论丛》2006 年第 5 期。

二、说理的主要内容

美国司法强调“程序正义优于实体正义”，在一份完整的裁判文书中，说理部分不仅包括实体性的内容，还包括程序性的内容。其中实体性内容包括证据认定、案件事实、争议焦点、因果关系和适用法律；程序性内容是指当事人在行使程序性诉讼权利时，法院依职权对其进行认定的程序性事项，或者当事人未主张，但法院依职权而形成的与当事人利益相关的程序性事项。在实体性内容的说理方面，如何适用法律这个大前提、根据案件事实、解决案件的争议焦点及当事人行为与案件结果之间的因果关系等，都是需要进行推理论证的；同时，由于法律适用必须以事实认定为根据，而“根据”是怎么产生的，是法官在对诉辩双方提交的证据质证后，根据采信的证据演绎为据以裁判的法律事实。在证据的认定过程中，是否采信诉辩双方的证据以及依据采信证据来认定事实都需要法官主观判断，这个判断过程就是一个说理的过程，故裁判文书对证据的采信、事实的认定以及法律适用都需要说理。裁判文书说理的公开是法官对案件证据、事实认定及法律适用的主观评判和自由心证过程，以程序和实体的公正让当事人和社会公众接受裁判结果①。裁判文书说理体现了司法理性和司法民主，也是司法文明进步的一种体现。

美国法院的判决非常强调法官对案情的努力思考和清晰的文字描述。关于裁判说理，美国学者庞德深刻地指出：“为了保证决定的合理性，必须要求在认定事实的陈述和适用法律的主张之中系统阐明其理由，舍此没有更有效的方法。”② 美国学者贝勒斯曾经指出，法官说理并公开裁判理由，一方面，有助于上级法院进行上诉审查，提高审判工作效率；另一方面，也有助于法律共同体开展裁判研究，维护法律适用的一致性③。在介绍美国裁判文书的结构中提到，审判法院的判决主要有五个要素，即案件性质、案件事实、争议焦点、适用的法律和说理以及判决意见。如果把这五个部分比作人的身体结构，案件性质相当于大脑，案件事实相当于躯干，争议焦点相当于心脏，适

---

① 孙华璞、王利明、马来客：《裁判文书如何说理：以判决说理促司法公开、公正和公信》，北京大学出版社 2016 年版，第 63 ~69、1 ~2 页。

② 季卫东：《法律程序的意义》，中国法制出版社 2006 年版，第 96 页。

③ 胡云腾：《论裁判文书的说理》，载《法律适用》2009 年第 3 期。

用的法律和说理相当于腿部，判决意见相当于脚部①。这五个部分犹如人的身体结构，缺一不可。其中，适用的法律和说理部分就如人的腿部，支撑起了人的大脑、躯干和心脏，并连接着人的脚部。说理（reasoning），即我们所说的推理，除了在法律适用中发挥举足轻重的作用外，也贯穿于法官对案件事实和争议焦点的阐释中。

在上诉法院司法意见的九个要素中，事实和错误裁定部分都需要法官进行逻辑演绎，阐明其理由，尤其是在错误裁定部分，充分透彻的说理必不可少。上诉法院司法意见针对被上诉案件的每一个错误裁定都需要按照争议焦点、审查标准、适用的法律和说理、小结逐一进行说理，从而得出是否确认或维持原判、撤销原判、发回重审、修改、驳回先前判决的处置办法。首先，一个错误裁定中可能有一个或者多个争议焦点，若某个错误裁定中存在多个争议焦点，需要对这些争点的讨论顺序进行逻辑推理；其次，处理这个错误裁定的审查标准要进行相应阐释，从而适用于解决此上诉案件的相关争点；再次，需要对每个争点进行具体法律适用的推理论证；最后，针对每一个争点，都需要得出一个小结，使用这些小结可以得出法官最终的处置意见。

三、说理的特点

法官的说理和对法律的解释构成了美国裁判文书说理的主要特点，其包括三个明显要素，即类比推理、演绎推理和法官解释，这些要素即为裁判文书说理所使用的方法②。

---

① Joyce J. George, Judicial Opinion Writing Handbook（Fifth Edition）, William S. Hein & Co., Inc. Buffalo, New York, 2007, p. 182.

② 罗灿：《美国裁判文书说理的微观察——从费尔南德斯案的司法意见书切入》，载《人民司法》2015 年第 7 期。

本节主要选取纽约上诉法院[①]的“里格斯诉帕尔默案”[②]（RIGGS V. PALMER, Court of Appeals of New York）为典型案例，并附中英文判决书[③]，进行相应分析。

首先，美国法官注重使用类比推理方法。类比推理是识别待决案件与先例的异同，其过程大体分为三个步骤：（1）争点的确定，确定案件首先要适用的先例；（2）识别待决案与先例案件的相同点和不同点；（3）作出判断。[④]类比推理包括但不限于区别技术，更重要地是归纳总结判例背后的判案依据，从案件中归纳出适用于类似案件的抽象原则[⑤]。在“里格斯诉帕尔默案”中，

---

① 前文在介绍美国法院体系的时候，已经提到纽约州具有普遍司法管辖权的初审法院被称为“最高法院”（Supreme Court），而纽约州的最高法院则称为“上诉法院”（Court of Appeals）。

② “里格斯诉帕尔默案”案情简介：1882年帕尔默在纽约用毒药杀死了自己的祖父，他的祖父在现有的遗嘱中给他留下了一大笔遗产。帕尔默因杀人的罪行被法庭判处监禁，但帕尔默是否能享有继承其祖父遗产的权利成了一个让法官头疼的疑难问题。帕尔默的姑姑们主张，既然帕尔默杀死了被继承人，那么法律就不应当继续赋予帕尔默继承遗产的任何权利。但纽约州的法律并未明确规定如果继承人杀死被继承人将当然丧失继承权，相反，帕尔默祖父生前所立遗嘱完全符合法律规定的有效条件。因此，帕尔默的律师争辩说，既然这份遗嘱在法律上是有效的，既然帕尔默被一份有效遗嘱指定为继承人，那么他就应当享有继承遗产的合法权利。如果法院剥夺帕尔默的继承权，那么法院就是在更改法律，就是用自己的道德信仰来取代法律。

审判这一案件的格雷法官亦支持律师的说法，格雷法官认为：如果帕尔默的祖父早知道帕尔默要杀害他，他或许愿意将遗产给别的什么人，但法院也不能排除相反的可能，即祖父认为即使帕尔默杀了人（甚至就是祖父自己）他也仍然是最好的遗产继承人选。法律的含义是由法律文本自身所使用的文字来界定的，而纽约州遗嘱法清楚确定，因而没有理由弃之不用。此外，如果帕尔默因杀死被继承人而丧失继承权，那就是对帕尔默在判处监禁之外又加上一种额外的惩罚。这是有违“罪行法定”原则的，对某一罪行的惩罚，必须由立法机构事先作出规定，法官不能在判决之后对该罪行另加处罚。

但是，审理该案的另一位法官厄尔却认为，法规的真实含义不仅取决于法规文本，而且取决于文本之外的立法者意图，立法者的真实意图显然不会让杀人犯去继承遗产。厄尔法官的另外一条理由是，理解法律的真实含义不能仅以处于历史孤立状态中的法律文本为依据，法官应当创造性地构思出一种与普遍渗透于法律之中的正义原则最为接近的法律，从而维护整个法律体系的统一性。厄尔法官最后援引了一条古老的法律原则——任何人不能从其自身的过错中受益——来说明遗嘱法应被理解为否认以杀死继承人的方式来获取继承权。

最后，厄尔法官的意见占了优势，有四位法官支持他；而格雷法官只有一位支持者。纽约州最高法院判决剥夺帕尔默的继承权。资料来源：https://baike.baidu.com/item/%E9%87%8C%E6%A0%BC%E6%96%AF%E8%AF%89%E5%B8%95%E5%B0%94%E9%BB%98%E6%A1%88/3639171，最后登录时间2019年3月16日。

③ 民间法与法律方法网，《里格斯诉帕尔默案判决书（中英文对照）》，赵玉增译，访问网址：http://www.xhfm.com/2006/1114/1421.html，最后登录时间2019年3月16日。

④ ［美］史蒂文·J. 伯顿：《法律和法律推理导论》，张志铭、解兴权译，中国政法大学出版社2000年版，第43~44页。

⑤ Louise Mailthot James D. Carnwath, Decisions, Decisions... — A Handbook For Judicial Writing, Les Editions Yvon Blais INC., 1998, p. 98 – 100.

可以看到厄尔法官和格雷法官为了支持自己的观点，都引用了相应的判例作为判决理由，加强判决的说理性，如厄尔法官引用的“保险公司诉阿姆斯特朗案”，格雷法官引用的“盖恩斯诉盖恩斯案”和“立基福特诉希蒙斯案”。厄尔法官和格雷法官引用判例后，都对先例案件中认定的事实和适用的法律进行了相应陈述，并与“里格斯诉帕尔默案”这一待决案件中的相关事实和法律进行了比较和区分，从而得出相应的观点和判断。

其次，美国法官也运用演绎推理方法。成文法也是美国法官进行裁判文书说理时的重要说理依据，在“里格斯诉帕尔默案”中，也运用到了相应的成文法，即纽约州关于公正遗嘱和分割遗产的法律。我们可以将法官的说理简化，形成三段论推理，即大前提（适用的法律）、小前提（认定的事实）和结论（最终的判决）。在法律领域中，法律推理（legal reasoning）、事实推理（factual inference）、判决推理（judicial reasoning）是三种不同的推理与论证，在广义上也可以被统称为法律推理和法律论证。事实推理是指发现或确认事实的推论过程，法律推理是指寻找或获取法律的推论过程，判决推理是指根据事实和法律得出和证成判决的推论过程，以法律推理和事实推理的结果为前提。其中，法律推理的结果是大前提，事实推理的结果是小前提，判决推理的结果是对具体案件作出的裁决。法官裁判的主要任务之一就是建立起裁判大前提和裁判小前提，并从已建立的裁判大前提和裁判小前提得出或证成判决结论。这种从大前提和小前提推导出结论的三段论演绎逻辑，是古希腊思想家亚里士多德在探讨了人类思维的基本规律后，建立的历史上第一个经典逻辑体系，即三段论逻辑体系①。

最后，运用说理依据需要法官解释。不少判例都没有明确法律规则和法律原则，需要法官加以归纳和解释。同时，成文法所涉演绎推理中的大小前提也并非一开始就成立②。无论是在大陆法系国家、英美法系国家还是我们国家，都可以将法律领域里的全部推论与论证概括为三类：法律推理、事实推理、判决推理。法律推理要解决的是法律不确定性或可争议性问题，因此，法律解释、漏洞补充和法律续造可以归入法律推理的范畴。此处的法律解释、漏洞填补和法律续造均指法官释法的活动，将传统意义上的法律解释活动称

---

① 王洪：《制定法推理与判例法推理》，中国政法大学出版社2016年版，第6~8页。

② ［德］阿列克西：《法律论证理论》，舒国滢译，中国法制出版社2002年版，第263~264页。

为推理[①]。学界对于法律解释和法律推理之间的关系历来看法不一，笔者暂且对其不予探讨。

在“里格斯诉帕尔默案”中，核心争点为“有关继承人杀害遗嘱人有无继承权的问题”，该案中是采用严格的文义解释，还是采用立法目的解释，不同的法官具有不同的意见。厄尔法官认为要遵从立法目的解释，要依据“任何人不能从其自身的过错中受益”的法律原则，因而应该剥夺帕尔默的继承权，其观点得到了四位法官的支持，成为了多数意见；而格雷法官持有与厄尔法官不同的意见，认为法律条文要遵从文义解释，要严格遵守遗嘱法的相关规定，法官的自由裁量权要受到一定的限制，从而不应当剥夺帕尔默的继承权，其观点只得到一位法官的支持，成为了少数意见。

以厄尔法官为代表的法院多数意见认为，“依据文义解释，在没有外力影响和左右的情况下，事态按其自然进程发展，不被控制也没有改变的话，那么根据调整遗嘱订立、证明、效力以及财产转移等遗嘱法的规定，把遗产转给谋杀者，这是千真万确的”，虽然“立法者的目的就是让遗嘱受赠人获得其应该继承的遗产”，但是“受赠人为使遗嘱生效而谋杀遗嘱人，从中获取遗嘱利益，这绝不会是立法者的目的”。厄尔法官认为，“一般说来，立法者的目的就是法律条文字面所表达出的目的；但法律条文所能表达出的目的却不限于法律条文本身，除非严格限定立法者的目的于法律条文之内”；与此同时，“立法者并不总能精确地表达他们的目的，而是有时会超出，有时又受到限制，为此，就需要法官从可能或合理的推断中修正立法者的目的，这被称为‘合理性解释’。”[②] 为了进一步对其判决进行说理，厄尔法官还引用了相应的判例，以及著名学者卢瑟福、培根、布莱克·斯通等法学论著中的名句，还有《圣经》十诫中的相关语句。以格雷法官为代表的少数意见认为，“我相信如果考虑衡平的自然法对案件作出判决，我也会毫不犹豫地赞同符合道德良心的观点，但问题是判决不能基于良心而作出。我们必须严格遵循立法者所确立的法律规则，必须在法律规定之内处理这一问题”；格雷法官指出该案需要处理的问题是：“在立法机关已经对何时以及如何订立、修改或撤销遗嘱作出明确规定的情况下，可否在遗嘱人去世后通过诉讼来改变或撤销其遗嘱。”

---

① 王洪：《制定法推理与判例法推理》，中国政法大学出版社 2016 年版，第 5 ~ 6 页。

② 民间法与法律方法网：《里格斯诉帕尔默案判决书（中英文对照）》，赵玉增译，网址：http：//www. xhfm. com/2006/1114/1421. html，最后登录时间 2019 年 3 月 16 日。

其认为，法律条文需要遵从文义解释，“在严格遵循法律规定的情况下，法院没有根据衡平法理裁判类似案件的自由”。为了支持其观点，格雷法官援引了相关判例和现代法学理论，还指出“从拿破仑法典，从依据罗马法原则建立起来的各国法学理论体系，从很多州制定法中所看到的，个人没有处置自己遗产的绝对自由”,[①] 从而加强判决的说理效果。

美国判决意见书在说理部分体现了很强的创造性以及开放性特征。美国的判决意见书主要由法官进行撰写，没有固定的模式，尤其在说理部分，充分体现出了法官缜密的逻辑思维与论证能力以及写作的自由风格。在说理部分，法官可以根据整个案件的审理过程，根据遵循先例的原则，充分展示对案件的推理过程。法官推理论证属于判例中最核心的内容，是法官寻找到法律并将其适用于案件事实的具体过程。因此，美国判决意见书的判决理由用大篇幅对案件进行推理论证，既包含一致意见，又包含对案件所持有的不同意见。在推理论证过程中，无论是一致意见还是不同意见，法官都会援引之前的先例进行逐一论证，所以，最后的判决结果也具有很强的说服性[②]。

（一）以里格斯诉帕尔默案为例

以下为里格斯诉帕尔默案的判决意见书，全面体现了美国判决意见书在说理上的特性。

里格斯诉帕尔默案判决意见书中文译文[③]

里格斯诉帕尔默案

纽约上诉法院，1889 年。

有关继承人杀害遗嘱人有无继承权的问题。

纽约州关于公正遗嘱和分割遗产的法律，不能被解释成继承人为阻止遗嘱人撤销遗嘱，可以通过杀害遗嘱人的方式来获得遗嘱利益。——格雷和丹佛斯法官有不同意见。

---

① 民间法与法律方法网：《里格斯诉帕尔默案判决书（中英文对照）》，赵玉增译，网址：http：//www. xhfm. com/2006/1114/1421. html，最后登录时间 2019 年 3 月 16 日。

② 张清、麻君颖：《中美刑事判决书的比较研究》，载《中国法学教育研究》2015 年第 1 期。

③ 民间法与法律方法网：《里格斯诉帕尔默案判决书（中英文对照）》，赵玉增译，网址：http：//www. xhfm. com/2006/1114/1421. html，最后登录时间 2019 年 3 月 16 日。

上诉来自纽约州最高法院[1]，普通审期，第三法庭。

莱斯里·W. 茹塞尔为上诉人辩护；W·M. 豪肯斯为被上诉人辩护。

厄尔法官：1880年8月13日，富朗西斯·帕尔默立下一份遗嘱，遗嘱约定他的两个女儿——里格斯和普瑞斯顿，即该案的原告，只能继承其遗产中很少的一部分；剩余大部分遗产由其孙子——该案的被告埃尔默·帕尔默继承，但若被告埃尔默·帕尔默先于祖父富朗西斯·帕尔默死去且未结婚，又不存在其他问题，被告帕尔默的母亲——苏珊·帕尔默必须将遗产转予富朗西斯·帕尔默的两位女儿所有。富朗西斯·帕尔默在立遗嘱时，拥有一座农场和一笔可观的财产，他是一个鳏夫，在1882年3月与伯瑞斯夫人结婚，婚前签署了一份协议，约定一旦伯瑞斯夫人后于富朗西斯·帕尔默去世，则由伯瑞斯夫人照管农场、管理财产直至其去世。被告埃尔默自订立遗嘱时起，一直作为家庭中的一员与富朗西斯·帕尔默一家生活在一起直到其去世，时年埃尔默16岁。被告埃尔默知道遗嘱的内容，推测祖父有可能改变遗嘱，且有迹象表明祖父也正在试图改变遗嘱，为了阻止祖父改变遗嘱，尽快获得遗产，埃尔默毒死了祖父。现被告埃尔默主张获得遗产，需要我们确定的问题是——他能获得遗产吗？

被告辩称，遗嘱人所立遗嘱形式合法且经过公证，现遗嘱人已经去世，根据法律规定遗嘱应当得到执行。依据文义解释，在没有外力影响和左右的情况下，事态按其自然进程发展，不被控制也没有改变的话，那么根据调整遗嘱订立、证明、效力以及财产转移等遗嘱法的规定，把遗产转给谋杀者，这是千真万确的。制定遗嘱法就是为了让遗嘱人能够处置其去世时依各州规定可继承的遗产，也是为了让遗嘱人最后合法表达出的意愿产生实际效果，在考虑和判定遗嘱效力时，这些立法目的必须被考量。立法者的目的就是让遗嘱受赠人获得其应该继承的

① 前述提到的纽约州“独特的”审判法院称谓，是审判法院即初审法院。

遗产。但受赠人为使遗嘱生效而谋杀遗嘱人，从中获取遗嘱利益，这绝不会是立法者的目的。立法者如果能想到这种情况，并认为有必要制定相应的法律规定，那么立法者会毫不犹豫地作出规定。一般说来，立法者的目的就是法律条文字面所表达出的目的；但法律条文所能表达出的目的却不限于法律条文本身，除非严格限定立法者的目的于法律条文之内，这是人们所熟知的一个解释原则。立法者并不总能精确地表达他们的目的，而是有时会超出，有时又受到限制，为此，就需要法官从可能或合理的推断中修正立法者的目的，这被称为“合理性解释”。卢瑟福在其法学著作中曾说，“当我们运用合理性解释时，我们有时会为限制作者的意义表达而对文本作限缩解释，有时会为扩展或增加作者的意义表达而对文本作扩张解释”。所以对制定法的解释应致力于有根据地探寻立法者的目的……很多这样的案例被提及，即虽然事项被包括在法律字面的通常意义之内，但由于不可能是立法者的目的，从而被衡平解释拒之于制定法之外。正如培根所言，“通过衡平解释，一个不包括在制定法字面含义之内的情形有时可能被认定包括在制定法之内，比如为损害提供救济就在制定法之内。这种解释的根据在于，立法者不可能用明确的语言为每个案件立法。为了正确判定当下案件是否在制定法规定之内，你可以假定立法者在场，并向他提出如下问题：你打算怎样处理这一案件？然后站在正直的、理性人的角度给出你自己的答案，这是一个好的方法。如果你感到立法者会包括在内，你就可以确信该案包括在制定法之内，因为你所作的也就是立法者所作的，你没有违反制定法，而是遵循了制定法。根据衡平解释，制定法的字面含义在某些案件中会受到限制；在另外一些案件中可能会扩张，甚至是作出相反的解释……”就该案而言，如果咨询立法者，根据语言的通常意义，他们能说遗嘱人或被继承人的财产应该转移给为获得遗产而杀害遗嘱人或被继承人的人的手中吗？布莱克·斯通[①]在讲到

① 根据案件脚注中信息确定，是著名英国法学家。

制定法解释时说，“如果制定法解释产生了与普遍理性相悖的荒谬结论，我们必须考虑这些结论的无效性。如果有些结论溢出语言的通常意义，且是不合理的，那么，法官可以合情理地得出该结论不是议会所预见的，因此，法官享有事后衡平解释制定法的自由，甚至就此而言，法官可以无视制定法”。布莱克·斯通举例作了说明：如果议会法案授予法官可以审理发生在其管辖范围内的所有案件，但其中一个案件法官就是案件一方当事人的话，那么就不能对法案作扩张解释，因为任何人都不能作自己案件的法官。还有博洛尼亚有一部法律，规定任何人在大街上流血都将受到严惩，但该法不适用于理发师在大街上割破血管。《圣经》十诫规定安息日不能工作，但万能的法官给出了合理的解释，坚持认为这一天，那些必需的、乐善好施的工作不在禁止之列。

立法者为和平、秩序和公正地转移财产而制定的普遍法律，如果产生赞同或支持人们为快速占有遗产而杀害被继承人的结果，并将其视为立法者的目的，没有比这更为不合理的了，这样的立法目的是不可思议的。因此，我们不能被法律中的一般性语言所困扰。另外，所有法律和合同在其执行和效果上都受普通法所确立的普遍基本原则的规制。诸如任何人都不得通过欺诈行为而获利，不得通过自己的错误行为而获利，不得依据自己的不义行为主张权利，更不得通过犯罪行为而获得财产等，这些原则由公共政策所支配，在所有文明国家普遍性的法律中都有其基础，即使是制定法也不能超越它们。在“保险公司诉阿姆斯特朗案”中这些原则得到体现。该案是说投保人为他人（被保险人）订立了一份死亡保险合同，约定在被保险人死亡时投保人为保险金受益人，投保人为获得保险金而谋杀了被保险人，则投保人不能获得保险金。菲尔德大法官在其撰写的法律意见中说，“无须探寻和证明亨特在订立保险合同时的动机，即使假定其动机是正当和恰当的，但当他为立即获取保险金而谋杀被保险人时，他就丧失了保险合同下的所有权利。如果投保人能够通过杀害被保险人的犯罪行为而获得保险金的话，那么他同样能够通过蓄意烧毁一幢建筑而获得保险金，这将是一个国家法学的耻辱”。这些原则无须制定法赋予其效力或执行力，却能常常规制遗嘱的有效与无效。通过欺诈、欺骗订立的遗嘱，同其他法律文书一样，可以被宣告无效或撤销。如果欺诈或不正当地对遗嘱人施加影响，那么遗嘱的某些内容可能被排除在认证之外或仅是部分地得到执行……所以，遗嘱可能包含不道德、违反宗教或公共政策的内容，这些内容是无效的。

不能确定谋杀者活得比遗嘱人长，也不能确定遗嘱人不改变遗嘱，同样不能确定，即使事态按照其自然进程发展，谋杀者一定会获得遗产。而谋杀者谋杀立遗嘱人，显然是为了获得遗产，在这种情形下，会有法律、人或神灵允许谋杀者获得遗产，享受其犯罪成果吗？遗嘱在遗嘱人死亡时宣读并生效。谋杀者导致了遗嘱人死亡，谋杀者因其犯罪行为而使遗嘱被宣读并生效，遗嘱能够如其所愿地被宣读和生效吗？如果谋杀者与遗嘱人相遇并用暴力夺取其财产，则谋杀者没有权利获得该财产，那么他能通过谋杀行为来获得该权利吗？如果他闯入遗嘱人住宅，并以暴力胁迫遗嘱人，或者通过欺诈、不正当影响诱导遗嘱人，法律也不会认可、支持他。法律怎么会支持谋杀者通过谋杀行为而使遗嘱生效并获得遗产呢？在我看来，对这些问题给出肯定的回答将是我国法学的耻辱，也违背公共政策。由许多法学家、哲学家和政治家所阐述的正义与自然法的一般原则发展而来的民法认为，一个人不能因其谋杀行为而从被继承人或遗嘱人那里获得遗产，加拿大下议院制定的民法典就照抄了拿破仑法典的这项规定。但据我所知，没有一个普通法居于支配地位的国家认为制定法对此作出规定是重要的。立法者和修改者对民法是熟悉的，他们也不认为把该事项写进制定法是重要的，这并不是偶然的疏忽，而是因为人们认为普通法的法律原则足以调整这类案件，没有必要对此作出规定。同理，被告帕尔默不能作为继承人获得遗产，在谋杀之前，他不是继承人，他能否成为继承人也是不确定的。他可能死于祖父之前，也可能被祖父剥夺继承权。他通过谋杀使自己成为继承人，并想通过占有犯罪成果而获得遗产。前面提到的对继承人有效的法律原则同样适用于受赠人，他不能通过犯罪行为而获得遗产。在我看来，这样判决没有给埃尔默的犯罪行为施加比法律规定更多的或额外的惩罚，判决没有剥夺他的任何财产，而只是判定他不能通过犯罪行为而获得财产，这是他因其犯罪行为应得的报应。

我们注意到欧文斯诉欧文斯一案与该案类似，妻子作为从犯因协助谋杀丈夫而犯罪，妻子不能因此获得寡妇资格。我很不情愿地赞同该案所揭示出的法律原则。制定法规定妻子不幸失去丈夫，会失去支持和保护，法律因此赋予妻子以寡妇资格。但若妻子通过犯罪行为故意使自己失去丈夫的保护和支持，从而使自己成为寡妇，这明显不符合法律规定的目的。正如妻子可能死在丈夫之前，永远不会成为寡妇一样，妻子不能通过犯罪行为而获得利益。根植于"自愿招致损害者不得主张所受损害"的原则应该适用于该案，妻子以获得财产权利为目的，出于邪恶用心并蓄意造就自己的寡妇资格，不得享有寡妇资格。

已发现的案件事实应当赋予两名原告获得救济的权利。原审法官的错误在于其法律结论。我个人认为，该案不需要重新审判，可以依据已裁定的案件事实进行判决。两次判决所认定的案件事实是相同的——第一次审判帕尔默认定的案件事实和此次审判认定的案件事实。我们坚持认为正义不能要求他们（犯罪嫌疑人）接受两次审判。原审普通法院的判决以及法官的审判报告应当被撤销，作出如下判决：埃尔默·帕尔默和遗产管理人不能动用遗嘱人为埃尔默遗赠的任何财产；遗嘱中赠与埃尔默的动产和不动产不发生有效转移；谋杀者埃尔默因其犯罪行为被剥夺获得遗产的权利；两名原告是遗嘱人动产和不动产的真正继承人，但应由埃尔默的母亲和遗嘱人的遗孀依据婚前协议来照管，埃尔默承担两原告已支付的所有诉讼费。

除格雷法官给出反对意见外，丹佛斯法官赞成判决结果，但给出不同理由，其余法官一致同意该法律意见。

格雷法官：该上诉案揭示出的案件事实是典型的，我相信该上诉案也没有先例可循。被上诉人是一位16岁少年，知道祖父在遗嘱中将大部分剩余遗产指定由被上诉人继承，被上诉人在1882年毒死了遗嘱人。被上诉人因此受到审判，被判构成二级谋杀罪，该上诉案提起时，被上诉人还在州少年犯管教所服刑。该上诉案由遗嘱人的两位女儿提起，要求宣告遗嘱中指定被上诉人继承遗产的条款无效并撤销。上诉人要求撤销原审判决，原审判决驳回了上诉人的诉讼请求，因为在上诉人看来，被上诉人因其犯罪行为不仅非法阻止了现存遗嘱的撤销或新遗嘱的订立，而且也丧失了通过遗嘱继承获得遗产的权利。上诉人认为，如果允许被上诉人获得遗产，就等于承认被上诉人可以通过错误行为而获利。为支持其主张，上诉人律师向法院递交了一宗翔实而有力的证明材料，我相信如果考虑衡平的自然法对案件作出判决，我也会毫不犹豫地赞同符合道德良心的观点，但问题是判决不能基于良心而作出。我们必须严格遵循立法者所确立的法律规则，必须在法律规定之内处理这一问题。需要我们处理的问题是：在立法机关已经对何时以及如何订立、修改或撤销遗嘱作出明确规定的情况下，可否在遗嘱人去世后通过诉讼来改变或撤销其遗嘱。我个人认为，在严格遵循法律规定的情况下，法院没有根据衡平法理裁判类似案件的自由。现代法学理论认为，在或多或少受到限制的情况下，个人有处置自己死后遗产的自由或权利，当然要遵守立法对遗产范围和遗嘱订立程序的规定。正如我们从拿破仑法典，从依据罗马法原则建立起来的各国法学理论体系，从很多州制定法中所看到的，个人没有处置自己遗产的绝对自由。制定法对通过遗嘱处置遗产有严格而又系统的规定，包括遗嘱的执行、修改和撤销等，即使这些规定不精确，也必须得到严格遵循。之所以确立这些法律规则，目的就是为那些严肃而又重大的行为提供安全保障，这被证明是可靠明智之举。遗嘱人在遵守国家制定法规定的情况下，有处置遗产的自由。个人处置死后遗产的权利和方式，应当符合国家制定法的规定，并受到各种特定条件的限制。

上诉人主张继承人或受赠人谋杀或试图谋杀遗嘱人不能得到遗嘱中的财产利益，这得不到我国民事法律的支持，也得不到其他国家法律的支持。在立法缺席的情况下，法院没有权利制定修正正义的规则体系。根据罗马法的规定，如果继承人违法犯罪，自然应当受到处罚，并应当返还遗产给国家……我承认基于公平和自然正义，法律应当宣布遗嘱中有关违法犯罪人获得遗产的条款无效。假定遗嘱人非常气愤，不愿再执行原来的遗嘱，而撤销或修改遗嘱，也是合理的。但是这些原则仅说明有足够的理由来制定法律来满足这类案件。

州的制定法规定了修改或撤销遗嘱的各种情形，对修改或撤销遗嘱方式的规定，同时就意味着禁止在其他任何情况下修改或撤销遗嘱。州的制定法是这样规定的："除了遗嘱已经写明的，任何遗嘱以及遗嘱中的任何部分，都不得被撤销或修改"等。该案认定的案件事实不能满足要求，撤销遗嘱也不符合法律规定，遗嘱人所立遗嘱不能被该修改。我认为有效遗嘱必须得到继续执行，除非按制定法的规定撤销该遗嘱。仅仅有撤销遗嘱的意图并不能产生撤销遗嘱的结果，撤销遗嘱由意图变为现实，案件事实必须得到求证，必须依据制定法仔细考量。正如沃兹沃思法官在丹恩诉布朗案判决中所言，"撤销行为必须得到某些外在的、可见的相关佐证的证明。"该案同样博学的法官也说："规则是如果遗嘱人生前不改变遗嘱，那就是他的遗嘱；如果他不愿按遗嘱处理，他会改变遗嘱……"法官假定如果遗嘱人知道孙子有谋害他的企图，会改变遗嘱的案件事实，不会对问题产生任何影响。我们可以最大限度地承认这一点，但客观事实是遗嘱人没有这样做——重新订立或撤销遗嘱，这才是与制定法规定直接相关的，法庭必须根据这些案件事实来裁判案件。

纽约州和肯塔基州早些时候的两个案件，可以支持我的观点。一个案件是 1820 年肯塔基州上诉法院判决的盖恩斯诉盖恩斯案，该案说遗嘱人试图撕毁所立遗嘱，但被告或受赠人恶意阻止其撕毁遗嘱，遗嘱最终得到支持，没有被撤销。法院认为遗嘱本身表明遗嘱没有被撤销，也没有相关的证据证明遗嘱已被撤销，意图不能否定事实。另一个是保存并强行扣留遗嘱的案件——立基福特诉希蒙斯案，法官布雷德福的观点（案卷854页）被充分考虑，并决定了该案的判决。遗嘱人是一位89岁的老人，打算在遗嘱中增加分给女儿财产的内容，但遗嘱在其儿子手中，儿子对这一修改抱有成见，不答应遗嘱人的修改要求。博学的布雷德福法官根据民法对这种或类似的继承人或受赠人行为无效的相关规定说："我们的制定法对如何撤销遗嘱有相关规定，要撤销遗嘱就应该遵守制定法的规定。该案应该接受制定法的规制，仅有撤销意图，不论多么真实，如何没能实现，都是不充分的。"他坚持认为必须承认公证遗嘱的效力。我还可以引用宾夕法尼亚州法院的一个案例，该州制定法规定了撤销或修改遗嘱的方式，在克林根诉米切尔特里案中，该州最高法院坚持认为，如果遗嘱没有因受赠人的欺诈和不实陈述而改变，仅仅为了反对欺诈一方当事人而撤销遗嘱，这是在扩张制定法。

法律是沉默的，我找不到支持被上诉人因犯罪行为而丧失遗产继承权的任何法律根据。公共政策也不能这样要求，公共政策的要求需要通过恰当执行法律和惩罚犯罪来实现。没有任何惯例可循，遗嘱人和受赠人之间也没有契约，遗嘱人处置遗产时，也没有提出或暗含着对受赠人的条件要求。上诉人的主张实际上是基于如下考虑：作为犯罪人的受赠人，因其是通过犯罪行为而使自己获得遗嘱利益的，则其获得遗产的权利应当被剥夺，不应当获得遗产。如果这样的主张占据主导地位，则处理遗嘱继承案件的法院将会出现分歧。正如我们所知道的，遗嘱人或许不选择或愿意接受这样的结果，上诉人的主张实际上是要求法院另立一份遗嘱。法律不为司法判决提供保证，仅仅是为判决提供支持，不能被充分怀疑。更为重要的是，如果承认上诉人的观点，就会对被上诉人施加额外的惩罚。难道法院能通过剥夺被上诉人的继承权对其施加额外的惩罚吗？法律已对其犯罪行为规定了惩罚，我们不能说惩罚还不够充分。法律已对被上诉人的犯罪行为进行审判并作出惩罚，再对其施加惩罚或剥夺权利都是无根据的。我们或许没有忘记裴颇尔诉桑顿案中法院的判决："对犯罪施加痛苦、惩罚和没收财产，都必须依据法律的规定。"这付出代价的判决必须得到坚持。

（二）以优步案例为例

2016年，笔者参与了最高人民法院案例研究院主导的网约车法律问题研究课题，主要负责美国网约车优步（Uber）案例的研究工作，搜集整理优步案例，并因此提交了相关研究报告，也撰写了相关论文《美国优步案例概观及其对我国的启示》。虽然当初研究美国网约车优步案例重点不是在判决书的说理方面，但是我们也可以根据美国最新的判例来了解美国判例的说理情况。

目前，优步"互联网+交通大数据"创新经营模式在美国各州快速发展，但各地相应法律、法规、政策等方面存在大量空白或缺陷，与优步有关的一系列问题使美国公众产生了诸多质疑。关于优步的合法性以及优步背后隐藏的法律纷争引起了美国社会各界的争议和讨论。优步在美国联邦法院和各州法院面临众多诉讼，大部分案件由优步司机、出租车公司和乘客提起。优步诉讼案件涵盖集体诉讼案、雇佣关系分类案、背景核查案、乘客安全案等，涉及合法性纠纷、雇佣关系纠纷（独立承包关系还是雇佣关系）、仲裁条款纠纷、小费赔偿纠纷、商标侵权纠纷、保险索赔纠纷、支付纠纷以及残疾人歧视纠纷等。目前，有些案件法院已作出判决或裁决，有些案件双方已庭外和解，有些案件法院依旧在审理之中①。下面我们以伊利诺伊州交通贸易协会诉芝加哥市（Illinois Transportation Trade Association v. City of Chicago）为例，来了解一下美国新近判例的说理情况。

此案是美国联邦上诉法院第七巡回上诉法院的案例②。在2016年10月7日，美国联邦第七巡回上诉法院法官、法经济学家理查德·波斯纳，就两起涉及传统出租车与网约车公司之争的案件作出判决，此案件分别是Illinois Transportation Trade Association v. City of Chicago和Joe Sanfelippo Cabs, Inc. v. City of Milwaukee。在两个案例2016年10月7日的判决书中，波斯纳法官认为，网约车公司和传统出租车公司提供的是不同类型的服务，因此可以对这

---

① 张清、钟林燕：《美国优步案例概观及其对我国的启示》，载《法律适用》2016年第13期。

② 来源于中国政法大学图书馆电子数据库Westlaw Next数据库。

两者采取不同的监管方式，制定不同的监管规则。判决书中指出，像 Uber、Lyft 等网约车公司平台，不需要接受诸如出租车的价格监管，网约车公司的司机也不需要获得出租车经营牌照。针对以上两个案例的判决，出租车公司表示，对出租车公司和网约车公司平台的差别待遇双重标准不合法，具有歧视性，不利于公平的市场竞争环境，导致出租车公司业务难以开展，干扰了正常的商业关系。

该案审理的巡回法官为波斯纳法官、威廉姆斯法官和赛克斯法官，波斯纳法官代表法院发表了法庭的一致意见。波斯纳法官通过分析，将该案的数条诉讼请求分为两类，一类是有关财产权诉求的讨论，一类是有关平等保护诉求的讨论。判决书中首先探讨了以 Uber 为代表的新型自助打车服务，即网约车（TNPs）或拼车服务，与传统出租车行业所提供服务的差别，为此还引用了网站中的相应文章进行说理，如 Kristen Hall - Geisler 的《优步与传统出租车的五处显著区别》以及优步网站中《提前预约行程以安心》（*Scheduled Ride for Extra Peace of Mind*）一文。

首先，是对第一类有关财产权诉求的讨论。为了说明“财产权”不包括免于竞争的权利，波斯纳法官使用了类比、比喻和排比等修辞手法。比如，用咖啡店的运营许可证和专利授予的排他权进行类比：一家咖啡店的运营许可证不等于持照人拥有阻止其他人开茶馆的权利。当财产权的组成部分是一项允许一家公司以特定方式在市场运营的许可证，并不等于其同时拥有免于此市场竞争的权利。就像一项专利授予了制造和销售专利产品的排他权，但其无权阻止其竞争对手发明不侵权的同等替代品，即使这样损害了专利权所有人的利润。另如，用比喻和排比加强说理：事实上，当新的技术，即新的商业模式出现时，旧的事物都会衰退甚至消失。如果旧技术和旧商业模式拥有宪法权利阻止新事物涌入其市场，经济发展将会驻足不前。这样，我们所拥有的将是马匹和马车而非出租车、电报而非电话、计算尺而非计算机。除此之外，还使用制定法和判例法进一步说明“芝加哥市政府给予出租车牌照所有者的所有权利即为在本市运营出租车，此权利不包括排除其他具有竞争力的交通运输提供者”，如芝加哥市政法规规定“如果一个人因为无牌照运营出租车而受到阻止，是因为他或她违反了市政法规，而不是因为其损害了牌照所有者的财产权”。另外，还用猫和狗进行类比分析：大多数的城镇要求狗进行注册，而猫不用。因为这两种动物之间存在区别。相比猫来说，狗通常程度上体型更大，躯体更强壮，更具有攻击力，人们也更容易害怕狗，狗可能严重咬伤人，在门外制造噪音、乱吠、嚎叫。野猫通常无害，许多宠物猫圈养于家中。养狗的人，除了那些同时也养猫的人，也希望猫必须进行注册，但不会辩称政府没有要求“具竞争力”的动物必须注册，从而剥夺了宪法上赋予养狗的人的财产权，或者换句话说是使其承受违宪歧视。本案中原告要求优步和其他网约车也要和出租车公司受规制于相同的执照机制，但是缺乏更具说服力的论点。就像有些人喜欢猫多一点，喜欢狗少一点，有些人喜欢优步多一点，喜欢黄色出租车、闪电出租车、Checker 出租车等其他类型的出租车少点。他们喜欢这种商业运作模式，而非那种。借用“猫猫狗狗，各有所爱”的这种类比，从而形象生动地说明“芝加哥市希望鼓励此类的竞争，而不是如原告（出租车所有者）诉求的那样扼杀这种竞争”。

其次，是对第二类有关平等保护诉求的讨论。平等保护诉求，核心问题在于“芝加哥出租车和网约车之间的不同监管究竟是专断的还是合理的”。波斯纳法官认为，出租车和网约车均受芝加哥市政府监管，监管力度因服务不同而有所区别。最大的区别在于乘客选择乘车的方式，乘客无须在路边打车，但必须于打车前在优步上注册，从而形成特定的合同关系，对车费、司机资质、保险、潜在残疾乘客的特殊要求进行说明。与出租车服务不同，优步承担主要责任，需要审查所想雇用的司机，仅雇用合格的司机。乘客可提前收到自己所乘车辆的相关信息，包括司机的姓名、照片以及车的照片。此外，网约车主要由兼职司机驾驶，一般认为，这些兼职司机驾驶车的里程数少于职业出租车司机；然而，里程数越少，车的磨损越轻，这样更能保障乘坐舒适度，同时降低事故和故障的风险。通过上述网约车和出租车所提供服务的差异，认为芝加哥市政府对网约车的监管具有合理性，出租车服务以及网约车服务的种种差别可以证明不同监管体制的正当性，这种正当性解除了原告关于平等保护的诉求。不同的产品和服务不能适用于相同的监管机制，否则既违宪，也不符合常识。与此同时，为了说明网约车的合法性，援引了相关判例，“立法机构可以设定一项法定权利，但并不排除通过之后的立法改变甚至减损该项权利。否则，法规就会变成阻碍，用于设定永远不能被撤销甚至修改的权利，除非买通该项权利的承受者。”另外，还引用了期刊杂志上的相关文章加强说理，“20 世纪 70 年代开始，基于竞争优于管制的理念，放宽监管运动席卷全国。全部代理机构消失，如以前民航产业内强烈限制竞争的民航董事会。很多城市都放松了出租车行业的监管，在网约车出现之前效果良好”。该段论述出自《经济观察杂志》中《经济学家是否在出租车放宽监管问题上有个结论》这一文章。

以下为优步案例判决意见书的中文译文。

优步案例判决意见书中文译文[①]

（2016 年 10 月 7 日判决）

美国联邦第七上诉巡回法院

号：16－2009，－2077 及－2980

上诉人（一审原告）：伊利诺伊州运输贸易协会等

被上诉人（一审被告）：芝加哥市政府

被上诉人（一审追加被告）：DAN BURGESS 等

2016 年 9 月 19 日答辩— 2016 年 10 月 7 日判决

概要

背景：出租车、预约出租车和交通行业协会的所有者和运营商提起诉讼，指控规范网约车的城市条例损害了他们依联邦宪法和州法律所拥有的权利。美国伊利诺伊州北区联邦地区法院，Sharon Johnson Coleman 法官，134 F. Supp. 3d 1108，部分批准、部分否决市政府提出的驳回此案的动议。双方提起交叉上诉。

裁决：联邦巡回上诉法院法官波斯纳裁定：

1. 条例并没有构成没收市政府颁发的出租车牌照或剥夺牌照所有者被宪法保护的产权。

2. 市政府未将网约车置于出租车的所有者和运营商相同规范中，并不违反平等保护原则。

维持部分判决，推翻部分判决。

来自伊利诺伊北区联邦地区法院东部法庭的上诉案件，案件编号 1：14－cv－00827，由 Sharon Johnson Coleman 法官审理。

---

① 判决书中文翻译由张清、徐新燕、钟林燕提供。

代理律师和律所

上诉人（一审原告）的律师是伊利诺伊州芝加哥市的 Miller, Shakman & Beem 有限合伙律师事务所 Edward W. Feldman, William J. Katt, Melissa Bema Pryor 和 Michael L. Shakman。

被上诉人（一审被告）的律师是伊利诺伊州芝加哥市公司律师办公室上诉办公室的 Kerrie Maloney 和伊利诺伊州芝加哥市市司法局（Law Department）的 Benna Ruth Solomon。

被上诉人（一审追加被告）的律师是弗吉尼亚州阿灵顿市正义律师事务所的 Robert McNamara 和明尼苏达州明尼阿波利斯市正义律师事务所的 Anthony Brian Sanders。

此案审理的巡回法官为波斯纳、威廉姆斯和赛克斯法官。

判决意见

巡回法官波斯纳

本案与同样在今日作出判决的案件编号为 16 – 1008 Joe Sanfelippo 的出租车公司诉密尔沃基市政府一案十分相似，都是对市政府（本案为芝加哥市，另一案为密尔沃基市）为了刺激“出租车市场”更大的竞争而采取的措施发起的宪法原则挑战。上述市场的构成是在街上招手即停的出租车所有者、预约租车服务的所有者，即通常通过电话呼叫的出租车和新型自助打车服务的所有者，其中最有名的就是优步（其次是 Lyft）。通常这些服务被称为网约车（TNPs）或拼车服务。

鉴于人们对缩略词“网约车（TNPs）”和拼车服务这样的术语并不十分了解，而优步广为人知，所以我们将重点放在优步上。“它（优步）的本质只是……一个你在智能手机上下载的应用，用于让在附近的优步司机来接你。尽管一些出租车服务也开始使用这些新奇的应用，但是大多数出租车依然在出租车候车处等待乘客，或是需要你提前给乘客服务调度中心打电话预约。而优步不需要这么做……你只能通过优步的应用来打车。”二者还有其他不同，很多乘客觉得优步比出租车更有优势的地方在于：它可以储存支付信息，所以人们不需要携带现金或信用卡；能看到司机到达载客点的预估时间，而且可以看到之前用户给司机的评分；无论乘客在哪都能叫车（比如，下雨的时候也可以舒服地待在家中叫车，而不用跑到街上招手）。

原告是在芝加哥拥有并运营出租车或租赁汽车的公司，或是向此类公司提供服务（例如贷款和保险）的公司。出租车公司在司机及汽车资质、牌照、票价和保险等方面受市政府严格管控；汽车租赁公司也同样受到严格管控，但是我们不必分别讨论。优步（谨记，我们将其视为网约车的代表）比出租车及汽车租赁公司更少受到严格管控（直到 2014 年才开始受到管控），并且有着不同的商业模式。例如，你无法在大街上招手拦下一辆优步车，必须使用智能手机应用来叫车。自 2014 年起，优步及其他网约车开始受条例管控，但是此条例仍和规范出租车及汽车租赁服务的条例不同，并且其管控更为宽松。例如，此条例允许此类公司设置自己的收费标准，并且从不同方面允许此类公司以合同的方式完成芝加哥市条例对出租车及租赁汽车公司的一些要求。

原告以七条理由质疑此条例，其中四条依据美国宪法，另外三条依据伊利诺伊州法。除了两项诉讼请求外，联邦地区法官驳回了其余诉讼请求。这两项诉讼请求指控芝加哥政府允许网约车和出租车及汽车租赁服务一同竞争，但不用受到后者所受到的所有法规的管控，此种行为破坏了后者的法律平等保护权。原告对联邦地区法官驳回五项诉讼请求提起上诉，芝加哥市政府对法官拒绝驳回另两项诉讼请求也提起了上诉。

1. 原告的所有七项诉讼请求都没有说服力。第一项（指控政府）允许网约车进入出租车及汽车租赁市场的行为是将原告的财产供公众使用，但是不对其进行赔偿。如果市政府没收了出租车牌照（即授权汽车作为出租车使用的许可证），此项诉讼请求变更后将拥有法律依据。尽管此类公司可能将汽车转换为其他用途，但是没收出租车牌照相当于没收出租车：没有了出租车牌照，就无权拥有出租车。无论如何，芝加哥市政府没有没收任何出租车牌照，而仅仅是让出租车公司置于新的竞争中

——和优步及其他网约车一起竞争。

"财产权"不包括免于竞争的权利。一家咖啡店的运营许可证不等于持照人拥有阻止其他人开茶馆的权利。当财产权的组成部分是一项允许一家公司以特定方式在市场运营的许可证，并不等于其同时拥有免于此市场竞争的权利。就像一项专利授予了制造和销售专利产品的排他权，但其无权阻止其竞争对手发明不侵权的同等替代品，即使这样损害了专利权所有人的利润。事实上，当新的技术，即新的商业模式出现时，旧的事物都会衰退甚至消失。如果旧技术和旧商业模式拥有宪法权利阻止新事物涌入其市场，经济发展将会驻足不前。这样，我们所拥有的将是马匹和马车而非出租车、电报而非电话、计算尺而非计算机。陈旧过时等同于既得利益。

出租车牌照授予拥有者可以拥有并运营出租车的权利，但是不排除其他竞争性的交通运输服务。本案原告不能排除来自公交车、火车、自行车、租赁车、受特许的观光车、小公交车或者步行的竞争；事实上，他们同样不能排除来自新加入的出租车的竞争，因为政府保留颁布新增出租车牌照的权利（原告并未质疑此项权利）。那么为什么要允许原告排除来自优步的竞争？对于这个问题，他们没有作出回答。

芝加哥市政府给予出租车牌照所有者的所有权利即为在本市运营出租车，参见芝加哥市政法规。此权利不包括排除其他具有竞争力的交通运输提供者。正如在 Boston Taxi Owners Ass'n, Inc. v. City of Boston 一案中所指出的，"如果一个人因为无牌照运营出租车而受到阻止，是因为他或她违反了市政法规，而不是因为其损害了牌照所有者的财产权。"上文引用到的市政法规自 1963 年起就已通过，此法规授予牌照持有者作为出租车服务的独家提供者，但并没有排除它们提供的此类服务的替代者。市政府在出租车牌照方面确实设立了财产权利，但是其并未在芝加哥所有营业性载人汽车运输方面设立财产权利。

原告在竞争中依然获得了一些保护，因为只有他们被允许在芝加哥市运营出租车。许多乘客喜欢出租车胜过优步和其他网约车，因为出租车不需要使用应用软件来叫车，你只需要站在大街上对着司机招手即可；而且，出租车费用由市政府统一规定。

原告认为：芝加哥市政府对优步和其他网约车在执照和车费方面（谨记，出租车费由政府统一定价）的监管，不同于出租车条例对原告执照和车费的监管，这属于对他们的歧视。该观点属于反竞争的论点。前提是，每个参与者新入市场时，由于需要同传统运营商竞争，都被迫遵守同样适用于传统运营商的每一条例。

可通过类比分析：大多数的城镇要求狗进行注册，而猫不用。因为这两种动物之间存在区别。相比猫来说，狗通常程度上体型更大，躯体更强壮，更具有攻击力，人们也更容易害怕狗，狗可能可能严重咬伤人，在门外制造噪音、乱吠和嚎叫。野猫通常无害，许多宠物猫圈养于家中。养狗的人，除了那些同时也养猫的人，也希望猫必须进行注册，但不会辩称政府没有要求"具竞争力"的动物必须注册，从而剥夺了宪法上赋予养狗的人的财产权，或者换句话说是使其承受违宪歧视。本案中原告要求优步和其他网约车也要和出租车公司受规制于相同的执照机制，但是缺乏更具说服力的论点。就像有些人喜欢猫多一点，喜欢狗少一点，有些人喜欢优步多一点，喜欢黄色出租车，闪电出租车，Checker 出租车等其他类型的出租车少点，他们喜欢这种商业运作模式，而非那种。芝加哥市希望鼓励此类的竞争，而不是如原告（出租车所有者）诉求的那样扼杀这种竞争。

2. 所以原告声称芝加哥市政府不加任何赔偿地从他们手里剥夺财产，这一诉求没有依据，当然也没必要去讨论 6 个诉求中的其他 4 个诉求。无论是基于宪法还是伊利诺伊州的普通法，这些剥夺权利的诉求也毫无根据。我们确实需要讨论的另外 2 个诉求，同是关于平等保护，但因为这些诉求，联邦地区法官认为存在足够潜在的证据驳回撤销案件的动议。根据她的裁决，芝加哥市政府未对网约车和出租车公司进行同样的监管，这或许在法律上没有给后者同等的保护。但这是从字面意义上理解平等保护，事实却并非如此。否则，相对传统公司，市场新的参与者成本更低，但如果没有一些规范机构用规范去规制这些参与者，无论这些规制是否必要或者恰当，某种程度上会影响新兴参与者的价格优势，它们便不会被排斥在市场之外。这种对消费者来说竞争上的阻碍或者服务不周都显得荒谬。

关于平等保护，恰当的问题是：芝加哥出租车和网约车之间的不同监管究竟是专断的还是合理的。芝加哥市政府提出了充分的论据证明其合理性。相比较其他网约车，乘客在路边打车时，只有出租车有资格接客。在此之前乘客和司机并无联系，乘客和出租车公司亦无联系。因此，市政府主要审查出租车司机是否具有相应的能力，根据搭乘时间和搭乘距离来制定统一的收费标准，这是合理的。由此可见，出租车和网约车均受芝加哥市政府监管，监管力度因服务不同而有所区别。最大的区别在于乘客选择乘车的方式，乘客无须在路边打车，但必须于打车前在优步上注册，从而形成特定的合同关系，对车费、司机资质、保险、潜在残疾乘客的特殊要求进行说明。与出租车服务不同，优步承担主要责任，需要审查所想雇用的司机，仅雇用合格的司机。乘客可提前收到自己所乘车辆的相关信息，包括司机的姓名、照片以及车的照片。此外，网约车主要由兼职司机驾驶，一般认为，这些兼职司机驾驶车的里程数少于职业出租车司机；然而，里程数越少，车的磨损越轻，这样更能保障乘坐舒适度，同时降低事故和故障的风险。

出租车服务以及网约车服务的种种差别可以证明不同监管体制的正当性，这种正当性解除了原告关于平等保护的诉求。不同的产品和服务不能适用于相同的监管机制，否则既违宪，也不符合常识。联邦地区法官平等保护分析的谬论在于：她将个人信念等同于消费者的观点，因为她个人认为出租车和网约车之间的服务没有差别，但是实际上确实存在差异。消费者主要考虑的是便利性问题，而不是对出租车或其他司机的歧视或者厌恶。如果所有的消费者都认为两者服务相同，并且两者之间的比较也没有任何益处，那么网约车也不应该在芝加哥市存在。

假设联邦地区法官正好认为狗和猫没有实质差别，并据此判定养狗的人需要许可而养猫不用（芝加哥市法律规定）有违平等保护原则。正当的回应应是该法官有权持有这种意见，但是当市场认识到，正如我们之前提到的，充分公平的理由认为这两种相竞争的动物有区别，而该法官却没认识到这点时，无权作出此种判决。她认为网约车和出租车没有实质区别也不能为整个相关的消费市场所接受。

“立法机构可以设定一项法定权利，但并不排除通过之后的立法改变甚至减损该项权利。否则，法规就会变成阻碍，用于设定永远不能被撤销甚至修改的权利，除非买通该项权利的承受者。”

20 世纪 70 年代开始，基于竞争优于管制的理念，放宽监管运动席卷全国。全部代理机构消失，如以前民航产业内强烈限制竞争的民航董事会。很多城市都放松了出租车行业的监管，在网约车出现之前效果良好。参见《经济观察杂志》中《经济学家是否在出租车放宽监管问题上有个结论》的文章。随着网约车的出现，放宽监管运动如火如荼，如芝加哥市，与附录里 Sanfelippo 案中的密尔沃基市一样，选择放宽监管，引入竞争，而非维持传统的出租车垄断市场地位，这是合法可取的选择。

所以大体上维持原审法院的判决，但原审法院就原告的平等保护诉求所做的裁决除外。撤销联邦地区法院这一裁定，指示驳回这些具有损害性质的诉求。

第五章　英国裁判文书说理

鉴于英美法系国家法官有“造法”权力，法官具有说理动力，裁判文书说理也更加充分详尽，富有个性色彩，具有强烈的对话式、论证式、开放式特征，还具有注重文学修辞的倾向。由于遵循先例的原则，其裁判文书说理注重发扬光大判例法传统，法官裁判案件受到既有先例判决理由的约束，说理时采用从案件到案件的“类比推理”思维模式[①]，同时还常采用演绎推理，并对相关政策进行分析说理等。英美普通法系的传统与大陆法系各国有所不同，英国法历来有说明判决理由的传统。美国法院的判决非常强调法官对案情的努力思考和清晰的文字描述。英美法系实行的是判例法制度，判决理由是发挥其约束力的关键，这使得说明裁判理由成为英美法系法律制度的基本要求[②]。

第一节　英美法系的法治精神

在第一章英美法系概述中提到，英美法最早起源于英国盎格鲁撒克逊时期的地方习惯法。在英国，较早地就确立了“普通法”制度。随后，英国把普通法传统带到了其他国家，尤其是其殖民地。美国的普通法便是从英国的普通法演变而来。其首要特点就是要参照业已存在的典型“判例”或法庭裁决来断案，而这些“判例”大多是前人留下的，甚至在几代人之前就有了。这样，如果围绕某类案子的“判例”已经作为判案标准而存在，君主本人就难以针对此类案件再“发明”新判例，也难以轻易废除既定判例；换言之，难以任意修改法律。加之，在普通法法庭上，要由陪审团而非法官来判定当

① 孙华璞、王利明、马来客：《裁判文书如何说理》，北京大学出版社 2016 年版，第 13 ~ 17 页。

② 刘莉、孙晋琪：《两大法系裁判文书说理的比较与借鉴》，载《法律适用》2002 年第 3 期。

事人是否有罪，这样，如果法官想按国王的意志判案，也会多一分难度[①]。

欧洲有着法治精神，英国的“普通法”制度，就是法治精神的体现。在英国之外的欧洲大陆地区，作为当代法律一大渊源的古罗马时代的法律思想和制度即“罗马法”，后来也重新被发掘和广泛运用（这也影响了英国的法律体系，尤其是其中的“衡平法”），并被融入天主教会制定的一系列“教会法”（canon law）；与此相伴，专业性的法律从业者和研究者群体也在产生并壮大，法学教育也得到了广泛开展，一套科学严谨的法学思辨体系也得以生成，通过法律路径去解决冲突也成为主导性的社会观念。这样，罗马法的复兴不仅为欧洲提供了一个系统化、理性化的法律体系，也促进了法治精神的成长[②]。

作为普通法系的典型代表国家，英国的法官一直是以声望卓著和公正威严而深得公众的广泛信任。与美国法官的遴选制度相比，英国法官遴选对象范围较窄，候选人资源有限。法官只能从律师中产生，由于英国对法官任职的资历、经验、业绩和人品要求较高，能进入法官队伍的属凤毛麟角。在英国，除了治安法官以外所有法官都是从参加全国四个高级律师公会或初级律师协会的律师中遴选，治安法院的法官是从社区的非法律专业人员中选拔。一般来说，担任地方法院法官（不含治安法官）须有不少于 7 年的出庭律师资历；担任高等法院法官须有 10 年以上出庭律师资历，而且年龄在 50 岁以上；担任上诉法院法官须有 15 年以上出庭律师或者 2 年以上高等法院法官的资历；担任常任法官贵族院议员，须有 2 年以上高等法院法官或者 15 年以上出庭律师的资历。成为律师的基本途径是，必须经过 3 年的大学法学教育，通过严格的考试，获得法学学士学位，然后由个人提出申请，考试通过者到英国律师公会所属的四大法学院之一学习一年，考试通过者获得四大法学院授予的律师学位，经过一年见习后成为正式律师[③]。法官作为一个司法职业，无论是在法律职业基层内部还是与社会其他行业、阶层相比较，地位和声誉是尤为突出的。

---

① 梅然：《战争、帝国与国际政治变迁》，山西人民出版社 2017 年版，第 45 ~46 页。

② 梅然：《战争、帝国与国际政治变迁》，山西人民出版社 2017 年版，第 45 ~47 页。

③ 王琦：《国外法官遴选制度的考察与借鉴——以美、英、德、法、日五国法官遴选制度为中心》，载《法学论坛》2010 年第 5 期。

英国是世界上最早实现法治的国家，英国法官的独立性是英国法治的基础[①]。在英国民众眼里，法官是社会的精英，是法律的塑造者以及法律传统和理想的捍卫者，是法律权威的化身，是法律文化的象征。民众对法官的信任是司法权威得以建立的基础，是法治得以实现的根本前提。早在 12 至 13 世纪，法官们已经形成了一种不顾国王意愿对所有人公平执法的严肃的责任感。在英国，法官无论从法律地位还是在普通公众心目中的地位，都可以用崇高的权威来概括，并已经形成一种文化。从某种意义上讲，英国法官制度的成功实施是英国形成法治文化的深层原因之一[②]。

第二节 英国裁判文书说理

一、英国的法律制度

英国法主要有两大法律渊源，即判例法和制定法（或称成文法）。英美法系国家法律渊源的最大特点是判例法居第一位。大多数有关合同、民事侵权行为和信托方面的法律，以及相当一部分现代行政管理方面的法律，都是来自法院的判例。刑法以及大部分财产法尽管现在都已采用制定法的形式，但相关的一些根本原则仍然保留在判例法中[③]。

我们无法预知，还要多久普通法整体上才会被法典化，但可以设想出两种令人满意的法典化情况：（1）它必须保存普通法的细节性，这是普通法的优点。（2）法典的颁布不能剥夺现有的优点，即先例约束原则。判例对法典仍有约束力，仍是法律进步的方法，法律解释仍可以以规范而细致的规定来丰富法律[④]。本书在介绍美国法律制度时，提到美国大部分州的法律制度承袭了英国的普通法传统，美国法在传承英国普通法传统的基础上得以发展，但

---

① ［英］丹宁勋爵：《家庭故事》，刘庸安译，法律出版社 2000 年版，第 254 页。

② 王旭军：《感悟英国法官的文化》，载《人民法院报》2012 年 3 月 16 日。

③ 李培锋：《英美法要论》，上海人民出版社 2013 年版，第 18 页。

④ ［英］威廉·格尔达特：《英国法导论》，张笑牧译，中国政法大学出版社 2013 年版，第 14 页。

是由于独立战争时期的成文法典运动，因此美国法比英国法更加注重成文法。

英美法系国家不存在独立的行政法院系统和宪法法院系统，而是统一的金字塔形法院系统。美国由于实行联邦制的原因，法院系统分为联邦法院系统与州法院系统，英国的法院系统主要划分为中央法院系统和地方法院系统。

中央法院系统主要分为两个部分，一是2009年新成立的最高法院，二是由高等法院、上诉法院与刑事法院组成的高级法院（Senior Court），另外负责管理原来英联邦事务的枢密院司法委员会也是中央法院的组成部分。

地方法院系统由郡法院与治安法院组成，其中郡法院主要管辖民事案件，治安法院重在管辖刑事案件。与中央法院最初主要是从咨询会中分离出来有别，地方法院一开始就是与行政合一的机构，司法人员与行政人员长期交叠在一起。直到19世纪，地方法院才脱离了地方行政机构的烙印，成为独立的司法机构①。

二、英国“脱欧”案裁判文书说理

本书在英国裁判文书的说理中选取了英国“脱欧”案（米勒、桑托斯诉“脱欧”事务大臣案）的判决书，此案已由英国高等法院于2016年11月3日作出判决。客观地看，“脱欧”不单是国家之间的历史事件，也影响着每个普通人的生活。正因如此，那些在公投中反对“脱欧”的人士在投票中败下阵来，转而寻求其他途径挑战公投的结果，这便是本案的直接背景。本案的原告就是这样两名坚定的反“脱欧”人士——英国投资基金经理吉娜·米勒和理发店主多斯·桑托斯②。2016年6月23日，英国依据《2015年欧盟全民公投法案》，就退出欧盟还是留在欧盟举行全民公投，最终以51.9%的多数票决定退出欧盟。

自此以后，英国“脱欧”引来了社会各界的关注，“脱欧”的进展一波三折仍未平息。2016年10月2日，英国政府宣布将于2017年3月底前正式启动“脱欧”程序。当月，吉娜·米勒和多斯·桑托斯向英国高等法院提起诉讼，主张英国政府在启动“脱欧”程序之前必须得到英国议会的授权。

---

① 李培锋：《英美法要论》，上海人民出版社2013年版，第49~61页。

② 姚国建、朱铮：《谁来启动英国脱欧程序——英国高等法院脱欧案的裁判、理路与发展》，载《法律适用》2017年第2期。

2016 年 11 月 3 日，英国高等法院作出判决，支持原告主张，表示未经议会投票批准，英国政府不能启动“脱欧”程序。随后，英国政府上诉至英国最高法院。2017 年 1 月 24 日，英国最高法院作出终审宣判，裁决英国政府在启动“脱欧”程序之前，必须获得英国议会的批准①。英国议会最终于 2017 年 3 月 13 日通过一项法案，授权英国政府根据《欧盟条约》第 50 条启动“脱欧”进程。英国政府随后致信欧洲理事会主席唐纳德·图斯克，正式宣布英方 2019 年 3 月 29 日“脱欧”的打算。2018 年 11 月 13 日，英欧双方就“脱欧”协议文本达成一致，英国议会和欧盟分别批准即可生效，欧盟成员国领导人 11 月 25 日通过与英国达成的“脱欧”协议。至此，“脱欧”协议能否生效取决于英国议会下院的立场。2019 年 3 月 13 日，下院投票否决了“3 月 29 日无协议脱欧”的提案。3 月 14 日，下院高票否决了要求就是否“脱欧”举行“二次公投”的修正案，通过了支持推迟“脱欧”的动议。如果决定延期，英方申请需要欧盟其他所有成员国同意②。3 月 21 日，欧盟峰会就英国“脱欧”最后期限达成结论草案，同意延期至 2019 年 5 月 22 日，但其前提是英国议会本周批准“脱欧”协议。3 月 29 日，英国下议院投票第三次否决了英国首相特蕾莎·梅的“脱欧”协议。4 月 10 日，欧盟各国达成一致，同意将“脱欧”日期延迟至 10 月 31 日③。5 月 24 日，英国首相特蕾莎·梅宣布辞职。留欧还是脱欧，“软脱欧”还是“硬脱欧”？在巨大的分歧面前，无论谁继任英国首相，都很难达成一份让英国和欧盟都满意的脱欧协议④。尽管继任首相鲍里斯·约翰逊虽然强硬坚持无协议“硬脱欧”，但是 2019 年 10 月 31 日英国依旧未能脱欧。直至 2020 年 1 月，英国国会投票通过了脱欧协议，欧盟也于 1 月 30 日正式批准了英国脱欧。2020 年 1 月 31 日，英国正式脱欧。

当然英国正式脱欧并非本书关注的焦点，本书重点关注的是“脱欧”案

① 郭庆斌、常琦：《英国“脱欧”事件大事记及英国最高法院“脱欧”案终审判决裁判要旨》，载《法律适用》2017 年第 4 期。

② 英国“脱欧”大事记。访问网址：https：//new. qq. com/omn/20190316/20190316A04I2W00，最后登录时间 2019 年 3 月 20 日。

③ 脱欧公投。访问网址：https：//baike. baidu. com/item/% E8% 84% B1% E6% AC% A7% E5% 85% AC% E6% 8A% 95/6674974？fr = aladdin，最后登录时间 2019 年 6 月 9 日。

④ 英国首相特雷莎·梅黯然辞职 英国无协议脱欧风险飙升。访问网址：https：//baijiahao. baidu. com/s？id = 1634731574050094597&wfr = spider&for = pc，最后登录时间 2019 年 6 月 9 日。

裁判的说理。与美国裁判文书说理受众一样，英国裁判文书说理的受众同样可以分为三类：当事人、法官（裁判者）和公众。在英国“脱欧”案中，诉讼当事人除了诉讼双方原告吉娜·米勒、多斯·桑托斯和被告“脱欧”国务大臣，还有诸多利益相关方和自愿参加的诉讼人；同时也有数位律师和代理人参与了此次诉讼，包括第一原告、第二原告、被告国务大臣、第一利益相关方、第二利益相关方和自愿参加诉讼人的律师和代理人共二十四人；此案的主审法官有三位，分别是克吾姆歌德首席大法官托马斯勋爵（Lord Thomas of Cwmgiedd C J）、掌卷法官泰伦斯·埃瑟顿（Sir Terrence Etherton M R）和上诉法院法官塞尔斯（Sales L J）。这些为数众多的诉讼当事人、当事人的代理律师和本案的主审法官均为英国“脱欧”案裁判文书进行说理的受众。

英国“脱欧”案（米勒、桑托斯诉“脱欧”事务大臣案）的英文判决书已经由笔者组建团队翻译成中文[①]，此案例的英文判决书共一万七千余字，判决书翻译成中文共两万七千余字。英国“脱欧”案的核心争议焦点是：英国政府是否可以行使王权，根据《欧盟条约》第50条项下的规定启动“脱欧”程序。原告吉娜·米勒和多斯·桑托斯主张英国政府不能行使此种权力启动“脱欧”程序；与此同时，以被告“脱欧”国务大臣为代表的英国政府主张其有权根据第50条启动“脱欧”程序。作为英欧关系和欧盟一体化进程中的标志性事件，英国“脱欧”对英国、欧盟以及国际社会将产生重大影响，因此英国、欧盟和国际社会的公众都是英国“脱欧”案裁判文书说理的潜在受众。以本案原告为代表的“脱欧”反对人士在“脱欧”公决之后申请启动合宪性审查，期待法院能够在实体和程序的正当性问题上进行裁量，以维护其宪法性权利。本案也将英国司法机关置于“脱欧”这个社会十分关注、立场高度对立的议题的风口浪尖[②]。英国高等法院作为此次英国“脱欧”案的审理法院处在“脱欧”浪潮的漩涡中，法院的三位主审法官在书写判决书的时候，需要在英国“脱欧”的实体和程序的合法性和正当性问题上进行充分说理论证，才能让诉讼当事人、当事人的代理律师和英国、欧盟及国际社会的公众信服。

该案判决书引言部分从第1段到第8段，首先介绍了法庭要解决的问题，

---

① 翻译者：张清、钟林燕、刘艳、郝瑞丽、王小刚。

② 傅宏宇、万猛：《英国脱欧案（米勒诉英国国务大臣案）评述与启示》，载《法律适用》2017年第2期。

即“根据英国宪法，王权政府是否有权通过行政机关行使其皇家特权，根据《欧盟条约》第 50 条，发出英国终止欧盟成员国身份的声明”；其次说明了诉讼双方均同意高等法院对此案件具有管辖权，然后对诉讼双方当事人进行了相应介绍；最后列出了判决书主要内容的提纲。从第 9 段至第 111 段，分成九个部分，对诉讼双方争议的焦点问题进行了充分论证和说理，最终作出判决“在王权政府的特权范围内，国务大臣无权根据《欧盟条约》第 50 条发出联合王国脱离欧盟的声明”。英国高等法院围绕与案件争议焦点相关的事实和法律进行了层层深入、逻辑严密的推理和分析，在审查了诉讼双方的主张之后，支持了原告的诉讼请求，其中主要对三个问题进行了充分说理：一是对《欧盟条约》第 50 条规定的理解（第 9 段至第 17 段）；二是对议会主权和皇家特权关系的分析（第 18 段至第 36 段）；三是对英国《1972 欧共体法》及其之后与欧盟有关的联合王国立法的解释（第 37 段至第 72 段）。

首先，从第 9 段至第 17 段是对《欧盟条约》第 50 条规定的理解。《欧盟条约》第 50 条规定如下：（1）任何成员国可以根据其本国的宪法要求决定退出欧盟。（2）决定退出的成员国应将其意图告知欧洲理事会。根据欧洲理事会提供的指导方针，欧盟将与该国谈判并缔结一项协议，规定其退出的安排，同时考虑其今后与欧盟的关系框架。该协定应根据《欧盟运作条约》第 218（3）条进行谈判。在获得欧洲议会的同意后，理事会应以特定多数代表欧洲联盟作出结论。（3）条约应自退出协议生效之日起停止适用于有关国家，或在第 2 段所述通知之后两年内不适用于该国，除非欧洲理事会与成员国协议一致决定延长这一期限。（4）根据第 2 段和第 3 段的规定，欧洲理事会成员或代表退出成员国的理事会成员不得参加欧洲理事会或理事会的讨论或有关决定。特定多数应当根据《欧盟运作条约》第 238（3）（b）条来定义。（5）如果已退出欧盟的国家要求重新加入，其申请应遵守第 49 条所述程序。

判决书中的第 9 段至第 17 段这一部分，主要是对《欧盟条约》第 50 条进行的文义解释。法院结合英国脱欧的相关事实，根据《欧盟条约》第 50 条的相应条款，对案件进行了客观且详细的说理分析。依据《欧盟条约》第 50 条第 1 款的规定，任何成员国可以根据其本国的宪法要求决定退出欧盟，但是第 50 条并未明确成员国内部向欧洲理事会发出“脱欧”声明的主体，而把此问题留待成员国的国内宪法解决。根据《欧盟条约》第 50 条第 2 款和第 3 款规定，欧盟成员国只要向欧洲理事会发出“脱欧”声明，该成员国的“脱欧”程序将会立即启动，成员国将与欧盟进行谈判并缔结“脱欧”协议，规定其退出的安排，同时考虑其今后与欧盟的关系框架。同时，当“脱欧”声明告知欧洲理事会之后，两年时效也开始起算，如果英国可以在两年内与欧盟签订“脱欧”协议，那么自此协议生效之日起欧盟法将停止适用于英国，即英国脱离欧盟；若英国在两年时间内没有与欧盟达成“脱欧”协议，那么两年之后，欧盟法在英国国内自动失去效力，除非欧洲理事会与英国协商一致决定延长这一期限。

其次，从第18段至第36段是对议会主权和皇家特权关系的分析。法院认为，虽然联合王国没有成文宪法，但这并不意味着英国没有宪法或立宪缺失。相反，联合王国有自己的宪法形式，其中一部分是以具有特殊宪法重要性的制定法形式的成文法。议会主权原则是英国宪法的最基本原则，这在英国已经形成了普遍共识，议会可以通过立法改变本国法律。《1972欧共体法》是经议会同意颁布的法律，其赋予欧盟法律在英国适用的优先权；若要废除《1972欧共体法》，即停止欧盟法在英国的优先适用权，同样需要议会表决同意。判决书中对议会主权和皇家特权关系的分析，主要是识别了与该案相类似的判决先例，将数个判决先例作为判决依据予以援引进行类比推理分析。例如，引用宾厄姆勋爵在君主（杰克逊）诉总检察长案中的演讲：“英国宪法的基石就是……君临议会的至高无上性……”引用瑞德勋爵（Lord Reid）在缅甸石油（缅甸贸易）有限公司诉检察总长案中的陈述：“特权实际上是过去年代的遗物，不因为不用而丢失，只适用于制定法不涵盖的案件中。”另外，还援引了萨莫拉案中的法律立场；奥利弗勋爵在锡政务委员会案的主要演讲中表述的观点，即雷纳（绞车道）有限公司诉贸易与工业部案；布莱克本诉总检察长案、拉斯托姆吉诉女王案和君主诉莱昂斯案中的相应判决理由和论述。

与此同时，第18段至第36段还引用了相关学者的论著和观点，从而加强判决的说理性。比如，引用宪法学家戴西教授的著作《宪法导论》中的论述，议会主权的原则意味着议会有权：“制定或废除任何法律；而且，未被法律授权承认，任何人或机构无权否决或撤销议会的立法。”除此之外，必然的结果是，不能因为法律违反了民意就说该法律无效，因为作为法律问题：“法官对于人民的意志一无所知，除非议会法表达了这种意愿，法官认为制定法的有效性不容置疑，应被通过或保留，即使其违反民意。”引用爱德华·柯克爵士在《案例公告》中提及其本人和当时一些高级法官的观点："国王不能通过他的公告或其他方式改变这个国家的普通法、制定法或习俗惯例的任何部分""国王本身没有特权，而是本国法律允许他享有特权"。由此进一步说明，议会主权原则的一个重要方面是，议会立法不受皇家特权的影响而被替代。皇家特权的行使只在法院依据普通法所承认的范围内产生法律效力，在这些范围之外，无论是普通法还是制定法，皇家都无法行使王权改变本国法律。若行政机关行使王权向欧洲理事会发出"脱欧"声明，根据《欧盟条约》第50条规定，脱欧程序将会立即启动，英国将不可避免地脱离欧盟，届时欧盟法将不再适用于英国，英国议会有关欧盟的立法《1972欧共体法》以及英国国内其他有关欧盟的立法将失去效力。

最后，从第37段至第72段是对英国《1972欧共体法》及其之后与欧盟有关的联合王国立法的解释。首先分析了欧联法的形式和欧洲法院的作用，此处引用了欧盟的法律：《欧盟运作条约》第267条以及欧盟的相应判例：欧洲法律的优越性具有直接效应，尤其在众所周知的法院26/62号案和6/64号 *Costa v. ENEL* [1964] ECR 585案的判决中得到确立。例如，自从著名的106/77号 *Amminstrazione delle Finanze v. Simmenthal SpA* ECLI：EU：C：1978：49案例判决之后，其又得到了多次确定。如果欧盟法律没有直接效力，但成员国将其引入了国内立法，以履行其根据指令或其他欧盟法律的义务，那么即可适用欧盟法律的强制解释义务，以便国内立法必须解释为在可能的情况下符合欧盟法律。另外，为了说明《1972欧共体法》是作为宪法性法规而存在，援引了多个判决先例。比如，经过适当的程序，上议院在君主诉运输大臣一案中确认，虽然《1972欧共体法》仍然在法规汇编中，但其直接有效地赋予欧盟法律比国内主要立法更高的效力位阶。再如，大法官劳斯在索伯恩诉桑德兰市议会一案中所言："可能从来没有一部法规对我们日常生活的这么多维度产生如此深刻的影响。"另如，《1972欧共体法》在君主（白金汉郡议会）诉运输大臣一案中，被阿伯茨伯里的纽伯格勋爵和曼斯勋爵描述为诸多宪法文件之一。

紧接着，法院在判决书中对相关法律规定进行了详尽充分的文义解释，具体有《1972欧共体法》以及《1972欧共体法》之后与欧盟有关的联合王国立法，包括《2008欧洲共同体（修正）法》《2002欧洲议会选举法》《2011欧盟法》《2015公投法》。法院认为被告国务大臣对《1972欧共体法》解释错误，对《1972 欧共体法》这样一部宪法性法律来说，绕不开对议会主权原则的理解。议会主权意味着所有国家机关的权力都是议会授予的，王权也不例外，也就是说，除非议会授予，行政机关并不天然享有王权。相形之下，英国政府在抗辩中主张的“除非议会禁止，否则行政机关享有王权”，显然是颠倒了上述逻辑。行政机关的解释忽略了《1972 欧共体法》的立法目的，这部法律具有鼓励英国加入、壮大欧盟的立法目的。倘若因为《1972 欧共体法》未明文禁止，就将其解释为行政机关有权按下脱欧的按钮，启动英国脱欧，这与该法的立法目的南辕北辙。英国政府关于行政机关享有王权的主张既违反了基本的宪法原则，又违背了《1972 欧共体法》的制定背景和立法目的①。

在分析完上述三个主要的争议焦点后，英国高等法院对双方当事人的主要诉讼主张进行了总结并且对其进行了相关回应和说理。法院在充分翔实地论证说理之后得出结论：“在王权政府的特权范围内，国务大臣无权根据《欧盟条约》第 50 条发出联合王国脱离欧盟的声明”，其在代表英国政府发出声明启动“脱欧”程序之前，必须获得英国议会的批准；即非经议会授权，英国政府不享有向欧洲理事会发出“脱欧”声明的权利。

以下为英国“脱欧”案判决书的中文译文。

英国“脱欧”案判决书中文译文

米勒诉“脱欧”事务大臣案

中性索引数：［2016］EWHC 2768（Admin）

案件编号：CO/3809/2016 和 CO/3281/2016

高等法院

王座分庭

分庭

皇家法庭

伦敦，斯特兰德，WC2A 2LL

日期：2016 年 11 月 3 日

① 姚国建、朱铮：《谁来启动英国脱欧程序——英国高等法院脱欧案的裁判、理路与发展》，载《法律适用》2017 年第 2 期。

主审法官：英格兰及威尔士首席大法官、高等法院院长、上诉法院法官塞尔斯

诉讼双方：

原告：（1）吉娜·米勒

（2）德尔·托泽蒂·多斯·桑托斯诉

被告：脱欧国务大臣

利益相关方：（1）格雷厄姆·皮尼和其他人

（2）AB，KK，PR 和孩子们

自愿参加诉讼人：乔治·伯尼先生和其他人

第一原告律师及代理：皇家大律师劳德·潘尼克，皇家大律师罗德里·汤普森，雅妮丽·霍华德和汤姆·希克曼

第二原告律师及代理：皇家大律师多米尼克·钱伯斯，皇家大律师杰西卡·希莫尔和本杰明·约翰

被告国务大臣的律师及代理：总检察长阁下，皇家大律师詹姆斯·伊迪，皇家大律师杰森·科佩尔，汤姆·克罗斯和克里斯托弗·耐特

第一利益相关方的律师及代理：皇家大律师海伦·蒙特菲尔德，皇家大律师格里·法琴纳，蒂姆·约翰斯顿，杰克·威廉姆斯和约翰·哈尔福德

第二利益相关方的律师及代理：皇家大律师曼吉特·吉尔，兰比·德梅洛，托尼·穆曼

自愿参加诉讼人的律师及代理：皇家大律师帕特里克·格林，亨利·沃里克，保罗·斯基纳和马蒂厄·格雷瓜尔

听审日期：2016 年 10 月 13 日、17 日和 18 日

此判决书由法院准许并发布。

克吾姆歌德首席大法官托马斯勋爵，泰伦斯·埃瑟顿掌卷法官阁下和塞尔斯上诉法院法官。

引言

(a) 法庭要解决的问题

1. 1973年1月，英国加入欧洲共同体。这是政府进行条约谈判的结果，《1972欧洲共同体法》的颁布（以下简称《1972欧共体法》），使得欧盟法律在英国国家法律系统中也可以适用，然后经由英国和其他会员国批准修订共同体条约。因此，由于《1972欧共体法》的颁布，议会通过主要立法在英国的每个管辖区内实施根据条约而产生的10条具有约束力的权利和义务。在适当的时候，欧洲共同体成为欧洲联盟。

2. 2016年6月23日，根据《2015欧洲联盟公民投票法》（以下简称《2015公投法》）举行了全民投票。公投的问题是"英国是留在欧盟还是脱离欧盟"，公投结果是英国应脱离欧盟。

3. 根据《欧洲联盟条约》的规定，退出欧盟受《欧洲联盟条约》（以下简称《欧盟条约》）第50条的约束。经过2007年《里斯本条约》对《欧盟条约》的修订后，该条款于2009年正式生效。

4. 本案的唯一问题是，根据英国宪法，王权政府是否有权通过行政机关行使其皇家特权，《欧盟条约》根据第50条，发出英国终止欧盟成员国身份的声明。很明显，脱离欧盟对于改变英国每个管辖区的国内法律将会产生深远的影响。

(b) 达成的共识是该问题可由法院审理

5. 诉讼各方都同意，这是一个可供审理并由法院决定的问题。首先应该强调，法院在这些诉讼程序中只处理纯粹的法律问题。我们所说的任何话，对于英国脱离欧盟的优缺点问题没有任何影响；也不对政府政策产生任何影响，因为政府政策不是法律。行政机关的政策，以及脱欧的优缺点是政治判断的结果，通过政治手段进行解决。这里的法律问题是行政机关是否可以行使皇家特权发出英国脱欧的声明。我们不担心皇家特权的使用问题，比如如果按照第50条的规定，根据法律可以行使皇家特权，或者如果不能行使皇家特权将会发生什么。

（c）有待解决法律问题的诉讼各方

6. 国务大臣是由政府授权，享有皇权的适当代表。如果原告的案件是正确的，它当然会包括其他政府大臣的诉讼。所有要提交的材料，都分别由总检察长、皇家大律师伊迪先生和皇家大律师科佩尔先生负责。

7. 不难确定适格提起此诉讼的人，因为正如我们在第58段及以后部分解释的那样，几乎联合王国的每个人或英国公民的法律权利都会被基于第50条规定而发出的声明影响。原告及利益相关方包括潜在利益将会受到不同影响的人群。原告的主要论点由代理第一原告的皇家大律师潘尼克勋爵提出。他提出的意见得到其他原告及相关利益方的采纳。原告和利益相关方的某些主张由其他律师提出。代理第二原告的皇家大律师钱伯斯先生，论及了议会主权问题。皇家大律师蒙特菲尔德小姐，论及了欧盟公民权利的问题、根据《1707合并法》苏格兰的立场问题以及权力下放立法的影响问题。皇家大律师格林先生代表自愿参加诉讼方出庭，这些自愿参加诉讼方都是英国公民（或与他们有关联的人），他们根据欧盟法律行使其在欧盟其他成员国境内自由迁徙并且可以在那里获得公共服务的权利，格林先生重点关注了第50条的声明将会对他们产生什么影响，尤其论及了《2011欧盟法》对他们的影响。皇家大律师吉尔先生代理了另一组利益相关方，他们是儿童和儿童的看护者，他们在英国的移民身份会因为依据第50条发出的声明而受到影响。苏格兰总检察长和威尔士总法律顾问出庭但没有代表任何一方。

（d）判决方案

8. 我们将根据以下标题对问题作出决定：

①《欧盟条约》第50条（第9～17段）；

②宪法原则：议会主权和皇家特权（第18～36段）；

③根据《1972欧共体法》，欧盟法律对国内的效力（第37～56段）；

④根据《1972欧共体法》和欧盟法律所产生的权利分类（第57～66段）；

⑤继《1972 欧洲共同体法》后，英国立法与欧盟的关联（第 67 ~72 段）；

⑥各方的主要论点（第 73 ~76 段）；

⑦我们对问题作出的决定（第 77 ~104 段）；

⑧《2015 公投法》（见第 105 ~108 段）；

⑨结论以及确认性救济的形式（第 109 ~111 段）。

（1）《欧盟条约》第 50 条

（a）第 50 条中的条款

9. 第 50 条规定：① 任何成员国可以根据其本国的宪法要求决定退出欧盟。②决定退出的成员国应将其意图告知欧洲理事会。根据欧洲理事会提供的指导方针，欧盟将与该国谈判并缔结一项协议，规定其退出的安排，同时考虑其今后与欧盟的关系框架。该协定应根据《欧盟运作条约》第 218 条第 3 款进行谈判。在获得欧洲议会的同意后，理事会应以特定多数代表欧洲联盟作出结论。③条约应自退出协议生效之日起停止适用于有关国家，或在第 2 段所述通知之后两年内不适用于该国，除非欧洲理事会与成员国协议一致决定延长这一期限。④根据第 2 段和第 3 段的规定，欧洲理事会成员或代表退出成员国的理事会成员不得参加欧洲理事会或理事会的讨论或有关决定。特定多数应当根据《欧盟运作条约》第 238 条第 3 款（b）项来定义。⑤如果已退出欧盟的国家要求重新加入，其申请应遵守第 49 条所述程序。

（b）达成的共识：声明是不可撤销的，且不能是附条件的

10. 关于第 50 条相关的重要事项是各方之间的共识：①根据第 50 条第 2 款发出的声明，一旦发出，便不能撤回；②第 50 条不容许发出附条件的声明：不能发出有条件的声明，例如，只有在议会批准并根据第 50 条第 2 款所计划的谈判过程中达成的协议才有效。

（c）声明的效力

11. 一旦发出声明，这将不可避免地导致英国在两年期结束时从欧洲联盟成员国和有关条约中完全退出，但是如果英国与

欧洲委员会（需要全体通过）之间，根据第50条3第款规定，就延长时间达成了协议则另当别论，或之前英国与欧洲理事会（经特定多数实施并经欧洲议会批准）之间达成了一个退出协议。根据第50条发出的声明对相关权利的影响是直接的，尽管第50条程序需要一段时间才能完成。

12. 根据第50条制定的退出协议，可保留有关条约的某些部分，或可对各种事项作出全新的规定。由于王国政府将就任何退出协议的条款进行谈判，这意味着如果可以说服欧洲理事会同意的话，王国政府有权选取和选择哪些现有的欧盟权利予以保留（如果有的话），以及哪些予以移除。因此，第50条的谈判过程对相关权利的影响是直接的。

13. 国务大臣特别强调，如果作出退出协议，很可能是需要批准的条约，因此必须提交议会审查，且根据《2010年宪法改革和治理法》（CRAG 2010）第20条规定的否决决议程序，需单独提议。第20条所规定的程序并不涉及制定主要立法。因此，原告不接受国务大臣依赖CRAG 2010以提出他们的主张。

14. 此外，如果根据第20节规定的运作程序，决定不应批准退出协议，这就意味着协议不生效，结果将是两年基本期限将根据第50条第3款继续运作，以便欧盟条约在该期限届满时（或任何商定的延长期限）停止适用于联合王国。因此，根据CRAG 2010的程序，国会在审议任何退出协议时将受到限制，因为如果议会不批准该协议，无论它认为退出协议是多么不合适，不是一个好选择，但是当第50条规定的期限届满时，联合王国和英国公民依据欧盟条约所拥有的所有权利将被完全移除。

（d）原告提出的质疑是对退出决定的质疑还是对发出退出声明决定的质疑？

15. 关于原告的质疑是应被视为对根据第50条第1款作出退出欧盟决定的质疑还是对根据第50条第2款通知欧洲理事会决定的质疑，是有争议的。

16. 我们认为，这些问题都不是问题，很显然，这两个条款必须一起解读。第50条第2款的声明是根据第50条第1款作出的决定。根据联合王国的宪法，如果王国政府不享有特权，就不能根据第50条第2款发出声明，那么根据第50条第1款的规定，据此它也不能代表联合王国单方面行使其特权，作出符合联合王国自己宪法要求的退出决定。

17. 但是，我们同意皇家大律师潘尼克勋爵的意见，即无论对根据第50条第1款作出的任何决定有何立场，根据第50条第2款作出声明的决定当然是这项法律质疑的适当目标，因为根据第5条第2款和第3款，就是这个声明引发了效应，导致一个成员国从欧洲联盟和相关条约退出。

（2）宪法原则：议会主权和皇家特权

（a）联合王国宪法

18. 联合王国没有成文宪法。这并不意味着英国没有宪法或立宪缺失。相反，联合王国有自己的宪法形式，正如四大组成区域内每个管辖区所承认的那样。其中一部分是以具有特殊宪法重要性的制定法形式的成文法（正如我们在第43～44段所述）。其中一些反映在议会和法院都认可的基本法律规则中。这些确立和公认的法律规则，管理公共权力的行使，在国家不同实体之间分配决策权，并确定其各自的权力范围。联合王国是由法律规则创设的宪政民主国家，遵守法律。法院对民主国家的法治具有宪法义务，正如行使其他法律那样，法院也行使宪法规则。

19. 在这些诉讼中，法院被要求适用联合王国的宪法，以确定王国政府是否具有根据第50条发出声明从而触发退出欧洲联盟的皇家特权。我们所采用的法律主要是英格兰和威尔士的法律，有一些涉及苏格兰和北爱尔兰等其他司法管辖区的法律。虽然本法院只有适用英格兰和威尔士法律的管辖权，但我们注意到，在这些诉讼程序中没有人提出在苏格兰和北爱尔兰的宪法中关于制定法与皇家特权之间相互作用部分，与英格兰和威尔士关于该主题的法律有所不同。因此，为了便于参考，鉴于本案的一般宪法重要性，我们将参考联合王国的宪法。

(b) 联合王国的议会主权

20. 普遍的共识是，英国宪法最基本的原则是议会主权，并且由王权在两院同意下颁布的立法是至高无上的（我们将使用熟悉的速记，简单地称为议会）。议会可以通过颁布主体立法，以任何方式改变本国法律。没有比主体立法更优越的法律形式，除非议会本身已经作出规定允许这种情况发生。《1972 欧共体法》赋予欧盟法律以优先权，这是一个唯一的例子。

21. 但即便如此，议会仍享有主权和最高权力，并且持续享有权力并将通过以前主体立法而赋予其他法律的权力废除掉。简而言之，如果议会愿意，它有权废除《1972 欧共体法》。

22. 在宪法学家戴西教授的著作《宪法导论》（这至今仍然是著名的论述）中，他解释说，议会主权的原则意味着议会有权："制定或废除任何法律；而且，未被法律授权承认，任何人或机构无权否决或撤销议会的立法。"

除此之外，必然的结果是，不能因为法律违反了民意就说该法律无效，因为作为法律问题："法官对于人民的意志一无所知，除非议会法表达了这种意愿，法官认为制定法的有效性不容置疑，应被通过或保留，即使其违反民意。"

23. 议会主权原则在最高权威的著名判例中多次得到确认。由于这些原则是这些诉讼中的共识，因此只需引用宾厄姆勋爵在君主（杰克逊）诉总检察长案中的演讲："英国宪法的基石就是……君临议会的至高无上性……"

(c) 皇家特权

24. 王国权力的范围根据王国特权（通常称为皇家特权）由英国宪法来界定。这些特权构成了遗留在王权手中的法律权力。正如瑞德勋爵在缅甸石油（缅甸贸易）有限公司诉检察总长案中所陈述："特权实际上是过去年代的遗物，不因为不用而丢失，只适用于制定法不涵盖的案件中。"

25. 议会主权基本原则的一个重要方面是，主体立法不受王权行使其特权的影响而被替代。但宪法对王权特权的限制更为广泛。王权特权只被普通法所认可，而特权的行使只在被承认的范围内产生法律效力。在这些范围之外，无论是普通法还是制定法，王权都无权改变本国法律。

26. 王权（即行政政府）对法律的从属性是英国法治的基础，这种从属性起源于17世纪王权和议会之间的战争，在1688年的光荣革命中得以解决，并从此得以确认。

27. 爱德华·柯克爵士在《案例公告》中说到了他自己和当时一些高级法官的观点"国王不能通过他的公告或其他方式改变这个国家的普通法、制定法或习俗惯例的任何部分"，并且"国王本身没有特权，而是本国法律允许他享有特权"。

28. 1688年的《人权法案》第1节前两部分确认了这一立场："中止法规权——国王未经议会同意而自封的中止法规权是非法的。后来的摈弃权——国王未经议会同意而自封的其后来行使的摈弃法律的权力是非法的。"

29. 枢密院在《萨莫拉》案中概述了这种法律立场："君临议会，或者行政部门的任何分支机构有权规定或改变由该国法院实施的法律是不符合我们宪法原则的。的确，根据某些当代制定法，行政各部门有权制定规则实施制定法，但是所有这些规则的权力产生于制定法，而不是源于由制定法创设的行政主体。没有人会认为这种特权包括有权规定或改变由法院实施的法律……"

这些原则不仅得到了很好的确立，而且也达到了共识。因此，没有必要进一步解释这些原则。

（d）依据君主特权制定和废除条约的权力

30. 英国宪法的另一个确定的特征是，作为适用于正常情况的一般规则，在国际关系以及代表联合王国制定和废除条约的行为，被视为君主在行使其特权。

31. 正如我们将在审查国务大臣提交的主张时做的详细解释（见第77段及随后段落），国务大臣主张说议会在《1972欧共体法》或任何其他制定法中没有做任何事情来免除君主特权，在联合王国的国际关系行为中时，王权政府可以根据第50条发出声明并采取行动使英国退出欧盟条约和其他相关欧洲条约。国务大臣特别依赖检察总长诉凯瑟尔皇家酒店案和君主诉外交和联邦事务大臣案；他认为，君主特权根据第50条发出声明致使联合王国退出欧洲联盟，这个特权只能通过主要立法明确地废除，或通过必要的默示达到这种效力。国务大臣声称，无论是《1972欧共体法》还是任何其他议会立法都没有通过明示或必要的默示废除君主这方面的特权。

(e)《条约》对联合王国国内法的效力

32. 一般的规则是，国际关系行为，包括条约的制定和废除，是在宪法基本原则的框架下，王权政府行使的特权，就是我们在上述第25段中已经谈到的，王权不能通过行使特权而改变国内法。王权行使国际关系的特权是广泛的，是在法院审查的范围之外的，这是因为在一般情况下，王权不能通过行使此特权制定或废除条约，从而改变国内法。通过制定和废除条约，王权在国际法层面创设了效力，但这样做并不能改变国内法。没有议会的介入，王权不能赋予个人权利或剥夺个人权利。

33. 奥利弗勋爵在锡政务委员会案的主要演讲中表述了一般立场，即雷纳（绞车道）有限公司诉贸易与工业部案，表述如下：

“都市法院没有能力并且不能裁决或强制执行由独立主权国家之间在国际法层面达成的交易而产生的权利，这是不言自明的。这一点在上院的判例库克诉斯普里格案中牢固地确立了下来，并且在由国务大臣肯斯顿勋爵发表在枢密院委员会审理的印度理事会诉Kamachee Boye Sahaba案中的意见简介里有力地表达出来：‘相互独立的国家之间的交易是受其他法律支配的，而非由都市法院管辖：这样的法院既没有决定什么是正确的手段，也没有执行任何他们所能作出的决定的权力。’

“在国内法的层面上，王国政府与其他国家缔结条约是行使皇家特权，其有效性不能被都市法律所质疑：参见布莱克本诉总检察长案，主权‘通过签订条约、显示主权特性的每个条约条款中及她固有的权威来体现；并且，在制定和执行条约时，她超越了法律的控制，她的行为可不被自己的法院审查。’拉斯托姆吉诉女王案。这是第一个基本原则。其次，根据联合王国的宪法，皇家特权虽然包含了条约的制定，却不扩大到改变法律，或未经议会介入，在国内法律下并不授予个人权利或剥夺个人权利。条约，正如其表示，并不能自我执行。相当简单地说，除非已被立法纳入法律，一项条约并不属于英国法律的一部分。就个人而言，不能从他人的行为中获得权利，也不能被剥夺权利或承受义务；它不受法院管辖，不仅因为是国际关系行为，是一种皇家特权，还因为，作为权利义务的来源，它是不相关的。”

我们要补充一点，在解释国内法时，条约可以有一定的间接影响，如在君主诉莱昂斯案中所讨论的。但这并不影响这样的基本立场，即未经议会介入，王权不能通过其特权增加、减少、或免除普通法或制定法赋予个人或公司的权利，也不能以任何方式改变国内法。

(f) 案件问题的原则相关性

34. 本案的一个特点是，要决定的法律问题产生于一个法定范围内，在这种情况下，一方面，是通过在国际层面上采取行动而产生的权利和义务之间存在直接联系，即通过加入欧洲共同体（现在是欧洲联盟），成为其成员国，在相关条约中制定欧盟法以及通过欧洲联盟的立法机构；另一方面，是国内法的内容。这是欧盟法原则结合的结果，包括欧盟法律在成员国国家法律制度中的直接效力原则以及《1972 欧共体法》的条款，我们会在第 37 段及以后各段讨论。

35. 正是这种法律背景的特点，导致原告和利益相关各方在其补充意见中主张，《1972 欧共体法》和其他欧盟制定法对国内法产生效力，这些法律没有给予王权根据第 50 条发出退出欧盟条约其他有关条约声明的特权。因为允许王权通过行使其特权来修改国内法并剥夺合法权利，将违反《萨莫拉》案中概述的宪法原则。

36. 与此同时，正是这个特点导致国务大臣认为，王权政府发出退出欧盟和其他条约的声明特权没有被主要立法废除。因此，可以认为议会必须承认，王权政府有权根据第 50 条发出声明，在联合王国所从事的国际关系方面行使特权，其意图使王权政府应有权力改变国内法，这正是原告所反对的。

（3）欧盟法和《1972欧共体法》的国内效应

（a）欧联法的形式和欧洲法院的作用

37. 同样，关于欧盟法律如何运作的基本情况是共识，对此给出一个简短的解释便已足够。简而言之，欧盟法律包含在相关条约中，其中一些部分包含个人权利，其他部分创建立法机构，有时可以制定新的具有法律约束力的欧盟法律规范。欧盟立法的主要形式是：①指令，要求成员国根据其中规定的内容对其国内法进行修改；②条例，在成员国国内法中具有直接效力。在条约为个人创造权利的情况下，这些权利可在成员国国内法院直接生效。条例中规定的权利也是如此。此外，指令规定的一些个人权利直接有效，可在成员国国家法院中适用。

38. 欧盟法律规定的这些直接有效的权利甚至超过了国内主要立法。因此，只要欧盟法律由一个成员国的国家法院接受和适用，它就作为一种在某种意义上优于所有国内法的法律形式运作。

39. 共同体和欧盟条约创建了欧洲法院（现在的欧盟法院“CJEU”），其作为司法机构，有权解释和裁决欧盟法律。欧盟法院在成员国或欧盟机构提起的诉讼中以及在国家法院根据《欧盟运作条约》（“TFEU”）第267条提及的参考程序提交的案件中，均有此权利。欧盟法律的问题应由国家法院提交给欧盟法院，由该法院进行权威裁决，国家法院有义务适用欧盟法院解释的欧盟法律。

40. 共同体法律的这些基本特征早在1973年联合王国加入欧洲共同体之前就已确立。欧洲法律的优越性具有直接效应，尤其在众所周知的法院26/62号Van Gend & Loos ECLI：EU：C：1963：1案和6/64号*Costa v. ENEL*［1964］ECR 585案的判决中得到确立。例如，自从著名的106/77号*Amminstrazione delle Finanze v. Simmenthal SpA* ECLI：EU：C：1978：49案例判决之后，其又得到了多次确定。如果欧盟法律没有直接效力，但成员国将其引入了国内立法，以履行其根据指令或其他欧盟法律的义务，那么即可适用欧盟法律的强制解释义务，以便国内立法必须解释为在可能的情况下符合欧盟法律：案例 C－106/89，Marleasing ECLI：EU：C：1990：395。

(b)《1972 欧共体法》的必要性及其对联合王国法律的影响

41. 实际上，由于上文第 25 段所述特权的限制，除非议会颁布了立法，否则王权政府不能批准联合王国根据《共同体条约》加入欧洲共同体。议会需要制定立法，以便按照这些条约的规定，在联合王国国内法管辖权中实施欧盟法律，并且必须在国内法中落实欧盟法律规定的权利和义务。

42. 只有议会可以对国家法律作出必要修改，允许欧盟法律在条约所要求的国内法范围内产生效果，这点已经达成共识。正如我们在上文第 1 段所解释的那样，这由《1972 欧共体法》得以实现，考虑到联合王国通过加入《共同体条约》，从而成为欧洲共同体的成员国。如果这项立法没有首先得到实施，王权政府批准条约将立即导致联合王国违反其根据这些条约承担的义务，原因是欧盟法律在国内没有直接生效的规定。

(c)《1972 欧共体法》作为宪法性法规

43. 经过适当的程序，上议院在君主诉运输大臣一案中确认，虽然《1972 欧共体法》仍然在法规汇编中，但其直接有效地赋予欧盟法律比国内主要立法更高的效力位阶。根据《1972 欧共体法》，国家法院应充分执行欧盟法律，并将其作为国内法的一部分进行适用。

44. 正如大法官劳斯在索伯恩诉桑德兰市议会一案中所言："可能从来没有一部法规对我们日常生活的这么多维度产生如此深刻的影响。"他将《1972 欧共体法》描述为一项宪法性法规，在我们的法律制度中具有重要地位，它不受制于随后立法可以默示废除的通常宽泛原则。其重要性在于，只能在随后的制定法中通过明示语言或通过该制定法条款的必要默示来废除或修改。同样，《1972 欧共体法》在君主（白金汉郡议会）诉运输大臣一案中，被阿伯茨伯里的纽伯格勋爵和曼斯勋爵描述为诸多宪法文件之一。

(d)《1972 欧共体法》条文规定

45.《1972 欧共体法》的长标题表明其为："关于扩大欧洲共同体规定的法，包括联合王国、以及（为某些特定目的）海峡群岛、马恩岛和直布罗陀。"(在联合王国 1973 年加入时，有三个共同体：欧洲经济共同体、欧洲煤钢共同体和欧洲原子能共同体。欧盟继承了这三个共同体)。

46.《1972 欧共体法》已经依据《共同体条约》完成主要立法修订，从而扩大共同体内部的立法能力范围和法律模式，并最终成为欧盟。《1972 欧共体法》规定的条约清单列出了在国内法中生效的欧盟法律，在每次批准新条约之前都会对此清单进行修订，以此遵循与联合王国最初加入共同体时相同的模式和同样的原因：需要在国内法中规定欧盟法律的国内效力，以满足联合王国根据每个条约所承担的义务，以使条约和欧盟法律规定的权利和义务在国内法中生效。由于经修正的《1972 欧共体法》的主要规定实质上与该法案通过时相同，只要我们所提及的有关条约的清单发生变化，就足以规定该法案相关条款目前的形式。

47. 第 1 条第 2 款列出了各种定义，它将"条约"界定为"法"附表 1 第一部分所述的加入前条约，"与"在下述条款中列出的自加入以来所订立的具体条约："以及欧盟签订的其他条约（除了与共同外交和安全政策相关或可以适用于共同外交和安全政策以外），有或没有任何成员国，或由联合王国签订的作为欧盟任何条约的附属条约。"

48. 第 1 条第 3 款规定，属于本一般定义范围内的条约，须由女皇陛下根据政务委员会的命令作出的声明加以明确，而在 1972 年 1 月 22 日后所订立的条约或加入的条款，需由议会的两院通过决议草案批准。

49.《1972 欧共体法》第 2 节的主要内容是"条约的一般执行"，使联合王国成为欧洲联盟的成员国，并对成员资格所要求的国内法作出修改。

50. 第 2 条第 1 款规定："根据条约，由条约或根据条约间或创建或产生的所有此类权利、权力、责任、义务和限制，以及条约规定的或根据条约间或规定的所有此类救济措施和程序，不得进一步颁布并具有法律效力或在联合王国使用，应在法律上予以承认和提供，并据此予以执行、准许和遵守；'可执行的欧盟权利'及类似词语应解读为适用本款。"根据这一规定，所有直接适用的欧盟法律成为联合王国法律的一部分，并且可以强制执行。

51. 一个共识是，如果联合王国根据《欧盟条约》第 50 条发出的声明退出条约，将不再有任何适用本条款的可执行的欧盟权利。第 2 条第 1 款将没有任何实际效力。

52. 第 2 条第 2 款赋予将联合王国在欧盟法律框架下承担的义务纳入国内法中的权力，如下：除本法附表 2 另有规定外，在女皇陛下根据政务委员会的命令通过后的任何时间，任何指定的部长或部门可依据命令、规则、条例或计划，作出规定，以执行联合王国承担的所有欧盟义务，或使联合王国根据条约或由于条约已享有或能够享有的任何权利得以实现；或为处理因上述第 1 条而产生、或与任何该等义务或权利相关、或生效的事宜或行动……"这规定颁布为附属立法，以解决欧盟法律中不直接适用于国内法的那些部分，特别是满足旨在由国家措施实施的指令的要求。如果联合王国根据第 50 条发出的声明退出条约，该条款将在适当时候不可避免地被剥夺任何实际适用效力。

53. 第 2 条第 4 款在有关部分规定：

根据上文第 2 条第 3 款可以作出的规定包括……议会法作出的任何规定（任何程度），以及已通过或将通过的任何成文法，而不包括本法中本部分的规定，须在本条前述条文的规限下解释及具有效力……"根据这项规定，正如上议院在前文所确认的那样，议会立法规定，第 2 条第 1 款和第 2 款所述的欧盟法律的效力优先于过去或未来的所有主体立法。

54. 第3条第1款要求联合王国的国内法院遵循欧盟法院对欧盟法律解释的裁决，如下：“为所有法律程序的目的，任何有关条约意义或效力的问题，或关于欧盟文书的有效性、意义或效力的问题，应被视为法律问题（如果没有提交至欧洲法院，则应根据欧洲法院的原则和任何相关决定作出决定）”。

(e) 脱欧的权利

55. 正如我们在第3段中提到，仅当2009年《里斯本条约》生效时，成员国有权离开欧盟的明示权利才在《欧盟条约》第50条中列出。我们收到了一个问题的简要意见书，即根据之前的国际法，特别是当《1972欧共体法》制定并生效时的1972年和1973年间的国际法，联合王国将有可能在1973年1月1日加入《共同体条约》之后从其退出。总检察长认为，根据国际习惯法，联合王国有权发出单方面退出声明。原告和利益相关方指出《维也纳条约法公约》第54条规定，退出只能通过与其他缔约方的协议才能实现。

56. 最后，这种差异对于当前目的而言并不重要，并且不必解决。没有任何一方建议，对国际法的解释有助于解决我们必须决定的法律问题。对于国际法的任何一种解读，联合王国原则上都能够退出有关条约，无论是通过给予单方面声明，抑或通过作出和批准退出的协议，在颁布《1972欧共体法》时，议会必须想到了这种可能性。但是仍然有一个问题，议会是否希望这应该是王权政府通过行使其特权而不通过议会的干预就能够实现。

(4) 根据《1972欧共体法》和欧盟法律产生的权利类别

57. 诉讼各方概述了欧盟法律规定的三种不同类型的权利框架。为了在这种情况下进行分析，使用该框架很有帮助，即使相当简化，但也具有必要性。分析侧重于权利，但需注意，欧盟法律还有其他重要领域，例如作为联合王国法律的一部分生效的条约框架。

(a) 第一类：在联合王国法律中可以复制的权利

58. 第一类权利是如果联合王国退出欧盟，原则上能够在国内法中复制的权利。在听证会上讨论的一个例子是《工作时间指令》规定的工人权利。即使联合王国根据欧盟法律没有义务在国内法中维持这种权利，议会可以选择这样做。国务大臣指出，在许多情况下，欧盟指令和其他欧盟法律已通过国内立法，无论是主要的还是次要的，除非当联合王国退出欧盟时被废除，否则都将继续适用于独立可执行的国内立法。国务大臣还指出，政府提出了一项《废除条例草案》，根据该法案，欧盟法律权利将作为主要立法中的一般权利重新颁布。

59. 我们注意到，虽然权利可能使用相同的语言重新颁布，但会有一些差异。例如，国家法院没有义务提出、个人不能寻求提及由欧洲法院解释该法院的权利。当然，议会可能选择不在国内法中复制所有现行的欧盟法律权利。

(b) 第二类：在欧盟其他成员国享有的权利

60. 第二类权利是英国公民和公司根据欧盟法律规定在其他成员国活动所享有的权利，例如人员和资本自由流动权以及创设机构的自由权利。如果英国公民根据欧盟自由流动权居住在另一个成员国，欧盟法律要求该成员国的当局和法院尊重和实施此权利，同时禁止联合王国当局对此权利的行驶施加阻碍。

(c) 第三类：在联合王国法律中不可复制的权利

61. 第三类权利是对联合王国国内法具有效力、在退出欧盟时将失去效力、在国内立法中不可复制的权利。代表国务大臣的皇家大律师伊迪阁下认为，这些是来自“欧盟俱乐部”成员的权利，包括选举权，或后来选举欧洲议会的权利以及在这种选举中投票的权利（见第69段）。还有诉及欧盟法院的权利，寻求说服欧盟委员会对联合王国内部事务采取管制行动的权利，例如调查违反欧盟竞争法或在联合王国境内发生的欧盟环境保护立法的行为，并给予相应救济。

(d) 退出权利的影响

62. 在听证会上讨论这几类权利，目的是审查联合王国从相关欧盟条约退出，将在多大程度上影响国内法中的权利，以及将在多大程度上撤销或修改议会颁布的《1972欧共体法》的法律效力。原告认为，根据《1972 欧共体法》，议会打算将这几类权利均予以实施。此举旨在强调根据第 50 条退出所带来变化的程度，以加强他们的论点，即王权政府不能通过行使其特权来产生这种变化。国务大臣认为，无论退出后的变化程度如何，议会已授予王权政府特权，按照第 50 条的规定发布声明。他还认为，原告夸大了议会通过《1972 欧共体法》制定第一类至第三类权利的程度。国务大臣同意第三类权利将在退出后失效，但他试图将第一类权利的损失程度降到最低，并提出第二类权利是制定《1972 欧共体法》的产物。

63. 国务大臣认为，第三类权利包括适用于国内法的权利，至少这些权利的一部分是《1972 欧共体法》的产物，在退出欧盟之后将失效，这足以证明原告的论点。很快我们在后面可以讨论这些问题。

64. 关于第一类权利，我们认为原告意见书是正确的，即《1972 欧共体法》是这些权利在联合王国国内法中生效的主要立法，在他们的主张中，当根据第 50 条退出时，对于一些权利可能在新的主体立法下得到保留这一问题并没有答案，而有待于进一步立法规定。反对意见仍然是，王权政府通过行使其特权，将剥夺《1972 欧共体法》规定的国内法权利。我们也考虑到，取消寻求欧盟法院对关于范围和解释的权威裁决的资格，这将构成联合王国国内法的重大变化。

65. 关于第二类权利，禁止妨碍行使这些权利是欧盟法律的一部分，其直接适用于联合王国的国内法，这一点国务大臣是同意的。但是，国务大臣认为，这些权利的主要内容（例如，英国公民在另一个成员国时依靠他或她的自由行动的权利）不是《1972 欧共体法》的产物。相反，它是欧盟法律的运作结合该成员国的国内法的产物，正如该成员国的国民在英格兰和威尔士的自由迁移权利将是欧盟法律与英格兰和威尔士的国内法相结合的产物。国务大臣进一步指出，欧盟法律对其他成员国的影响，是由于王权政府代表联合王国为了英国公民的利益，在国际层面上批准了相关的欧盟条约，以及其他成员国同样在国际层面上批准了这些条约。

66. 在高度形式主义的意义上，这可能是准确的。但我们认为，这是一个与现实脱离的主张。正如上文第41~42段所解释的那样，议会知道颁布《1972欧共体法》，是批准相关条约之前的必要步骤。正如议会预想，只有当它颁布《1972欧共体法》（然后根据以后的欧盟条约对其进行修正），才能批准这些条约。现实是，议会明白并希望《1972欧共体法》的颁布，将为英国公民获得在其他成员国法院执行的欧盟法律规定的权利提供基础。因此我们认为，原告的观点是正确的，即根据第50条退出欧盟，将撤销议会想要实施的第（ii）类权利，并且这类权利实际上已通过颁布《1972欧共体法》得以实施。虽然这些不是在联合王国国家法院可执行的权利，但它们仍然是议会创设的重要权利。因此原告有权说，如果只是通过王权政府特权授予的行动就可以将其撤销，这有些难以置信。

（5）《1972欧共体法》之后与欧盟有关的联合王国立法

（a）《2008欧洲共同体（修正）法》

67. 如以下简称第46段所述，《1972欧共体法》已经多次修正，以便实施新的欧盟条约，因为它们已经得到联合王国的批准，包括根据《2008欧洲共同休（修正）法》（以下简称《2008欧共体法》）修订的《1972欧共体法》，以允许批准《里斯本条约》。然而，上文第47~54段所列的《1972欧共体法》的实质条款自1972年以来一直保持不变，除了第1条第2款中欧盟条约清单的增加。

68. “2008年法”第6条规定，大臣们在对某些决定采取任何行动以增加欧盟机构的权力之前，议会可以对其行为进行控制，但它没有规定议会可以对根据《欧盟条约》第50条作出声明的决定进行控制。

（b）《2002欧洲议会选举法》

69. 《2002欧洲议会选举法》规定了欧洲议会的选举。第1节规定，对于12个选区，联合王国将选出73名欧洲议会成员。第8节规定了谁有权在欧洲议会选举中投票。如果联合王国退出欧盟，这些规定将失去效力。

70. 在联合王国决定加入欧洲共同体时，欧洲议会已经成立，并从每个成员国的国会议员中选出成员（但尚未选举产生），在此阶段有一项要求，即应拟订建议直接普选的选举：见1957年《罗马条约》第5部分。1972年和1973年，有权通过选举成为议会成员，构成第三类相关权利，并且期望此类权利被纳入共同体立法中，从而设立通过选举组成的议会。1979年，欧洲议会成为根据一般特许权选举产生机构。实施这一法案的国内立法是1978年《欧洲议会选举法》，该法已被《2002欧洲议会选举法》取代。

（c）《2011欧盟法》

71. 《2011欧盟法》对与欧盟有关的条约和决定实施了某些限制。第2节规定，“修改或取代《欧盟条约》或《欧盟运作条约》的条约不得批准，除非”，除其他情形外，该条约由《议会法》批准，并在某些情况下举行了全民投票。第3节规定，在根据《欧盟条约》第48条第6款的简化修订程序对《欧盟运作条约》进行修订时，必须满足类似的条件。第4节列出需要举行全民公投的情况，重点是扩大欧盟机构的能力或权力的情况。

（d）《2015公投法》

72. 《2015公投法》第1节规定举行关于这个问题的全民投票，即“联合王国是否仍然是欧盟成员或离开欧盟?”第1条第1款对此进行了简要说明，“关于联合王国是否应继续为欧盟成员国将举行全民投票。”该法的其余部分对举行全民投票进行了规定。我们在第105段阐述了国务大臣对本法的立场。

（6）诉讼各方的主要论点

73. 由诉讼各方向法院提出的论点皆被转录并可从互联网上免费获取。因此，可以简要地总结各方观点。

74. 原告方的主要主张如下：

①该案问题的根据是联合王国宪法的根本原则，即王国的特权不能被行政机关用于减少或废除联合王国法律规定的权利

(不论是由普通法或制定法赋予的)，除非议会授权王权政府(明示的或根据《议会法案》条款必要的默示规定）减少或废除这些权利。

②无论是明示的，或在《1972 欧共体法》，以及随后的有关欧盟立法的必要默示规定中，皆没有发现任何有关议会已赋予任何这样的权利的规定。

③根据《欧盟条约》第 50 条第 2 款的规定作出的声明，将优先于议会颁布任何法律来决定是否应该改变法定权利。在一定情况下，该声明将自动废除第三类权利和《2002 欧洲议会选举法》规定的权利，它将删除议会在《1972 欧共体法》中规定的第一类权利，同时也将删除议会决定中关于维持第二类权利的部分。

④议会根据第 50 条第 2 款（如果联合王国和欧盟之间就任何此类条约达成一致）批准退出条约并不能解决优先权问题，因为根据第 50 条第 2 款规定发出声明的效力实际上不可避免地取消议会的真正决定。

⑤议会没有通过《2015 公投法》授权政府根据第 50 条发布退出声明。

75. 原告的另一种意见是，如果他们的主要论点，即根据联合王国宪法的原则，王权政府不可在没有议会明示授权时根据第 50 条发出声明，依据政府特权实施此行为的任何权利，都未被《1972 欧共体法》或随后与欧盟有关的立法采纳。此外，皇家大律师格林阁下认为，依据王权政府特权的任何相关权利均未被《2011 欧盟法》所采纳。

76. 国务大臣主张如下：

①议会可以选择保留（或不废除）王权政府掌握的特权，即使该特权的行使会导致普通法和法定权利的改变。

②在 ex p. Rees – Mogg 中清楚地表明，除非在制定法中能找到明确的词语，否则议会不能被认为有（权利）废除王权政府享有的与欧盟条约相关的特权，因此第 50 条第 2 款规定的声明可以是以退出条约或自动离开的形式。或者，根据欧盟条约框

架下的德·凯瑟皇家酒店案指导，议会无权废除这种特权，除非通过制定法中的明示表述（或可能通过制定法的必要默示）。

③在《1972 欧共体法》或任何其他的法规中没有发现任何有关明示或通过必要默示废除这种特权的表述。

④特别值得注意的是，无论《2008 欧共体法》还是《2011 欧盟法》均未限制王权政府根据第 50 条第 2 款发出声明的特权，即使该条文在上述两个法案通过时已经存在。恰恰相反，这两部法都承认存在着这种特权。因为没有对王权政府的权力施加限制，因此可以援引依据《里斯本条约》修正的《欧盟条约》行使该权利。

⑤联合王国立法中没有任何明示规定，废除皇家退出条约的特权，这与修改条约有所不同。因为议会的意图，特别是在《2011 欧盟法》中表明的那样，旨在限制欧盟权力的增加及其对议会主权的侵犯，而不是限制退出欧盟的能力，从而维持议会主权。

⑥由于任何退出条约可能包含一项需要批准的条款，退出条约无论如何都必须先由议会根据 CRAG 2010 的否决程序批准；如果其中有需要在国内法中适用的规定，则还需要在主体立法中加以规定。这符合王权政府和议会各自职能的安排。惯例便是如此：一旦制定了欧盟条约，议会通过立法使其在国内法中生效，然后批准条约。

⑦虽然《2015 公投法》本身并没有赋予国务大臣根据第 50 条第 2 款发出声明的法定权力，即《2015 公投法》没有提到在根据该条发布声明之前是否需要立法的问题，这支持了议会准许继续授予王权政府发布声明的特权的论点；当然，这不包含对仍然存在的这种特权的限制。

（7）我们对此法律问题的决定

（a）国务大臣主张的要点

77. 我们将首先考虑国务大臣关于《1972 欧共体法》解释的意见，而不是原告的主要意见（第 95 段将讨论原告主要意见）。根据《1972 欧共体法》第 2 条第 1 款，国务大臣认为欧盟权利的内容是参照欧盟条约界定的。这意味着议会希望成为欧盟权利存在的持续条件，并且根据第 2 条第 1 款在国内法中以联合王国继续成为欧洲联盟成员国的形式生效；而且对于该条件是否得到满足，议会打算完全依赖于王权政府在国际法上的行动。

78. 如果国务大臣关于《1972 欧共体法》第 2 条第 1 款含义的解释的论点是正确的，那么第 27 段到第 29 段的表述就没有违反《案例公告》中的原则（总结自《萨莫拉》）。议会本身已经规定，在国内法中的欧盟权利容易在国际法层面通过王权政府的特权而被移除。

79. 议会主权原则的功能体现为：议会可以产生任何类似于法律上的效果，因此从理论上讲，议会可以在适用法定制度的方面进行立法，通过行政政府采取的正式步骤对法律进行填补。邮局诉河口无线电有限公司案，就是这样的一个案例。在此种情况下，关于在其特定情况下对有关立法的适当解释，立法制度的适用范围应参照联合王国领海的概念来确定，因为它们恰恰是王权政府有时会根据其特权规定，对国际关系行为的范围作出的相关声明。

80. 根据国务大臣所倡导的办法，这个问题的解决取决于原告是否可以指出议会在《1972 欧共体法》中表达的意图，即一旦条约被批准，则取消王权政府采取行动使联合王国退出欧共体条约的特权。如果议会对《1972 欧共体法》什么也没做，没有赋予王权政府先前存在的特权从事国际关系事务，那么这个权力在颁布《1972 欧共体法》后则继续。

81. 然而，根据我们的判断，国务大臣所提出的意见有些过分，他的建议是：《萨莫拉》案中总结的宪法原则不复存在，在德·凯瑟皇家酒店案件中规定的取消王权政府特权事宜上，采用法定解释的方法得出相应的结论：即根据《1972 欧共体法》，王权政府保留逐步将联合王国撤出欧共体条约的特权，因此现在有权根据第 50 条发布声明。

(b) 将《1972 欧共体法》解释为宪法性法规的探讨

82. 《1972 欧共体法》基于第 43～44 段所述理由的宪法性法规的法定解释必须在考虑到背景宪法原则的情况下进行，这些原则通知立法机关根据立法规定推断议会的计划。这是法院从事法定解释过程中采用的基本方法的一部分。在背景宪法原则颇具有影响力的情况下存在这样一种推定，即议会打算根据这些原则立法，而不是破坏这些原则。根据宪法原则解读制定法条文。在解释主体立法的特定背景下，我们是否可以推定议会知道这样的宪法原则、并尊重该原则，但确意欲产生不同的效果吗？

83. 这种解释法律的方法有几个例证。我们可以作出强有力的假设，认为议会不打算使制定法具有溯及力，尽管该制定法使用的语言可能显示出这样的效力。法规的领土效应也有类似的假设。有强有力的推定说明议会不打算阻止普通法院解决所诉诸的争端：例如 Anisminic 有限公司诉外国赔偿委员会一案。另一个例子是在听证会上进行了长时间辩论的合法性原则，即国会不打算以破坏基本人权的方式进行对立法的推定。虽然所有这些推定都可以由议会推翻，但宪法原则越强，议会越不打算推翻宪法原则的推定。在表达或解释其必要含义方面，所需的材料越强，在推断之前越可以得出结论，事实上它本打算如此。同样，宪法原则越强烈，就越容易推断议会使用的语言具备反映该原则的意义。

84. 我们认为国务大臣的意见掩盖了《1972 欧共体法》解释的一个重要方面，国务大臣还提出，原告有责任指出法规中的用语取消了王权政府代表联合王国处理国际关系的特权。这是我们强调这一案件特点的原因所在。国务大臣的论点遗漏了相关宪法背景的一部分内容，尽管国务大臣采用法定解释的方法，但他仍然遗漏了这一点。他认为国际关系的行为是王权政府在行使其特权过程中的一个问题。他提出这样的观点是为了进行这样的争辩：需要在《1972 欧共体法》中找到明确的（或任何特别明确的）语言，然后才能推断议会计划取消王权政府逐步使联合王国撤出欧共体条约的特权。尽管如此，国务大臣对《1972 欧共体法》第 2 条第 1 款并没有赋予通常意义上的宪法原则的价值：除非议会有相反的立法，王权政府不应该有权力通过行使其特权而改变土地的法律。

85. 我们认为：在这个基本层面上，国务大臣的意见是有缺陷的。这一观点通过提及两项宪法原则得到加强。

(c) 王权政府不能利用其特权改变国内法的原则

86. 首先，王权政府没有权力通过其特权来改变土地法律的强大宪法原则，这是英国（以及遵循该传统的民主国家）的特别强大的宪法传统的产物——例如新西兰在菲茨杰拉德诉马尔登案中的决定。维护议会主权和限制王权经历了长期的斗争(第 26 段已提及)。根据这一传统，作为我国宪法下的主权机构的议会如果打算通过颁布《1972 欧共体法》第 2 条第 1 款，将其所引入的所有权利继续存在于国内法中，这是令人惊讶的(以及在第二类权利的情况下，它通过《1972 欧共体法》而成立)，但这种情况须取决于王权政府在行使其特权时是否允许共同体条约继续适用，或者是否将联合王国从条约中剔除。正如布朗 - 威尔金森爵士在君主诉内政大臣案中所说："废除立法的机构是议会而不是行政机关。这个国家的宪法历史是王权政府特权的历史，王权受制于民主选举产生的立法机关作为主权机构的首要权力。"

87. 在此种情况下，议会打算通过颁布《1972 欧共体法》在国内法中产生的深远影响也应成为考虑的内容，这导致《1972 欧共体法》被认定为是具有特殊宪法意义的法规。《1972 欧共体法》国内法所产生的法律变化范围广泛并且影响深远，这使得议会非常不可能通过行使其特权继续留存于王权政府手中。通过将《1972 欧共体法》作为主体立法，议会启动了欧盟法律在国家法律制度中的直接作用，迈出了重大的一步。假设议会期待王权政府依据其特权的单方面行动再次取消欧盟法律的作用，这是不合理的。

88. 此外，通过颁布不一致的立法，议会免除了通常的默示废止原则的实施，这是《1972 欧共体法》作为宪法性法规的地位：见索伯恩诉桑德兰市议会案和《1972 欧共体法》的第 2 条第 4 款。如果议会在之后的立法废除中明确这是它所希望的，那么它可以废除。自从《1972 欧共体法》被颁布并且成为具有重大宪法意义的法规以来，议会表示其本身应该免除默示废止原则，但不能认为议会有可能希望议会的法律效力可以通过王权政府的特权而将其取消。

（d）王权政府特权只在国际层面运作

89. 第二个原则是对理解宪法的明确限制，即国际关系的行为是王权政府行使其特权的事务。国务大臣强调，他提出的对宪法的理解忽略了这一原则与从《萨莫拉》案中总结的宪法原则之间的相互关系，而这正是奥利弗爵士所强调的，在上文第 33 段中雷纳案引用的段落。正是因为王权政府在国际关系行为中行使特权没有对国内法产生影响，法院认可这是一个归于王权政府的行动领域，也认识到议会的干涉意图不容易推断。但是，在这种情况下，如果国务大臣坚持认为可以通过行使王权政府特权来实现国内法的重大变革，那么王权政府不干涉处理国际事务中的推定的合理性将会大大削弱。

90. 因此，我们认为国务大臣十分重视的 Rees – Mogg 一案中的裁决并没有给本案提供指导。在 Rees – Mogg 案例中，强大的分庭讨论了《1972 欧共体法》中的第 2 条第 1 款和 2 款，讨论其是否默示废除王权政府修正或增加《欧洲经济共同体条约》的特权的这一问题，以使得王权政府不能批准“社会政策议定书”作为该条约的补充条款：法院以反对的方式回答了该问题，这与《1978 欧洲议会选举法》的第 6 条形成对比，后者经《1993 欧洲共同体法（修正案）》修正后，表示没有条约规定可加强欧洲议会的权利，除非该条约已经被议会法案通过。在第 567G ~ 568E 页，法院表示：“我们发现不能接受这个意义深远的论据（对于原告）。议会希望约束王权政府对欧盟法律的条约制定权，也将其体现在明确的条款中，例如《1978 年选举法》中的第 6 条。事实上，正如所指出的那样，如果王权的条约制定权被隐晦地排除于《1972 欧共体法》的第 2 条第 1 款，1978 年选举法的第 6 条将不再是必要条款。在任何情况下都没有足够的理由认为议会已经默示削弱或剥夺了王权政府修正或增加《欧洲经济共同体条约》的特权。批准‘社会政策议定书’是否会改变国内法的内容？该议定书明确表示其并不计划适用于联合王国，‘议定书’所附协定的联合王国当事方也无此打算。议定书不是《1972 欧共体法》第 1 条第 2 款中‘条约’定义中包括的条约之一（为此目的，包括议定书：见第 1 条第 4 款），因为《1993 年欧共体法》第 1 条第 1 款明确排除了这一点。因此，‘议定书’不是《1972 欧共体法》第 2 条第 1 款所涵盖的条约之一，根据该条约，共同体条约在国内法中具有效力。它不成为第 2 条第 1 款所涵盖的条约之一，仅仅是因为根据《联盟条约》，它被并入《欧洲经济共同体条约》：见《1972 欧共体法》第 1 条第 3 款。皇家大律师潘尼克勋爵（原告的律师）说，根据‘议定书’第 1 条，联合王国同意授权其他 11 个成员国向共同体机构提出诉讼以便实施该协定。但是，这是国际层面上的义务，并非国内义务。他进一步认为，‘议定书’可能对我们的国内法产生间接影响，因为该协定所涉及的一些事项在共同体法律的其他部分得到了解释。因此，载有同工同酬原则的‘协定’第 6 条遵循欧共体条约第 119 篇的用语。因此，欧洲法院关于第 6 条含义的决定可能影响第 119 篇的适用，并且影响联合王国国内法的发展。但是，我们认为这种间接影响可能太过微弱，不足以支持皇家大律师潘尼克勋爵的论点。我们得出这样一个结论，政府不批准‘议定书’就不会在没有议会批准的情况下改变或影响国内法的内容。基于上述原因，我们将否定皇家大律师潘尼克勋爵的论点。”

91. 在我们的判决中，从我们所强调的段落中可以明显看出法院推理的要点，即王权政府批准的“社会政策议定书”不会因为《1972 欧共体法》第 2 条第 1 款而改变或者影响国内法的内容。因此，没有充分理由推断议会有意通过颁布该法案影响适用于该议定书的通常立场，即王权政府没有特权授权在联合王国国际关系的行为方面制定条约。与国务大臣的意见相反，判决不能理解为言语，更不能理解为裁决，需要明确的术语来约束王权政府对欧盟法律的条约制定权，因为法院审视了是否有足够的理由认为议会已经默示削弱或剥夺了王权政府在这方面的特权。在议定书扩大而不是移除欧盟权利的这一背景下，问题出现了。判决清楚地表明，“议定书”的批准不会改变导致法院得出结论的国内法。法院不必考虑关于王权政府的特权是否不受《1972 欧共体法》影响的论点。在本案非常不同的背景下，问题在于王权政府是否有权力根据其特权退出相关的欧盟条约。按照国务大臣的观点，退出对国内法的内容会产生重大影响。法院在一案中并没有触及这个问题，这是显而易见的。

(e) 我们对议会意图的结论

92. 根据上述宪法背景解释《1972 欧共体法》，我们认为议会的意图很明显，议会打算通过《1972 欧共体法》立法，以便将欧盟法律纳入国内法（并创设第二类权利）这样一种做法不经由王权政府行使特权便不能实现。随着《1972 欧共体法》的颁布，王权政府不具有从共同体条约中退出的特权，国内法中引入的欧盟法律权利（第一类和第三类权利），以及英国公民在第二类权利中更广泛的权利都依赖于共同条约的继续存在。因此，根据《欧盟条约》第 50 条的声明，王权政府没有特权从相关条约中撤出。

93. 根据有关宪法背景来看，议会的意图和《1972 欧共体法》效力来自《1972 欧共体法》的以下条款。

①长标题表明，议会希望《1972 欧共体法》以增加联合王国成为会员国的方式扩大欧洲共同体。这与该法的主要宪法宗旨不符，即王权政府应有权力通过行使其特权，撤销扩大共同体的决定。

②第 2 节的标题表明要规定实施相关的“条约”，所提及的“条约”在第 1 条第 2 款中有定义，其中最重要的内容也在该条明确列出。这与公开的法定目标不一致，即王权政府应有权力根据其特权将联合王国从这些条约中剔除，以使其不能实施。

③我们认为，观点（2）驳斥了国务大臣对第2条第1款自己文本的主张，即“如果它提及由条约或根据条约不时创设或产生的所有权利、权力、责任等”，以及提及“不时规定或根据条约的所有补救办法和程序”，那么便输入了一个隐含的条件，即联合王国仍然是欧洲联盟的成员，受“条约”约束，而且王权政府并未通过行使其特权从“条约”中退出。正是基于这样一个隐含的条件，国务大臣试图说，议会选择允许王权政府将联合王国从相关欧盟条约退出的特权。但是，这样的条件违反第2条的明文规定。宪法背景没有保证以这种方式阅读这些文字。相反，宪法背景大大加强了原告对该条款的解释。根据其自然含义和适当语境阅读，以上引用的词语仅涉及条约本身或由于不时通过的欧盟立法而存在的欧盟法律权利，补救措施和程序等。

④ 第2条第1款的解释表明，议会打算在国内法中引入欧洲联盟的权利，这些权利是根据有关条约在联合王国方面已经存在并将继续存在的。议会使用“可强制执行的欧盟权利”标签（“原则上执行的第2条第1款”中的“可强制执行的共同体权利”）强调了议会希望达到的目的。对该条款的这种解读再次不符合，根据王权政府特权通过实行联合王国撤出有关条约而取消这些权利的任何权力的存在。

⑤第2条第2款还指出，议会认为并打算通过立法规定在国内法中实施欧盟法律，并且其立法的效力不能通过行使其特权而由王权政府撤销。第2条第2款赋予权力，使从属立法执行联合王国的“任何欧盟义务”，并且行使“根据条约或由于条约享有或即将享有的任何权利”。根据上下文和相关宪法背景阅读，这些文字仅指由于“条约”而不时产生的欧盟义务和欧盟权利，并且不默示任何条件，即只要王权政府没有行使其特权将联合王国从条约中撤出，这些义务和权利只能视为如此。

⑥此外，第2条第2款在b段中阐明，该法定权力可行使为制定附属立法，“目的在于处理由任何该义务或权利引起或与该义务有关的事宜”。关于国务大臣的论点，这似乎包括制定从属立法，以处理由于行使王权政府的特权而退出欧盟的任何此

类欧盟义务或欧盟权利取消的问题。但是，该条还表明，行使附属立法权的人“考虑到欧盟的目标”（或“共同体的目标”，如原先颁布的那样）。如果议会打算将《1972 欧共体法》解释为国务大臣所陈述的论点，这将毫无意义。

⑦我们认为，第 3 条第 1 款关于在《欧盟运作条约》第 267 条下从欧盟法院寻求参照的能力，以及国家法院有义务根据欧盟法院的判例来确定关于任何欧盟文书的有效性、意义或效果的问题，最为自然的应该是在上下文中预设欧盟法律和欧盟条约继续适用于英国，除非并且直到议会立法撤销。与第 2 条第 1 款和 2 款一样，议会不能被视为通过这项规定潜在立法，如果王权政府本身可以选择将联合王国从欧洲联盟撤出，而不需要进一步立法，并且从而剥夺任何效力，情况就将是如此。

⑧最后，我们已经提请注意以下事实的重要性：在国内法中生效的主要欧盟条约在第 1 条第 2 款中具体列出。在任何附加条约出台、为该法的目的被视为“条约”，并且因此在国内法中生效之前，第 1 条第 3 款规定了议会控制。王权政府不能在行使其特权时简单地制定和批准附属条约，从而在国内法中产生法律效力。这不符合议会控制的控制程度——列出《1972 欧共体法》本身的主要“条约”，并且规定在附属条约为该法的目的符合“条约”标准之前，通过两院的决议批准的高度议会控制——议会同时希望王权政府能够通过简单的手段利用其特权使联合王国撤出条约，以此来改变国内法。此外，议会必须批准甚至通过行使王权政府在国内法中的特权制定附带条约，这强烈表明一种反向的意图，即通过取消欧盟主要条约中规定的或由于主要欧盟条约产生的所有欧盟权利，王权政府不能借由其特权对国内法作出更深刻的变革。

94. 在我们的判决中，将这些法条分开并同时综合来看，其清晰而必然的含意是，议会的意图是让欧盟的权利在国内法中具有效力，而王权政府在行使其特权时不可以取消或者否决这一效力。因此，我们拒绝国务大臣提交的意见书，其内容是他认为议会没有企图取消王权政府的特权，而且议会一直没有以

《1972 欧共同体法》为依据来取消这些特权。议会还打算让英国公民享有第二类权利，而且王权政府在行使其特权时不应取消这些权利。我们对《1972 欧共同体法》进行了诠释，赋予它制定法的身份，并认为它将欧盟权利引入到国内法律中。基于此，我们作出了上述决定，并拒绝了国务大臣的提议。如果王权政府企图在国际层面上取消欧盟权利，那么对于欧盟权利在国内法律中的境遇问题，我们不能认为《1972 欧共体法》是没有法律效力的。此共同体法或者为王权政府保留了特权，包括根据第 50 条发表声明的权力，或者，没有为之保留。我们认为，共同体法明确没有为之保留特权。

(f) 原告的主要主张

95. 我们审查并拒绝了国务大臣的提议，并据此得出这个结论。正如我们在 77 段中所表明的，我们现在转向原告的主要观点，他们主张，按照源自议会至上的一般宪法原则，以及案例法开始于《案例公告》的规则（这一点我们在上述 27～29 段已经指出），国务大臣的观点被误解了。他们提议的真正内容是：王权政府不可修改国内法律，不可废除法律准许的权利，除非议会通过某个议会法案，以明确的或给予必要默示的方式，授权王权政府。在他们的主张中，《1972 欧共同体法》不包含这样的授权。

96. 如果此争议点在原告最初提议的基础上以这种方式来处理，根据我们已经作出的详细分析，可以得出结论，《1972 欧共同体法》并未以明示或必要默示的方式授予王权政府此种特权。由于《1972 欧共同体法》以及其他法令并未授予此项特权，王权政府无权通过行使其特权改变英国的国内法，以及修改根据《1972 欧共同体法》在国内法中所获得的权利，或者共同体法的其他法律效力。在此基础上，我们同意原告的观点，认为根据第 50（2）条，王权政府无权发表声明。

(g) 在德·凯瑟皇家旅馆、消防联盟和湖人航空公司案例中的决定

97. 我们对《1972 欧共体法》所作出的解释以及我们已经

得出的结论，与德·凯瑟皇家酒店案这一案例所给出的指引完全一致。这一案例确定了主体立法可以默示废除王权政府特权的规则。这一案例也为将来发生的同类案例提供了先例，即王权政府利用其特权处理的案件直接受制于法规。在这一案例中，王权政府所享有的特权允许其在战时征用人民财产并无须给予任何赔偿，但是，相关立法要求这种征用必须给予赔偿。上议院认为立法默示废除了王权政府可以无须任何赔偿就征用财产的特权，但是，上议院并未确定这是默示废除特权的唯一情形。下一段中所论述的消防队联盟案例表明它确实不是。参见帕默尔勋爵在1920年上诉案件中508页和576页所言。是否存在默示废除的情况，就其本质而言，是根据每一案例具体的处境，对所涉及的具体法条的诠释，并和案例所涉及的主题有关。

98. 如果国务大臣对《1972欧共同体法》的诠释是正确的，该法的第2条第1款，第2条第2款和第3条第1款将由于王权政府行使其特权而失去效力。上议院在君主诉内政大臣案中，认为王权政府的特权已经被该案所涉制定法的法条默示废除。前一种方式所给予的诠释比后一种方式更加具有说服力。这一案例涉及刑事伤害赔偿计划，这一计划最初属于王权政府的特权范围。议会通过了旨在给予此项计划合法地位的立法，在相应法条中规定了一定的赔偿比例。法律计划并没有立即生效，但是根据该法规，国务大臣是否应该下命令使其生效，必须经过议会审查。然而，恰恰相反，他决定通过行使王室特权修改赔偿计划，途径是通过使用王室特权确定比法律规定低的关税补偿比例。上议院认为这是不合法的，因为，王权政府修改该计划的特权已经被制定法默示废除，这就意味着他不能不按照议会的意图和所规定的基本条件来行使制定法所规定的权力（使法规计划生效），也不能以这种方式行使王权政府的特权。新的关税计划的制定并非权宜之计，而是替换已有计划以及相关法条的长久之计。正如尼克尔斯勋爵在所言："牲履行法定职责的方式行使特权。这就意味着只要法定职责存在，特权的行使就要受限制。"

99. 消防联盟案例最后裁决的效果就是让人们知晓议会的立法不可能是无效的。尽管法律规定的补偿计划还没有付诸实施，但是国务大臣有责任考虑在某个时候使其生效。虽然法定的计划尚未生效，但是他不能利用王室特权创造一个新的、和法定计划相悖并意欲替代法定计划的特权计划。另一方面，在本案中，《1972 欧共同体法》的第 2 条第 1 款、第 2 条第 2 款和第 3 条第 1 款所规定的法律责任已经生效，这些法律责任要求赋予欧盟法法律效力。王权政府的特权无疑将使这些规定失去实际效力。在本案中，与国务大臣提交的提议完全相反，议会打算取消王室特权的推断更加具有说服力。

100. 最后，很有必要参照一下原告所依据的湖人航空有限公司诉贸易部案。在上述案例中，上诉法院发现，在与航空公司签订条约，批准其运输权的事宜中，王权政府的特权已被一项法定计划默示废除。有关法规已经批准原告运输公司提供伦敦和纽约之间的航空服务，但是王权政府打算取消原告根据与美国签订的相关条约作为被批准的航空公司的称号，而该公司提供运营服务必须具备这一称号。正如丹宁勋爵所言："法规从未预期会有这样的程序。"罗斯基尔运用了德·凯瑟皇家酒店这一案例所提供的指导，认为议会的意图是用立法在相关方面约束王权政府的特权。劳顿同样认为法律应该规定许可证废除的各个方面，并通过必要的默示，让人理解其含意是阻止国务大臣通过行使王权政府特权的方式达到上述目的。三个法官的分析依据的都是议会在主体立法中的意图，并和德·凯瑟皇家这一案例的处理方式一致。

101. 劳顿对国务大臣的提议进行了论述。国务大臣在提议中认为法律绝对没有限制王权政府在国际关系领域的特权，不仅如此，法律对于王权政府这方面的权力是认可的。劳顿说："如此：但是国务大臣不能在这个领域利用王权政府的权力剥夺公民的权利。"他认为这就是国务大臣实际在做的事情。原告认为这一小段话支持他们最初的提议。劳顿说这段话的背景是他对于相关主体立法的正确诠释的讨论。因为，劳顿明确地参照隐含的宪法原则，并将之作为他对相关立法诠释的依据，我们认为这段话为我们分析并拒绝国务大臣的提议提供了额外的支持。

(h)《1707 合并法》，权力下放法规以及其他法规

102. 根据我们参照《1972 欧共体法》以及宪法基本原则所得出的结论，我们认为没有必要处理皇家大律师芒特菲尔德小姐就《1707 合并法》的效力问题所提交的附加提议。同时，也不会去考虑由原告、利益相关方以及其他加入诉讼的人所提出的不同论点，因为这种考虑既没必要也不恰当。他们所依据的是《2002 欧洲议会选举法》，但这一法律产生于制定了《1972 欧共同体法》的主要规定之后，因而并不能影响这些规定的含义。如果基于《1972 欧共同体法》所提交的提议没有成功，《2002 欧洲议会选举法》可以作为废除特权的法律依据，在这个范围内，问题不会产生。原告的另外一个依据是《2011 欧盟法》以及各种权利转让法，但是同样的论点也适用于这些情况。

103. 在英格兰和威尔士面对这些诉讼的同时，北爱尔兰的高等法院也面临着诉讼，诉讼的内容是关于《1998 北爱尔兰法》是否废除了王权政府根据《里斯本条约》第 50 条享有的发出声明的特权。我们得知，我们所处理的案例中所争论的问题不是爱尔兰诉讼所争论的主题，因而，不会在北爱尔兰的诉讼中被裁决。

104. 在我们草拟判决的过程中，麦圭尔公布了他在北爱尔兰诉讼中的判决。对于《1998 北爱尔兰法》的正确诠释及效力，我们只字未提。我们案件中的各方特地从他们的论点中撤出了基于此法和《星期五和平协议》的提议，原因在于这些议题和北爱尔兰高等法院所做的决定是一致的。但是，判决作出的评论包括：王权政府特权的程度、《1972 欧共体法》的诠释以及根据第 50 条发表声明的后果。本案中所进行的辩论的前提是这些问题首先由我们来决定，我们推断上述评论反应了这一特点。简而言之：

①在第 67 页，法官特别指出，在他所处理的案件中，原告所作辩论的言外之意就是，如果不是《1998 北爱尔兰法》取消

了王室特权，根据第 50 条，王权政府享有发表声明的特权这一点是没有异议的。同时，他还把这一点作为分析的正确出发点。但是，这并个出发点并不正确，因为首要的问题是《1972 欧共体法》对国内法以及王室特权的影响。

②在第 70 页，法官参考了《案例公告》，但是仅限于“除国内法所允许的范围外，国王不享有其他任何特权”这一原则。然而，判决并没有涉及王权政府不能通过特权修改国内法这一原则，也没有参照《权利法案》：参看第 28 ~ 29 段。北爱尔兰案例中被告的律师辩论说，立法机关没必要在立法中专门表达限制特权的意图，而这一点和提交给我们的提议是不同的。因此，当法官能够拒绝交给他的十分广泛的提议时，我们并不感到吃惊。根据这些情况，我们可以得出结论，当法官考虑案例法时，他并没有找到正确的出发点。

③最后，在 104 ~ 108 页，法官显然没有对提交给我们的第 50 条的影响进行仔细的分析。得知这一点后，对下面的事实就不会感到吃惊，即，他认为根据《欧盟条约》第 50 条政府所享有的声明权仅仅是有“可能”最终改变联合王国的法律，而他在得出这个结论时，丝毫不知在我们之前，各个方面都确信它必然会改变联合王国的法律。同样，对于他所作出的如下评论，我们也不必感到吃惊。他认为，当欧盟法律在联合王国国内的适用情况发生改变时，“这个改变的过程必须受制于议会立法，因为这是联合王国修改法律的机制”。在我们面前，国务大臣肯定的主张是：如果王权政府根据第 50 条享有声明权，那么，当将联合王国退出欧盟的声明生效后，欧盟法根据相关的欧盟条约所具有的效力将会停止，《1972 欧共体法》的第 2 条第 1 款、2 款和第 3 条第 1 款也将在国内法中失效，而这一过程不需要任何新的主体立法。

(8)《2015 公投法》

105. 在国务大臣的主张中，根据第 50 条他所享有的发出声明的权力的直接依据就是王权政府的特权。他的律师澄清说，他认为《2015 公投法》并没有给予王权政府可以根据第 50 条发出声明的法定权力。他的这一观点是正确的。作为对《2015公投法》的法定诠释，任何认为王权政府享有发出声明特权的论点都站不住脚。

106. 对于本法案的诠释应该以代表议会的最高权威地位、以及议会典型民主特色的基本宪法规则为依据。这些宪法规则在联合王国内适用，而且可以从中得出结论：无论全民公投的主题是什么，它对于议会的立法者来说，只具有参考价值，除非在相关的公投立法中，明确指出它的作用并非仅限于此。在《2015 公投法》中，没有这样的表述。

107. 此外，《2015 公投法》通过时的背景是，其中包括一份递交给国会议员的，含意清晰的情况说明文件。文件解释说，公投只具有参考作用。议会也必定意识到公投只是具有参考价值，因为赞成脱欧的公投表决结果不可避免地将许多重要的问题留待将来决定，而这些重要的问题与启用法律程序实现脱欧直接相关。

108. 我们需要特别强调指出的是，国务大臣在主张中这一部分的立场以及在上面几段中的评论，和纯粹的法律观点相关，那就是公投的法律效力。本法院对公投作为政治事件的重要性并不怀疑，但是这个重要性需要在其他的方面进行评估和考虑。

(9) 结论以及确认性救济的形式

109. 正如我们在第 5 段中所言，诉讼各方一致认为，针对王权政府是否可以根据第 50 条运用其特权发出声明，我们所审查和回答的法律问题是可以由法院审理的。因为它属于可审理之事项，本法院无疑有权给予适当的确认性救济。国务大臣也接受这一观点。各方知晓本判决之后，即可确定给予确认性救济的确切方式。

110. 在我们面前的这个案子是“真实与公正”的听证。对于是否允许对本案进行司法审查，以及如果准予的话，在听证中要考虑本案件的实质问题，我们都正式给予了许可。

111. 根据上述原因，我们认为，在王权政府的特权范围内，国务大臣无权根据第 50 条发出联合王国脱离欧盟的声明。

第六章　中美裁判文书说理比较研究 ——以刑事判决书为例[①]

判决理由是刑事判决书的核心与灵魂，对判决结果的公正性起着至关重要的作用。近些年来，我国虽然一直在探索进行司法文书的改革，不断强调判决理由的重要性，但仍需不断提升裁判文书的说理。鉴于此，本书将中美两国刑事判决书的判决理由进行对比分析，概括出异同点并阐述产生异同点的原因，试图为我国的刑事判决书说理部分的制作提供建设性的改革意见，加快推进刑事判决书的改革与完善。虽然本书只选取了中美刑事判决书，针对其中的说理现象进行分析比较，但是这种分析比较仍能在一定程度上反映出中美刑事判决书的差异，笔者也希望能为后续相关领域的研究提供帮助。

第一节　中美判决书[②]说理现状比较

刑事判决书是人民法院根据已查明的事实，在刑事案件审理后，以法律为准绳，对被告人作出依法判决的法律文书。一份规范的判决书应该说理透彻、叙述全面，并且能够充分体现判决的公正与公平。“理性的裁判，最基本的要求是裁判应当有合理的根据，这种根据，就是判决的理由。”[③] 判决理由作为刑事判决书的核心组成部分，是根据已查明的事实和所依据的法律条文对判决的最终结果所作的推理，因此，判决理由部分的说理对于判决是否公正、公平、大众是否信服有着至关重要的作用。

---

① 此章主要内容来自本书作者张清发表的论文《中美刑事判决书的比较研究》。

② 如前所述，我们这里使用的美国判决书的称谓实际上一般指的是美国上诉法院法官作出的司法意见书（judicial opinion），为了行文方便，我们统一使用判决书来指代司法意见书，即法官裁判意见书。

③ 龙宗智：《刑事判决应加强判决理由》，载《现代法学》1999 年第 2 期。

一、中国裁判文书说理的现状

在我国，近年来有个别社会影响较大案件的判决结果没有得到大众的广泛认同，这反映出司法裁判与社会公众在沟通上仍存在一些问题。要加强与公众的沟通，通过裁判文书的充分说理和论证是一个很好的途径，有必要对裁判文书说理及制作规范等问题进行思考。社会公众对于司法判决公正性往往通过裁判文书内容进行判断。因此，只有裁判文书的推理正确、论证充分、说理详尽，才能达到好的社会效果。①

从 1992 年最高人民法院办公厅公布的《法院诉讼文书样式（试行）》到 1999 年最高人民法院审判委员会通过的《法院刑事诉讼文书样式（样本）》，其中都强调了要加强判决理由的论述。这说明我国对法院裁判文书也在进行不断改革，更加强调说理的重要性。党的十八届三中全会在《中共中央关于全面深化改革若干重大问题的决定》（2013 年 11 月 12 日中国共产党第十八届中央委员会第三次全体会议通过）② 中指出要“增强法律文书说理性，推动公开法院生效裁判文书”。2015 年 2 月 26 日，最高人民法院发布的《最高人民法院关于全面深化人民法院改革的意见——人民法院第四个五年改革纲要（2014—2018）》③ 也强调：“推动裁判文书说理改革。根据不同审级和案件类型，实现裁判文书的繁简分流。加强对当事人争议较大、法律关系复杂、社会关注度较高的一审案件，以及所有的二审案件、再审案件、审判委员会讨论决定案件裁判文书的说理性。对事实清楚、权利义务关系明确、当事人争议不大的一审民商事案件和事实清楚、证据确实充分、被告人认罪的一审轻微刑事案件，使用简化的裁判文书，通过填充要素、简化格式，提高裁判效率。重视律师辩护代理意见，对于律师依法提出的辩护代理意见未予采纳的，应当在裁判文书中说明理由。完善裁判文书说理的刚性约束机制和激励机制，建立裁判文书说理的评价体系，将裁判文书的说理水平作为法官业绩评价和

---

① 黄现清：《裁判文书说理的法理分析》，载《政法论丛》2016 年第 1 期。

② 人民网，《中共中央关于全面深化改革若干重大问题的决定（2013 年 11 月 12 日中国共产党第十八届中央委员会第三次全体会议通过）》。访问网址：http：//politics. people. com. cn/n/2013/1116/c1001－23560979. html，最后登录时间 2019 年 3 月 26 日。

③ 中华人民共和国最高人民法院，《最高人民法院关于全面深化人民法院改革的意见》。访问网址：http：//www. court. gov. cn/zixun－xiangqing－13520. html，最后登录时间 2019 年 3 月 26 日。

晋级、选升的重要因素。”判决理由作为判决书的核心部分，对判决结果起着至关重要的作用，判决文书的说理不可或缺。

2018年1月9日，最高人民法院司改办组织召开裁判文书说理改革研讨会。最高人民法院党组成员、副院长李少平出席会议并强调，要积极推动裁判文书说理改革，切实提高裁判文书说理质量，让法官愿说理、敢说理、会说理，充分体现中国司法智慧，提升司法公信力。李少平强调，裁判文书是人民法院审判工作的最终产品，是反映全部诉讼活动、实现定分止争、体现司法水平的重要载体。裁判文书说理改革是党的十八届三中、四中全会决定和人民法院四五改革纲要部署的一项重要任务，要积极推动这项改革，切实提高裁判文书说理的正当性和可接受性，为促进司法公正、提升司法公信提供制度保障。与会代表就《最高人民法院关于人民法院裁判文书说理若干问题的意见》提出修改意见。来自北京、上海、江苏、湖南、广东、重庆、陕西部分法院的法官代表以及司改办有关同志参加研讨会。此前，司改办还就意见稿专门征求了有关部门和专家学者的意见。[①]

2018年6月1日，最高人民法院发布了《最高人民法院关于加强和规范裁判文书释法说理的指导意见》[②]（以下简称《意见》），《意见》第二条和第三条对裁判文书的释法说理提出了具体要求：“二、裁判文书释法说理，要阐明事理，说明裁判所认定的案件事实及其根据和理由，展示案件事实认定的客观性、公正性和准确性；要释明法理，说明裁判所依据的法律规范以及适用法律规范的理由；要讲明情理，体现法理情相协调，符合社会主流价值观；要讲究文理，语言规范，表达准确，逻辑清晰，合理运用说理技巧，增强说理效果。三、裁判文书释法说理，要立场正确、内容合法、程序正当，符合社会主义核心价值观的精神和要求；要围绕证据审查判断、事实认定、法律适用进行说理，反映推理过程，做到层次分明；要针对诉讼主张和诉讼争点、结合庭审情况进行说理，做到有的放矢；要根据案件社会影响、审判程序、诉讼阶段等不同情况进行繁简适度的说理，简案略说，繁案精说，力求恰到

---

① 中华人民共和国最高人民法院，《李少平在裁判文书说理改革研讨会上强调全面加强裁判文书说理充分展现中国司法智慧》。访问网址：https：//courtapp. chinacourt. org/fabu－xiangqing－76812. html，最后登录时间2019年3月26日。

② 中华人民共和国最高人民法院，《最高人民法院关于加强和规范裁判文书释法说理的指导意见》。访问网址：http：//www. court. gov. cn/fabu－xiangqing－101552. html，最后登录时间2019年3月26日。

好处。”

然而，虽然改革不断，我国一直在致力于加强裁判文书的说理，但是就目前而言，我国的裁判文书说理还存在一定的不足。纵观近些年的刑事判决书，大体上还是千篇一律，尤其是在判决理由部分，大多使用固定的书写模式，使用套话，说理不够详尽，不够缜密，在很大程度上影响了刑事判决书的说服力，上诉事件时有发生，这也影响了司法公正、公平化的进程。因此，刑事判决书判决理由的书写改革势在必行，以增强判决的说服力，从而真正实现判决书作为司法公正的载体，提高司法的公正与公平。

二、中美判决书说理现状的比较

西方大陆法系和英美法系这两大法系的判决书主体部分，遵循大致相同的结构模式，其判决书中均有四个主要部分：争议焦点、事实、说理和判决[①]。英美法系由于强调“法官造法”，可以充分激励法官说理，由此形成了以美国为代表的论证性、对话性以及在判决中展示不同意见作出选择性判决的说理模式[②]。在美国，法官的说理贯穿于裁判文书的主体部分，是裁判文书不可或缺的组成部分。

纵观中美两国判决书的说理部分，中国的判决书在说理部分的论证相对简单，遵循一定的模式，只展示合议庭的一致意见，具有高度的概括性。我国的法律体系类似于大陆法系，但无论是大陆法系还是英美法系，都十分强调判决书的说理，而从宏观上对比英美法系和大陆法系的判决书，不难发现，英美法系的判决书在说理方面，叙述更加详尽，论述更加缜密，就像是一篇说理性的议论文，说服力更强。我国刑事判决书的说理部分，有很多地方可以借鉴。

当然，不同的法系有着不同的法律文化，我国也应在结合本国国情，在保留精华的基础上，借鉴英美法系判决理由书写方式中的有益部分。上述

---

① 沈志先：《裁判文书制作》，法律出版社 2010 年版，第 17 页。

② 孙华璞、王利明、马来客：《裁判文书如何说理：以判决说理促司法公开、公正和公信》，北京大学出版社 2016 年版，第 9 页。

《意见》[1] 第一条明确了裁判文书释法说理的目的："裁判文书释法说理的目的是通过阐明裁判结论的形成过程和正当性理由，提高裁判的可接受性，实现法律效果和社会效果的有机统一；其主要价值体现在增强裁判行为公正度、透明度，规范审判权行使，提升司法公信力和司法权威，发挥裁判的定分止争和价值引领作用，弘扬社会主义核心价值观，努力让人民群众在每一个司法案件中感受到公平正义，切实维护诉讼当事人合法权益，促进社会和谐稳定。"由此可知，加强裁判文书的释法说理，势在必行。

本书将从法律语言的视角对中美刑事判决书的判决理由进行对比分析，力图为我国刑事判决书说理部分提供有益帮助，以期使我国的刑事判决书说理更加缜密，更具有说服力，从而使刑事判决更加公正、公平，更具有可接受性。

第二节　中国刑事判决书的结构[2]

刑事判决书的结构是指判决书各个组成部分的搭配和排列。它包括两方面的内容：（1）判决书由哪几个部分组成；（2）判决书的各个组成部分如何排列。

一、中国刑事判决书的构成

我国刑事判决书由首部、主文、事实、理由和尾部五个部分组成。

（一）首部

首部是刑事判决书的开头部分。我国现行刑事判决书首部包括：法院全称、文书的名称和编号、诉讼当事人的身份事项、案件来源、合议庭组成和

---

① 中华人民共和国最高人民法院，《最高人民法院关于加强和规范裁判文书释法说理的指导意见》。访问网址：http：//www. court. gov. cn/fabu – xiangqing – 101552. html，最后登录时间 2019 年 3 月 26 日。

② 此节主要内容来自本书作者张清发表的相关论文，张清：《我国刑事判决书的结构及构成形式》，载《山西财经大学学报》2009 年第 1 期。

审理过程。

笔者认为刑事判决书包括法院名称、文书名称和编号、公诉机关、检察员、被告人、辩护人及案件来源这些内容就可以了。

笔者建议法院刑事诉讼文书样式1的首部修改如下。[①]

×××人民法院

刑 事 判 决 书

（一审公诉案件普通程序使用）

（××××）×刑初字第××号

公诉机关　×××人民检察院

检察员　×××

被告人　×××（写明姓名、出生年月日、身份证号码、住址）

辩护人　×××（写明姓名，如辩护人是律师写明所在律师事务所）

×××人民检察院以×检×诉〔　　〕××号起诉书向本院提起公诉。

（二）主文

主文（又称判决结果）是法院根据审理查明的案件事实和性质，依照有关的刑事法律的规定，宣告被告人有罪或者无罪，犯什么罪，判处什么刑罚或者免予刑事处分等的处理决定。主文是刑事判决书最重要的部分，也是诉讼当事人和公众最关注的内容。以法院刑事诉讼文书样式1为例，主文包括以下几项内容。

第一，定罪判刑的，表述如下：

一、被告人×××犯××罪，判处……（写明主刑、附加刑）。

（刑期从判决执行之日起计算。判决执行以前先行羁押的，羁押一日折抵刑期一日，即自××××年××月××日起至××××年××月××日止）。

二、被告人×××……（写明决定追缴、退赔或者发还被害人、没收财物的名称、种类和数额）。

第二，定罪免刑的，表述如下：

被告人×××犯××罪，免予刑事处罚（如有追缴、退赔或者没收财物

---

① 张清：《论我国刑事判决书‘首部’的规范化——以‘法院刑事诉讼文书样式1（1999）’为例》，载《山西财经大学学报》2006年第2期。

的，续写第二项）。

第三，宣告无罪的，无论是适用《中华人民共和国刑事诉讼法》第一百六十二条第（二）项还是第（三）项，均应表述如下：

被告人×××无罪。

（三）事实

《现代汉语词典》对“事实”一词的解释是：事情的真实情况。《元照英美法词典》对“事实”的解释如下：实际发生的事情、事件及通常存在的有形物体或外观，具有确实的绝对的真实性，而非仅为一种推测或见解。事实必须是实情，而非虚构的或谬误的。“事实”常与“法律”对照使用。法律是原则，事实是发生的事。法律是设想的，事实是现实的。法律是关于责任的规则，事实是遵守或违反这种规则。[①] 事实必须具有真实性。它不是诉讼当事人或法官的推测或见解。案件的事实是庭审过程中法官在控辩双方举证、质证的基础上认定的。判决书中叙述的事实必须是证据证明属实的事实，而非一般的事实。

刑事判决书中叙述的事实分为控方事实、辩方事实和法院认定的事实三个部分。控方事实和辩方事实是法院认定事实的来源。对法官定罪量刑有意义的事实仅仅是法院认定的事实。以法院刑事诉讼文书样式1为例，事实包括如下内容：

×××人民检察院指控……（概述人民检察院指控被告人犯罪的事实、证据和适用的法律意见）。

被告人×××辩称……（概述被告人对指控的犯罪事实予以供述、辩解、自行辩护的意见和有关证据）。辩护人×××提出的辩护意见是……（概述辩护人的辩护意见和有关证据）。

经审理查明，……（首先写明经庭审查明的事实；其次写明经举证、质证定案的证据及其来源；最后对控辩双方有异议的事实、证据进行分析、认证）。

① 薛波：《元照英美法词典》，法律出版社2003年版，第525页。

（四）理由

在不同的语境中，判决理由有不同的含义：其一，它指支撑裁判所认定的事实和所适用的法律的理由；其二，在英美法系国家，判决理由是指对判决中所适用的法律原则和规则的论证；其三，在比较窄的意义上，限于对裁判决定的法理分析。[①] 我们倾向于第三种定义。法官认定事实的理由应当在事实部分予以阐明，如果将它放在理由部分将会导致重复。在我国判决理由的法理分析不仅包括对判决所适用的法律原则和法律规则的论证，还包括将案件事实跟法律规范等置起来的问题。判决理由是判决书的灵魂。“如果不讲理由，就不能把案件事实和判决结果连接一起，使两者发生必然的因果关系；理由讲得不深刻，就不能析隐发微，揭露犯罪本质定出恰当的刑罚手段；理由不中肯，就不足以迫使罪犯认罪服法，鼓舞群众同犯罪现象作斗争；理由写得太简单，也很容易掩盖审判工作中的错误，不利于审判监督，不利于审判人员的锻炼提高。”[②] 以法院刑事诉讼文书样式 1 为例，理由部分包括以下几项内容：

本院认为，……（根据查证属实的事实、证据和有关法律规定，论证公诉机关指控的犯罪是否成立，被告人的行为是否构成犯罪，犯的什么罪，应否从轻、减轻、免除处罚或者从重处罚。对于控辩双方关于适用法律方面的意见，应当有分析地表示是否予以采纳，并阐明理由）。依据……（写明判决的法律依据）的规定，判决如下：

（五）尾部

尾部是判决书的结束部分，一般包括告知事项、签署、日期、用印、附注说明等项。以法院刑事诉讼文书样式 1 为例，尾部包括如下内容：

如不服本判决，可在接到判决书的第二日起十日内，通过本院或者直接向×××人民法院提出上诉。书面上诉的，应当提交上诉状正本一份，副本×份。

---

① 龙宗智：《刑事判决应加强判决理由》，载《现代法学》1999 年第 2 期。

② 祝铭山：《中国法院诉讼文书教程》，人民法院出版社 1993 年版，第 49～50 页。

审 判 长　×××
审 判 员　×××
审 判 员　×××

××××年××月××日
（院印）

本件与原本核对无异

书 记 员　×××

我们认为尾部应附上判决所引法律条文和司法解释的内容。目前，我国的许多法院也逐渐采取了这种做法。附上判决所引的法律规范可以起到很好的宣称效果，有利于增强裁判文书的公开性和说理性。我们认为这种做法应当规范化，要求每一份判决书后都附上判决所引法律规范的内容。所附内容既包括法律规则、法律原则，还包括最高人民法院公布的司法解释以及相关的案例。

此外，目前一些基层人民法院和中级人民法院的法官在制作裁判文书的时候，会附上一段对当事人具有教育意义的话。人们称这些话为"法官后语"或"法官寄语"。"法官后语"表达了主审法官对当事人的期盼、勉励或谴责。"法官后语"现象反映了中国法官强烈的道德情怀。我国现行的裁判文书要求法官对判决结果进行严格的法律推理和法律论证，并没有为法官的道德感情留下多少表达的空间，于是他们采用"法官后语"的形式来表达他们的道德感情。"法官后语"在表达方式上往往诉诸情感。"动之以情，晓之以理"是"法官后语"常用的说理方式。"法官后语"采用的是文学化的语言。引用、对偶、排比是法官最常用的几种修辞手法。我们认为在有些判决书后不妨附上"法官后语"，不过，"法官后语"一定要有感而发。

因此，笔者建议尾部格式修改为以下格式：

如不服本判决，可在接到判决书的第二日起十日内，通过本院或者直接向×××人民法院提出上诉。书面上诉的，应当提交上诉状正本一份，副本×份。

审 判 长　×××

审判员　×××
审判员　×××
××××年××月××日
（院印）

本件与原本核对无异

书记员　×××

附录本判决定罪量刑法律条文全文：
法官后语（根据需要撰写）

二、中国刑事判决书的结构形式[①]

新中国成立前，我国刑事判决书采用的是“主文—事实—理由”的倒三段论结构形式。迄今我国台湾地区法院的判决书仍采此形式。[②]

新中国成立后，人民法院继续采用“主文—事实—理由”的格式制作刑事裁判文书。“经过1952年—1953年的司法改革运动和后来学习苏联司法工作经验，判决书正文逐步演变为现在的‘事实—理由—主文’的三段论式，但是内容趋向简单化，被告人的辩解和辩护人的辩护意见在判决书中不提了，有利于被告人的事实、证据和理由也不讲了。”[③]

刑法和刑事诉讼法颁布之后，司法部于1980年制定了8类64种诉讼文书样式。样式强调了判决书的说理性。不过判决书的结构形式演变为“事实—理由—主文”的格式。

第三节　中美典型刑事判决书的判决理由

为了更好地进行对比分析，本书列举了中美两国具有代表性的判决理由案例，通过案例，可以更加直观地感受到中美两国刑事判决书在判决理由部

① 判决书的结构形式在这里指的就是判决书各个部分如何排列的问题。
② 李昌道：《中国裁判书》，上海人民出版社2001年版，第65～68页。
③ 周道鸾：《最新刑事裁判文书样式和实例评析》，人民法院出版社2000年版，第5～6页。

分的异同点。

一、中国典型判决书的判决理由

中国的典型裁判文书选取了最高人民法院指导案例 70 号：北京阳光一佰生物技术开发有限公司、习文有等生产、销售有毒、有害食品案［江苏省扬州市中级人民法院（2014）扬刑二终字第 0032 号］的刑事判决书，其判决理由部分如下：

> 针对上诉单位、各上诉人所提上诉意见及其辩护人所提辩护意见和习文有的辩护人在二审期间提供的证据，根据本案事实、证据以及相关法律规定，本院评析如下：
>
> 对于上诉单位、各上诉人及其辩护人提出的上诉单位以及各上诉人不构成生产、销售有毒、有害食品罪的上诉意见和辩护意见。经查，盐酸丁二胍系在我国未获得药品监督管理部门批准生产或进口，不得作为药品在我国生产、销售和使用的化学物质，与国家禁用药物名单上的药品具有同等属性，在我国禁止作为药物使用；其亦非食品添加剂，属于禁止在食品生产经营活动中添加、使用的物质。上诉人习文有的辩护人提供的证据仅能证明盐酸丁二胍具有药物属性，但不能证明其在我国系依法可以生产、销售和使用的药品，更不能证明盐酸丁二胍不是有毒、有害的非食品原料。上诉单位在保健食品中添加该违禁物质构成生产、销售有毒、有害食品罪。故该上诉意见和辩护意见均不能成立，本院不予采纳。
>
> 对于上诉人习文有的辩护人提出上诉人习文有的行为构成生产、销售假药罪的辩护意见。经查，山芪参胶囊系保健食品，其标注的主要成分为药食同源的食品原料和可用于保健食品的中药原料，其提示消费者山芪参胶囊所具有的辅助降糖功能是指药食同源的食品原料和中药原料本身具有的辅助治疗功能，并非西药所具有的治疗功能。山芪参胶囊的说明书和宣传资料明确告诉消费者产品中不含有西药以及其他任何违禁成分，不能代替药物，即西药。因此，上诉人习文有的行为不符合生产、

销售假药罪的构成要件，故该辩护意见不能成立，本院不予采纳。

对于上诉单位、各上诉人及其辩护人提出各上诉人不明知盐酸丁二胍系有毒有害物质，没有生产、销售有毒、有害食品罪的犯罪故意的上诉意见和辩护意见。经查，各上诉人均明知保健食品中不得添加包括西药在内的化学物质，他们在先后知道其生产、销售的山芪参胶囊中含有盐酸丁二胍后，均明知盐酸丁二胍系违禁物质，具有西药属性，不得添加在保健食品中，其主观上均具有生产、销售有毒有害食品罪的犯罪故意。至于各上诉人是否确切知道盐酸丁二胍的属性不影响对犯罪故意的认定。故该上诉意见和辩护意见均不能成立，本院不予采纳。

对于上诉单位、上诉人习文有、尹立新、谭国民、杨立峰及其辩护人提出的一审判决认定的生产、销售数额不实的上诉意见和辩护意见。经查，本院认为，一审判决依据进销存系统数据、入库单、发货记录、退货单以及各上诉人的供述、相关证人证言等证据，认定2012年8月底至2013年1月上诉单位以及上诉人习文有、尹立新、谭国民、杨立峰的犯罪数额达800余万元，有事实依据，故该上诉意见和辩护意见均不能成立，本院不予采纳。

对于上诉人尹立新及其辩护人提出尹立新与习文有不构成共同犯罪的上诉意见和辩护意见。经查，尹立新在明知其提供给谭国民的含有违禁物质的原料被习文有非法添加到保健品山芪参胶囊中进行生产、销售的情况下，仍然向谭国民、习文有提供含有违禁物质的非食品原料，依法构成生产、销售有毒有害食品罪的共犯。故该上诉意见和辩护意见均不能成立，本院不予采纳。

对于上诉人尹立新及其辩护人提出尹立新的犯罪数额应从2012年10月起算的上诉意见和辩护意见。经查，习文有在得知长沙经销商的山芪参胶囊被检测出丁二胍后，立即告知谭国民，谭国民又立即与尹立新核实原料中确实含有丁二胍后，三人见面商谈此事。根据习文有、尹立新以及谭国民供述的三人第一次见面的时间以及2012年9月初习文有向谭国民汇款购买原料、谭国民又向尹立新汇款购买原料的情况，可以认定2012年9月初尹立新明确知道其提供的原料中含有丁二胍，从此时计算尹立新参与共同犯罪的数额有事实依据。故该上诉意见和辩护意见均不能成立，本院不予采纳。

对于上诉人钟立檬及其辩护人提出的钟立檬不构成犯罪的上诉意见和辩护意见。经查，上诉人钟立檬作为上诉单位的销售主管早就明知其销售的山芪参胶囊中含有国家禁止在保健食品中添加的违禁物质，2012年8月29日长沙经销商将检测出丁二胍的检测报告发到其邮箱，其又到长沙处理公司产品被检测出违禁物质问题，再结合习文有的供述和相关证人证言，可以认定2012年8月底上诉人钟立檬明知其销售的山芪参胶囊中含有国家禁止添加的盐酸丁二胍。其后上诉人钟立檬主观上误认为山芪参胶囊已经不含有盐酸丁二胍，直到2013年1月5日王海龙将扬州经销商的山芪参胶囊检测出盐酸丁二胍的报告发给钟立檬，钟立檬再次明确知道山芪参胶囊中含有盐酸丁二胍。上述事实有同案人习文有、王海龙的供述以及相关证人证言证实，其辩解没有打开邮件、没有收到王海龙的检测报告彩信，不合常理，不能成立。其在明知以后仍然进行销售，主观上具有销售有毒有害食品罪的故意，其行为构成销售有毒、有害食品罪。故该上诉意见和辩护意见均不能成立，本院不予采纳。

对于上诉单位阳光一佰公司、上诉人习文有及其辩护人提出上诉单位以及习文有构成自首的上诉意见和辩护意见。经查，上诉人王海龙在侦查阶段供述其向扬州市食品药品监督管理部门出具承认药监部门查扣的山芪参胶囊系该公司产品的情况说明后，上诉人习文有要求其拿回情况说明，其也按照习文有的指示到扬州市食品药品监督管理部门试图撤回情况说明。其后，上诉人习文有在北京药监部门协查时否认在扬州销售过与检测报告同批次的产品。因此，上诉单位以及上诉人习文有没有如实向行政执法部门反映情况，其行为不符合自首的构成要件。故该上诉意见和辩护意见均不能成立，本院不予采纳。

本院认为，上诉单位北京阳光一佰生物技术开发有限公司在生产、销售的山芪参胶囊中掺入有毒、有害的非食品原料，构成生产、销售有毒、有害食品罪。上诉人刁文有作为北京阳光一佰生物技术开发有限公司生产、销售山芪参胶囊的直接负责的主管人员，上诉人杨立峰、钟立檬、王海龙作为北京阳光一佰生物技术开发有限公司生产、销售山芪参胶囊的直接责任人员，明知公司生产、销售的保健食品山芪参胶囊中含有国家禁止添加的盐酸丁二胍成分，仍然进行生产、销售，上诉人刁文有的行为构成生产、销售有毒、有害食品罪，上诉人杨立峰的行为构成生产有毒、有害食品罪，上诉人钟立檬、王海龙的行为构成销售有毒、有害食品罪。上诉人尹立新、谭国民明知其提供的含有国家禁止添加的盐酸丁二胍的原料被上诉人刁文有用于生产保健食品山芪参胶囊并进行销售，仍然向上诉单位北京阳光一佰生物技术开发有限公司提供原料，与上诉单位北京阳光一佰生物技术开发有限公司构成共同犯罪，均应当以生产、销售有毒、有害食品罪追究刑事责任。其中，上诉单位北京阳光一佰生物技术开发有限公司、上诉人刁文有、尹立新、谭国民参与生产、销售的含有盐酸丁二胍的山芪参胶囊金额达800余万元，上诉人杨立峰参与生产的含有盐酸丁二胍的山芪参胶囊额达800余万元，上述上诉单位及上诉人均属有其他特别严重情节；上诉人钟立檬、王海龙参与销售的含有盐酸丁二胍的山芪参胶囊金额达40余万元，上述二上诉人均属有其他严重情节。

上诉人尹立新、谭国民与上诉单位阳光一佰公司共同故意实施犯罪，系共同犯罪，上诉人尹立新、谭国民系提供有毒、有害原料用于生产、销售有毒、有害食品的帮助犯，其在共同犯罪中均系从犯，依法应当从轻处罚。上诉人刁文有与上诉人杨立峰、钟立檬、王海龙共同故意实施犯罪，系共同犯罪，上诉人杨立峰、钟立檬、王海龙系受上诉人刁文有指使从事生产、销售有毒、有害食品的犯罪行为，均系从犯，依法应当减轻处罚。上诉人刁文有在共同犯罪中起主要作用，系主犯，应当按照其所组织、指挥的全部犯罪处罚。

上诉人杨立峰、谭国民犯罪后主动投案，并如实供述犯罪事实，系自首，当庭自愿认罪，依法均可以从轻处罚；上诉人习文有、尹立新、王海龙归案后如实供述犯罪事实，当庭自愿认罪，依法均可以从轻处罚；上诉人钟立檬归案后如实供述部分犯罪事实，当庭对部分犯罪事实自愿认罪，对该部分事实可以从轻处罚。

一审判决根据各上诉人的犯罪情节、犯罪数额，综合考虑各上诉人在共同犯罪的地位作用、自首、认罪态度等量刑情节，所作刑罚符合法律规定，各上诉人所提一审判决量刑偏重的上诉意见均不能成立，本院不予采纳。原判决认定事实清楚，证据确实、充分，定罪量刑并无不当，应予维持。据此，依照《中华人民共和国刑事诉讼法》第二百二十五条第一款第（一）项之规定，裁定如下：

驳回上诉、维持原判。

本裁定为终审裁定。

二、美国典型判决书中判决理由

美国的典型裁判文书选取美国联邦最高法院“*DOMINO'S PIZZA, INC. , et al. , Petitioners, v. John MCDONALD*”【126 S. Ct. 1246 Supreme Court of the United States】的刑事判决书，其判决理由中文翻译[①]如下：

大法官斯卡利亚系法院判决书的执笔大法官。

我们决定原告在与被告现有合同关系下缺乏任何权利，而未被阻止加入该合同关系时，可依据《美国法典》1977 年修订版第 42 卷第 1981 节提起诉讼。

被上诉人约翰·麦克唐纳是一名黑人，是根据内华达州法律成立的 JWM 投资公司（JWM Investments，Inc.）的唯一股东和总裁。他在内华达州地区法院起诉了上诉人（统称达美乐），

---

① 判决理由中文翻译由石百楠提供。

称其违反了第1981节的规定。目前我们认为起诉状中的指称是真实的，其内容如下。

JWM将在拉斯维加斯地区建造四家餐厅，JWM和达美乐签订了几份合同将这些餐厅租给达美乐。第一家餐厅完工后，达美乐的代理人黛比·皮尔拒绝为JWM执行合同要求的禁反言证明书，来帮助JWM进行银行融资。当皮尔说服拉斯维加斯河谷水资源管理局更改记录，将达美乐作为JWM为餐厅建设而获得的土地的所有者，而非JWM时，双方的关系进一步恶化。麦克唐纳不得不去水资源管理局证明JWM拥有这片土地的所有权。在麦克唐纳和皮尔之间显然多次无果的讨论过程中，麦克唐纳解释说“他打算将（合同）完成到底”，但皮尔明确表示，除非他同意解除合同关系，否则他将遭受严重后果。有一次，皮尔对麦克唐纳说，“反正我不喜欢和你们这些人打交道”，并拒绝说明她说的“你们这些人”是什么意思。皮尔威胁说，如果麦克唐纳起诉，她会让达美乐的律师“埋葬”他。达美乐和JWM之间的合同最终没有完成。

至少部分是因为合同失败了，JWM申请了（《美国联邦破产法》）第11章的破产保护。JWM破产财产的受托人以达美乐公司违约为由提起了对抗式诉讼。无论出于何种原因，受托人选择不主张第1981节的诉讼请求，该诉讼请求称达美乐干涉了JWM订立和执行合同的权利。违反合同的赔偿金为4.5万美元达成了和解，JWM完全免除了达美乐的责任。因此，不能代表JWM继续就同一事件提出诉讼请求。在破产程序仍在进行期间，麦克唐纳以个人身份向达美乐提出了第1981节诉讼请求。

麦克唐纳起诉状中的要点是因为对方对麦克唐纳的种族仇恨，达美乐公司违反了与JWM的合同，而且这一违约行为对麦克唐纳个人造成了伤害，导致他“遭受金钱上的损害，以及痛苦与折磨、情绪困扰和羞辱的损害”。诉状要求达美乐公司履行其“在合同项下的义务，麦克唐纳本应收到的，但由于歧视性的做法（没有收到），包括但不限于预付款、欠薪和其他损失的利益”，以及“对金钱损失的补偿性赔偿，包括痛苦和折磨、情绪困扰，精神上创伤和羞辱”和惩罚性赔偿。

达美乐公司提出动议，因麦克唐纳未能提出诉讼请求，要求法院驳回诉状。它声称，由于麦克唐纳没有与达美乐签订任何合同，因此麦克唐纳不能对达美乐提出第 1981 节诉讼请求。地区法院批准了这项动议。并指出，达美乐公司“依照公司是一个独立于股东和管理人员的法律实体的基本主张”，并得出结论，公司可能有“提出第 1981 节诉讼请求的起诉权”，但“总裁或唯一股东不得站在公司的立场上，亲自提起该诉讼”。

第九巡回上诉法院驳回了上诉。它同意“仅由公司遭受的损害”不允许股东提起第 1981 节诉讼。但根据其先前戈麦斯诉圣何塞亚历克赛兄弟医院一案的判例，第九巡回法院得出结论，当有“与公司不同的伤害”时，像麦克唐纳这样的非合同当事人仍然可以提起第 1981 节诉讼。上诉法院承认，这一方法与其他巡回法院不同。我们批准了调卷令。

在许多反对种族歧视的法规中，第 1981 节最初是 1866 年《民权法》第 14 卷第 1 节，它有一个特定的功能：保护“在美国管辖范围内的所有人”不分种族地“订立和执行合同”的平等权利。该法规目前将“订立和执行合同”定义为“包括订立、履行、修改和终止合同，以及享有合同关系的所有利益、特权和条件”。

麦克唐纳诉称，必须对法规进行解读，给他一个起诉理由，因为他为 JWM“订立并执行了合同”。在他解读的文本中认为，“如果达美乐因为一家意大利香肠生产商的销售员是黑人而拒绝其打交道，这将侵犯第 1981 节中销售员代表其委托人订立合同的权利”。本庭不这样认为。法规所保障的“订立合同”的权利，并不是为他人的合同充当代理人这样小的权利，也不是在写协议时充当文书助理从而在这种意义上“订立”合同的微小的权利。相反，这是代表自己提出和接受合同的权利，在一些州，黑人被剥夺了这项权利，就像因为在普通法下，儿童没有这项权利一样。仅普通的适用就足以证明这一点，但法规的文本规定了“订立和执行”合同的权利，使这一通用含义更加明确。1866 年《民权法》起草时，众所周知，“一般来说，一个单纯的代理人，在他代表委托人订立的合同中没有可受益的利益，就不能以此提出诉讼。”

因此，根据第 1981 节提出的任何诉讼请求，必须首先确定受损的“合同关系”，根据第 1981 节第 2 款，原告享有这些权利。这样的契约关系不必已经存在，因为第 1981 节保护准合约方和已经签订合同的人。我们在鲁尼恩诉麦克拉里案中解释得很清楚，在本案中，根据第 1981 节，被告应承担赔偿责任，当时出于种族原因，被告阻止了“试图缔结合同关系”的个人行为。我们始终能从法规的文本种解读出它明显的含义：当种族歧视阻碍了契约关系的建立，以及种族歧视破坏了现有契约关系时，只要根据现有的或计划中的合同关系，原告拥有或本应拥有这些权利，第 1981 节就为之提供救济。

如果不要求原告本人必须在契约关系下享有权利，那么第 1981 节将成为一个奇怪的救济条款，旨在对抗任何有害形式的种族仇恨，但前提是仇恨和产生的伤害在某种程度上与某些人的合约有关。我们从来没有以这种宽泛，或者更确切地说，特别有限的方式解读过这条法规。例如帕特森诉麦克莱恩信用合作社案。

国会也没有表示我们应该这样做。我们在帕特森案的裁定中认为，第 1981 节的先前版本“不适用于合同订立后发生的行为，这样的行为也不能影响执行既定合同义务的权利”。1991 年，国会修订了该法规，将第 1981 节第 2 款添加至第 1981 节的范围内，这条法规定义了“订立和执行”以保证合同成立后的行为，包括歧视性终止。但是，虽然国会修改了帕特森案对合同成立后的行为的排除，但它让帕特森案的重点放在了合同义务上。事实上，它通过在新的第 1981 节第 2 款中提及“合同关系”而积极强调了这一点。

麦克唐纳的诉状确实确定了一种合同关系，即达美乐和 JWM 之间的合同关系。但公司的股东和签署合同的高管在公司合同中没有权利，也没有责任，这是公司法与代理法的根本，的确也可以说这是公司法与代理法的整个目的所在。麦克唐纳现在轻视公司法和代理法，例如，他诉称，他谈判、签署、履行和尝试执行合同，达美乐却错误地坚持认为（合同）不是他一个人在履行。这种新颖的法律的解释方式与麦克唐纳的经历相矛盾。达美乐在JWM公司破产期间向JWM提交了一份债权申报，并没有起诉麦克唐纳个人。即使麦克唐纳为JWM“谈判、签署、履行并尝试执行”合同，公司形式和代理原则保护了他的个人资产。公司形式和代理原则同样剥夺了他在这些合同下的权利。

麦克唐纳采取了无视公司法和代理法的一种替代方式，提议对第1981节的起诉权进行一项新的检验标准：任何人如果是歧视的“实际目标”，并且如果合同没有受到损害而失去了一些本来可以属于他的利益，可以提起诉讼。根据这一理论，如果一个人是被告选择损害其与第三方的合同关系的原因，他就是“实际目标”。麦克唐纳的表述完全忽略了明确的法律规定，即原告“为了订立和执行合同的……权利”，因种族原因而“被损害”。这正是我们一直拒绝的法律解释。

麦克唐纳指出，本院以前的一些案件涉及的原告作为缔约方的身份并不清楚。麦克唐纳的理由是，尽管他们都胜诉了，但合同的相互关系并不是第1981节诉讼请求的必要条件。然而，在这些情况下，我们没有讨论，更没有决定这些相互关系问题。在沙雷特非拉会众诉柯布案中，我们判定了一个狭隘的问题，即在第1982节下，犹太人是否是一个独立和受保护的种族。同样，在鲁尼恩案中，论点和意见仅涉及“两个基本问题：第1981节是否禁止私立、商业运营的非宗教学校因准学生是黑人而拒绝他们入学，如果禁止的话，该联邦法律适用时是否符合宪法”。在古德曼诉卢卡斯钢铁公司案中，我们只决定了两个有争议的问题：第1981节受州人身伤害时效期限的限制，以及根据规定的集体谈判协议，工会拒绝替黑人雇员表达不满违反了1964年《民权法》第7卷和第1981节的规定，“联邦最高法院通签发调卷令来解决特定法律问题，而不决定先前假设的有效性，而且这种假设——即使是关于管辖权问题的假设在未来直接引发问题的案件中不具有约束力”。

麦克唐纳最终求助于政治论据。他警告说，除非他对法规的解读被采用，否则许多歧视性行为将得不到惩罚。例如，公司可能选择不起诉出于种族动机的违约行为。违约受害方不太可能放弃有效的救济。受害方“通常是自己权利的最佳支持者”。如果“这些权利的拥有者……不希望使用这些权利”，第三方通常没有资格替他们使用。此外，第 1981 节只是众多民权法规之一。事实上，麦克唐纳许多假设的未受惩罚的歧视例子在第七卷，甚至普通刑法中都可以找到。例如，关于“达美乐的高官殴打麦克唐纳企图恐吓他”的情况。然而，最重要的回应是，第 1981 节的文本中没有任何内容表明该法规是为了对所有种族不公平现象提供一种综合性的救济。如果是这样，就不会局限于涉及合同的情况。试图使其成为一种万灵药，不仅超出了国会意图的任何表达，而且会产生大范围的诉讼。麦克唐纳的理论将允许违约方的所有有色人种雇员（或者，就此而言，任何公司的有色人种雇员没有得到合同授予时）采取集体行动，声称违约（或拒绝签署合同）的原因是对他们的种族仇恨。

与我们以前的判例法相一致，并且按照法律明文规定，我们认为，原告不能根据第 1981 条提出诉讼请求，除非根据现有的（或建议的）合同他拥有（或将拥有）希望“制定和实施”的权利。提起第 1981 节诉讼请求的原告必须确认因种族原因违背自己合同关系而产生的伤害不是别人的。因为地区法院正确地认可并应用了这些原则，第九巡回法院在推翻判决时有误。

以上是中美两国刑事判决书中判决理由的案例，通过这两个案例，我们希望可以总结出其异同点，分析其优缺点，为我国判决书的改进与完善提供借鉴。

第四节 中美刑事判决书说理的相同点

我国和美国虽然属于不同的法系，但在裁判文书的书写方面，都强调说理，把判决理由作为整个审判的核心部分。通过说理的严谨性，力图使判决公平、公正，具有说服力。因此，在判决理由方面，中美刑事判决书在判决理由方面具有一定的相似性：第一，在判决理由的内容方面，都是在已查明事实的基础上，根据相关法律进行论述，目的在于使判决结果有理有据，使人信服。第二，在用词以及语言风格方面，判决理由的论述多用书面语，用词比较正式、精确，很少出现第一、二人称，基本上都是“本庭认为”，以凸显判决的客观性。第三，判决理由的论述都比较严谨，说理性强。

第五节 中美刑事判决书说理的不同点

由于美国属于英美法系，而中国深受大陆法系的影响，因此，两国受到不同法治文化与法律文化的影响，刑事判决书所呈现出的不同点要远远多于相同点，本书主要从刑事判决书的篇章结构、论述方式、说理及语言风格等方面进行比较。

一、篇章结构不同

中国刑事判决书在判决理由部分，基本遵守我国法院刑事诉讼文书的基本样式，具有一定的格式化特征。首先根据已认定的犯罪事实论述被告人是否构成犯罪，犯的什么罪以及罪行的轻重，然后，再阐述所依照的相关法律。根据《法院刑事诉讼文书样式》（1999），基本形式为：“本院认为，……（根据查证属实的事实、证据和有关法律规定，论证公诉机关指控的犯罪是否成立，被告人的行为是否构成犯罪，犯的什么罪，应否从轻、减轻、免除处罚或者从重处罚。对于控辩双方关于适用法律方面的意见，应当有分析地表示是否予以采纳，并阐明理由）。依据……（写明判决的法律依据）的规定，判决如下：”从最高人民法院指导案例70号北京阳光一佰生物技术开发有限公司、习文有等生产、销售有毒、有害食品案判决书中的判决理由部分就可以看出，基本上遵照了法院刑事诉讼文书样式，判决理由部分主要由犯罪事实认定以及列举所依据的相关法律法规两部分构成，论证相对简单，具有整体性特点，只包含对案件判决的一致意见，不包含对案件判决的不同意见，不过体现了法院判决很强的权威性。

通过对比，发现美国的刑事判决书在判决理由方面，不拘于形式，主要采用大篇幅的叙述以及论证和对话的形式，充分体现了法官在判决时的分析，说理性更强。比如，在麦克唐纳案中，大法官斯卡利亚执笔了法院的判决意见，且对相关争点的说理贯穿判决书始终，对上诉人达美乐公司和被上诉人约翰·麦克唐纳各自的诉讼主张予以了详尽的回应和说理。美国法院的法官在判决书的书写过程中，经常采用大篇幅的论证性话语，充分地展示了对判决的分析，不仅包含了陪审团对案件判决的一致意见，同时也论述其中的不一致意见。大法官阿利托未参与案件的裁量和判决，其余七位大法官均认同了大法官斯卡利亚的判决意见。另外，在里格斯诉帕尔默案中，厄尔法官代表法院发表了多数意见，有四位法官认同了其意见；格雷法官发表了异议意见，有一位法官认同该意见。

二、论述方式不同

正如曹建后所言，“一份刑事判决书，即使论据充分，论点正确鲜明，但是如果缺乏严密的推理论证，逻辑性不强，就会影响判决书的质量，削弱判决的社会效果”①。中美刑事判决书在说理部分的论述方式也大相径庭。中国的刑事判决书主要采取三段论的论证方式，以已查明的事实为小前提，以所遵循的法律法规为大前提，然后根据相关的法律法规作出判决。例如，在上述最高人民法院指导案例70号北京阳光一佰生物技术开发有限公司、习文有等生产、销售有毒、有害食品案的判决书中，上诉法院认为：“一审判决根据各上诉人的犯罪情节、犯罪数额，综合考虑各上诉人在共同犯罪的地位作用、自首、认罪态度等量刑情节，所作刑罚符合法律规定，各上诉人所提一审判

① 曹建后：《谈谈刑事判决书判决理由的写法》，载《法学》1984年第12期。

决量刑偏重的上诉意见均不能成立，本院不予采纳。原判决认定事实清楚，证据确实、充分，定罪量刑并无不当，应予维持。据此，依照《中华人民共和国刑事诉讼法》第二百二十五条第一款第（一）项之规定，裁定如下：驳回上诉、维持原判。”也就是说，上诉法院根据说理分析，判定一审判决事实认定清楚（小前提），根据刑事诉讼法相关规定（大前提），得出驳回上诉、维持原判的判决结论。又如，在孙银云诈骗案的终审判决中，判决书在判决理由部分陈述如下：“本院认为，上诉人孙银云以非法占有为目的，用虚构事实的方法，骗取他人财物，数额特别巨大，核其行为侵犯了他人的财产所有权，已构成诈骗罪。关于上诉人孙银云及其辩护人提出的其行为仅仅是拆借资金，不具有诈骗的主观故意，定罪金额与实际情况不符的上诉理由和辩护意见，经查，上诉人孙银云虚构他人办理房屋‘还款赎证’业务需要用钱的事实，以给予提成为诱饵，诈骗他人钱财，其行为符合诈骗犯罪的构成要件；由于上诉人提及的曾经支付部分利息的事实现尚无证据予以证实，亦不足以认定。其上诉人的上诉理由及辩护人的辩护意见，无事实和法律依据，本院不予支持。综上，依据《中华人民共和国刑事诉讼法》第二百二十五条第一款第（一）项之规定，裁定如下：驳回上诉，维持原判。本裁定为终审裁定。”① 可以看出，该案判决理由的论证相对简单，具有高度的概括性，只包含合议庭对该案件的一致意见，而不出现对此案件的不一致意见，这很大程度上体现了判决高度的整体性与权威性的色彩，与其说是论证，更恰当地来说，是一种演绎的方式，并不包含充分的论证。

美国刑事判决书在说理部分则不拘泥于固定的论证模式，根据遵循先例原则，在推理论证过程中，会根据具体案例情节援引先前类似案例的判决作为法律依据，逻辑清晰，说理充分，篇幅较长，俨然就是一篇论据充分的议论文②。比如，在达美乐公司诉麦克唐纳案的刑事判决书中，为了说明“原告在与被告现有合同关系下缺乏任何权利，而未被阻止加入该合同关系时，可依据 Rev. Stat. § 1977, 42 U. S. C. § 1981 提起诉讼”，大法官斯卡利亚展开了详尽的说理论证，并且援引了多个先例作为判决依据进行说理。首先，对

① 来源于北大法宝网，网址：https://www. pkulaw. com/pfnl/a25051f3312b07f3c470efa7ebec9229cd78e2fc9cac54ecbdfb. html? keyword = %E5%AD%99%E9%93%B6%E4%BA%91%E8%AF%88%E9%AA%97%E6%A1%88，最后登录时间 2020 年 8 月 12 日。

② 何家弘：《外国司法判例制度》，中国法制出版社 2014 年版，第 70 ~82 页。

鲁尼思诉麦克恩案中的判案依据进行了类比推理，识别了本案与该先例的相同点。随后，又援引了多个先例加强说理。与此同时，判决书中不仅体现法官对案件的一致意见，也充分展示出法官对案件所持的不同意见，论据充分，上下衔接紧凑，很好地体现了由判决理由到判决结果的完美过渡。可以说，“法院并不力图将最终选定的结论作为接受前提的必然结果，只不过认为它比其他选择拥有更充分的理由而已”[①]。恰恰是因为判决书中充分的说理，才使得美国刑事判决书成为一篇论证充分的、有因有果的完整议论文。无论对原告还是被告来说，对最后判决结果的由来都会非常清楚，这也在很大程度上增加了刑事判决书的说服力，以及大众对于判决结果的可接受性。

三、说理风格不同

纵观中美两国刑事判决书的说理部分，中国的刑事判决书在说理部分论证相对简单，遵循一定的模式，从近些年的刑事判决书来看，具有程式化和封闭性特点。首先强调被告的犯罪事实是否构成犯罪，其次列举依照的法律，最后过渡到判决部分。

不同于中国刑事判决书，美国刑事判决书在说理部分体现了较强的创造性以及开放性。美国的刑事判决书主要由法官进行撰写，没有固定的模式，尤其在说理部分，充分体现出了法官缜密的逻辑思维与论证能力。在说理部分，法官可以根据整个案件的审理过程，根据遵循先例的原则，充分展示对案件的推理过程。“法官推理论证属于判例中最核心的内容，是法官寻找到法律并将其适用于案件事实的具体过程。”[②] 美国的判决文书注重逻辑推理。法官在陈述案件事实的基础上对可适用的法律理论进行精密、详尽的陈述和讨论。如在20世纪初洛克纳诉纽约州[③]一案（英文判决书全文见本书附录D）[④]中，最高法院的多数法官以纽约州立法限制面包师的最长工作时间妨碍了其签约自由为由，判决该部法律违宪。多数法官的判决意见完全按照演绎推理得出：宪法第十四修正案要求未经正当程序，政府不得剥夺任何人生命、自

① 张志铭：《司法判决的结构和风格——对域外实践的比较研究》，载《法学》1998年第10期。
② 何家弘：《外国司法判例制度》，中国法制出版社2014年版，第70～82页。
③ 张千帆：《法国民法典》的历史演变，载《比较法研究》1999年第2期。
④ 来源于中国政法大学图书馆电子数据库 Westlaw Next 数据库。

由或者财产，除非客观形势要剥夺该项权利（大前提）；个人自由签约的权利是其自由权的一部分，并且也没有客观形势需要剥夺该项权利的情况（小前提）；因此，纽约州的该项立法违宪（结论）。此外，判决书在推理过程中，往往会提及以前的判决并申诉其与当前案件所涉及法律问题的关系，并且最终阐明判决的理由。例如，此案的大法官佩克汉姆提及 Holden v. Hardy 一案，“在本院支持州立法的诸多案例中，最近的一个就是 Holden v. Hardy 案”。并且引证尤他州最高法院法官写的判决意见：“本案中所讨论的法律局限于保护这一阶层的人民：他们从事地下采矿、冶炼和其他筛选和打磨矿石的工作。该法仅仅适用于这些阶层：由于雇佣而屈从于伴随地下采矿、冶炼和筛选和打磨矿石的产生的特殊条件和影响。完全没有必要讨论和决定立法机关是否能够确定其他雇佣劳动中的劳动时间。因此，佩克汉姆得出“Holden v. Hardy 案不适用于我们目前所要讨论的案件”[①]。因此，美国刑事判决书的判决理由用大篇幅对案件进行推理论证，既包含一致意见，又包含对案件所持有的不同意见。在推理论证过程中，无论是一致意见还是不一致意见，法官都会援引之前的先例进行逐一论证，所以，最后的判决结果也具有很强的说服性。

四、语言风格上的差异

依据佩雷尔曼的观点，修辞学的运用有助于促进其命题的可接受性和说服性，使人们从思想上接受并同意该观点[②]。法律修辞体现在司法中的遣词造句，是一种进行说理的遣词造句，其具有语言的一般特性，如多主体性、互动性、规则性、自由表达等特性。在司法领域中，人们通过专业词汇进行描述，如法律论证，将司法领域的遣词造句变成了逻辑的论证过程。[③] 裁判文书中法官为了充分说明裁判之理由，从而进行说理的遣词造句，实际上便是一种法律修辞。

中美刑事判决书说理部分在语言上也呈现出了很大的差异性。首先，在语言整体风格上，我国的刑事判决书在说理部分很少出现大篇幅的论述，语言也具有官方表述的特点，展现出了语言的精练和简单质朴的特点；而美国

---

① 来源于中国政法大学图书馆电子数据库 Westlaw Next 数据库。

② 沈宗灵：《现代西方法理学》，北京大学出版社 1992 年版，第 435 页。

③ 黄现清：《裁判文书说理的法理分析》，载《政法论丛》2016 年第 1 期。

在说理部分则篇幅较长，运用很多文学修辞的手法进行推理与论述，很像一篇论证充分的议论文。其次，在用词上，我国刑事判决书体现出较强的客观性与权威性，在说理部分强调审判庭的一致意见，不会出现法官的个人意见，因此，基本上都是“本庭认为……”，此外，会多次出现“应予”“应当”等高量级的情态动词，这体现了中国司法判决书强制性和规定性的特点；而在美国刑事判决书中，法官在推理过程中多次使用中、低量级的表示情态意义的词语，而高量级的情态动词则较少使用，体现了美国法官在推理案件过程中的谨慎性。[①] 最后，在句式上，我国刑事判决书在说理部分呈现出一种固定化的模式风格，根据一个规定好的书写格式进行不同内容的填充，句式变化较少。

美国由于采取比较灵活的论证模式，法官可以随意发挥自己的笔上功夫，论述不拘一格，呈现出多样性的特点。美国判决书的撰写题材较为灵活，其中事实和法律理由的论述也没有固定的格式，往往因法官的个性和写作特点而异，判决书的风格更像一篇旁征博引的学术论文。正如德沃金所说：“他（英美法系的法官）确信虽然其他法官所裁决的案件和他手上的案件并不完全相同，但是，他们所处理的问题和他手上的案件相关；他必须将他们裁决的案件当作长篇小说的一个部分来理解，然后按照自己的鉴赏续写它，使其能够更令人满意。”[②] 甚至有的法官在判决书的撰写上已经形成了自己的写作风格，以至于“只看文书行文及用语习惯而不看法官的签名，就可以判断这是某某法官制作和签发的”[③]。如丹宁勋爵在某判决书开头写道，“本案发生于1964年4月19日肯特郡那蓝玲花盛开的季节”，拜克法官在某判决书中的事实介绍部分写道，“本案充溢着质朴简洁，事实被认定了，法律平淡无奇，但是，本案还是用了七天才审理完毕，比万能的上帝创造世界所需的时间还长了一天”[④]。总体而言，从最高人民法院指导案例70号和美国麦克唐纳案刑事判决书的判决理由来看，不难发现，中国刑事判决书判决说理所用的语言比较规范、标准，而美国则在语言应用上突出表现为灵活、开放，文学色彩浓

① 张清、宫明玉：《中美刑事判决书情态对比研究》，载《山西大学学报（哲学社会科学版）》2013年第1期。

② Ronald Dworkin. *Law's Empire* ［M］. The Belknap Press of Harvard University Press, 1986: 239.

③ 罗书平：《美国司法制度考察报告》，载《中国律师》2001年第8期。

④ ［澳］雷·芬科尔斯坦：《实践中判决书的制作》，载《人民法院报》2003年12月22日。

重，这种语言上的差异使得中美两国在刑事判决书说理部分各具特色。

第六节　中美刑事判决书说理不同的原因分析

我国与美国分属于不同的法系，由于各个法系法律文化的不同，也造就了刑事判决书在判决理由书写上的差异。我国类似于大陆法系国家，有自己详细的成文法，在判决中不会遵循先例原则。我国刑事判决书有固有的模式，对于每一个案件的判决，都是遵照成文法中明确的法律条文，根据已认证的犯罪事实对被告进行判决。尽管在制作的过程中，也要对案件进行分析与推理，但相对简单。而美国属于英美法系国家，遵循先例原则，“遵循先例不仅成为美国司法最重要、最核心的技术规则，而且也成为各级法院所恪守的首要行为准则和政治惯例”[①]。先例原则也使得美国刑事判决书的制作与深受大陆法系影响的中国存在很大的差异，“所谓先例，是指一个已经判决的案件和法院的判决，被认为是为后来发生的相同或相似的案件或类似的法律问题提供了范例或权威性的法律依据，法院试图按照先前的案例中确定的原则进行审判”[②]。因此，法官的每一次判决对以后类似案件的判决都有着至关重要的约束力与法律效力。也就是说，法官不仅仅是要对案件作出判决，同时更是为未来同类或类似案件提供法律上的依据。法官们在进行判决书的书写时，要充分考虑此判决对未来的司法意义，就相当于制定法律一般，这也在很大程度上使法官在制作判决书的过程中更加认真、详尽，所属法系的不同也是造成中美刑事判决书在说理部分差异巨大的最重要原因之一。

此外，在英美法系的判决中，除正式裁决意见之外，还包括附带意见。正式意见包括对案件的事实以及诉讼过程的总结，对作出判决的理由全面而慎重的叙述，对法律条文、判例以及其他权威性意见的引证；附带意见则主要着墨于与多数法官意见的相左之处，如对法律推理和逻辑的不同意见、对法院判决的反对意见等。例如，在洛克纳诉纽约的一案中，霍姆斯和哈伦等四位法官持异议。针对多数派认为纽约州保护劳工的社会立法剥夺了个人财

---

① 林彦：《美国法院如何遵循先例》，载《中外法学》2009年第6期。

② 何家弘：《外国司法判例制度》，中国法制出版社2014年版，第70～82页。

产自由权的论调，霍姆斯发表了他著名的不同意见。他一针见血地指出：洛克纳并非被剥夺了自己的财产，他仍然拥有着自己的面包房。由此体现出美国刑事判决书非常注重法律意见，陈述和讨论每个相互冲突的解释论点，甄别可能的选择方案，然后再作出公开选择并陈述理由①。

在美国，判决书中都会有法官的署名，这一点激发了法官创作的热情，尤其是在遵循判例法的美国。首先，每一个案件的判决都是未来类似案件判决的重要依据，每一个判决书都有着大陆法系国家成文法的地位。换句话说，有着很强的法律效力，而评判一篇判决书好坏就在于它的说理部分；其次，如果一个案件的判决援引之前的判例，不仅仅会引用判例，还会标注出援引判例的法官的名字，以上两点无疑都促使法官在撰写判决书尤其是说理部分时会格外用心。对于案件本身来说，充分的说理可以增加其判决的公平、公正性，对于法官个人来说，说理充分可以造就一篇精彩的判决书，无疑会增加其知名度与社会认可度。

第七节　美国裁判文书说理对我国的借鉴意义

鉴于以上分析，我国刑事判决书判决理由部分的制作与书写是优缺点并存。通过比较我国和美国刑事判决书在判决理由部分的异同点后，可以看到，我国刑事判决书在说理部分整体性、概括性比较强，没有闲言碎语，语言精练，使判决具有很强的权威性。但也存在一定问题，如遵循一定模式，有可能会削弱判决的说服力与可接受性。因此，在保留我国刑事判决书在说理部分的优点的前提下，在符合我国国情与制度的基础上，笔者认为，我国的刑事判决书在说理部分是可以借鉴美国刑事判决书说理部分的优点的。

首先，我国的刑事判决书应该要加强说理部分的推理与论证，清晰地阐释出已查明的事实是如何根据相关的法律法规而认定为犯罪事实的，以及如何根据相关的法律法规对被告进行量刑的，“量刑说理是制约法官自由裁量权的有效途径”②，只有合理的推理与论证，才能制约法官的自由裁量权，促进

---

① 张清、刘艳：《从判决文书看中西法律思想》，载《辽宁师范大学学报（社会科学版）》2019年第9期。

② 康黎：《量刑说理初探》，载《中国刑事法杂志》2008年第11期。

判决的公正、公平，并且增加其说服力以及判决结果的可接受性。这样的推理与论证的过程其实也是对判决结果的一个重新论证的过程，通过这一过程，可以很大程度上增强判决结果的公平性、公正性。判决书的公正与否直接影响着法院的公正性与权威性，因此，加强说理部分的论证尤其重要。

其次，说理部分参照的法律法规与最后的判决结果应当有一个推理论证的过渡。"判决书写作的重点不在记载部分，而在阐释部分"[①]。根据我国法院颁布的刑事判决书的样式，即在"依照……（法律法规）"与"判决如下，……"的中间部分应当明确阐释依照相关法律法规，产生如下判决的理由。所谓判决理由，就是对案件事实和所适用的法律进行相应匹配的说明，然后得出相应的判决[②]。如果没有这样一个推理论证的过渡，对于没有什么法律背景的普通民众包括原告与被告来说，很难从法律的角度进行解读，为什么有以下的判决。因此，应该在判决书中体现出如何根据相关的法律法规作出判决，法官应给出相应的分析。只有在说理部分对犯罪的事实认定与判决结果进行说理分析，逐一论证，判决书的说理部分才能真正发挥它应有的作用。理由是司法文书的灵魂，是中心环节，统领着整个司法文书的质量。[③] 添加相应的说理论证，不仅使我国的刑事判决书有了灵魂，同时，也是一个普法的好方法，相应的说理可以使大众从直观的案例明白相关法律的内涵，推进普法工作的进程。

再次，无论对于法律界人士，抑或法学专业学生来说，好的判决书也是活的教科书，可以从判决书中发掘相关法律法规的真正内涵，而法官自身的专业能力和职业素养都会在撰写判决书的过程中得到很大的提升。

最后，我国的刑事判决书在判决理由部分应当适当展示法官对案件所持有的不同意见，并根据相关的法律条文进行逐一解释说明，判决的结果不应以已知判决结果为前提进行判决理由的论述，而应根据判决理由的推理对案件进行判决，这不仅仅可以充分展示法官对整个案件的推理、解释、论证的过程，同时，更是对判决结果公正性的一种保证。"在不同的解释论点发生冲突时予以承认，并以一种恰当而可证明的方式解释冲突，是证明判决正当的

---

① 周恺：《如何写好判决书——判决书的写作与实例评改》，中国政法大学出版社 2010 年版，第 1～6 页。

② 周恺：《如何写好判决书——判决书的写作与实例评改》，中国政法大学出版社 2010 年版，第 1～6 页。

③ 宁致远：《法律文书与法律语言探微》，中国政法大学出版社 2007 年版，第 173～175 页。

关键所在。"[①] 因此，适当展示法官对案件的不同意见，可以提高案件判决结果的公正性和合理性。

裁判文书说理，说不说、如何说，在社会大众看来只是法官的事情，但事实并非如此。现阶段，学界比较一致的观点是，公民社会养成、法治思维信仰、法官专业素养、责任承担方式等诸要素均可折射到裁判文书说理的视域[②]。由于中国和美国具有不同的法律制度和法律文化，在裁判文书的说理方面，不可避免地存在相异之处。因此，我国应该结合本国国情，在保留自身优点的同时，选择性地借鉴美国裁判文书说理的可取之处，从而进一步加强我国裁判文书的说理。

在技术层面，尤其是在语言技术层面，我国裁判文书说理性不足，很大程度上源于我国法学本科教育中"语言教育"存在缺失。此种缺失是科学技术对高校法学语言教育冲击、我国法律语言教育体系尚未建立以及高校对法律语言教育的重视程度不足共同作用的结果[③]。美国的裁判文书很注重语言技巧的运用，通过论理缜密和逻辑清晰的语言修辞表达，让裁判文书的说理更为充分、透彻。因此，可以借鉴美国裁判文书说理中语言修辞技术的运用，鼓励法律语言教育的进一步实施，注重语言技术知识与司法实践活动相结合，从而增强裁判文书的说理性，以此推动我国裁判文书说理的改革。[④]

在制度层面，我国的法律都是成文法，目前我国的成文法体系日趋完善，可以借鉴英美法系国家判例法的实践，适当增加判例在我国司法实践中的地位和效力。[⑤] 最高人民法院的指导性案例制度就是对成文法体系的一个重要补充，最高人民法院于 2010 年 11 月 26 日印发了《最高人民法院关于案例指导工作的规定》，2012 年 1 月 10 日发布《最高人民法院关于发布第一批指导性案例的通知》，截至目前发布的最新一批指导性案例，最高人民法院已经发布了 24 批共 139 个指导性案例，这些指导案例包括了多种裁判文书的类型，大

---

① 张志铭：《司法判决的结构和风格——对域外实践的比较研究》，载《法学》1998 年第 10 期。

② 庄绪龙：《裁判文书"说理难"的现实语境与制度理性》，载《法律适用》2015 年第 11 期。

③ 朱涛、张金花：《我国法学本科"语言教育"的缺失——从裁判文书加强说理谈起》，载《陕西学前师范学院学报》2016 年第 2 期。

④ 钟林燕：《中美裁判文书修辞说理比较研究》，载《中国政法大学博士学位论文》2020 年版，第 205 页。

⑤ 钟林燕：《中美裁判文书修辞说理比较研究》，载《中国政法大学博士学位论文》2020 年版，第 205 页。

体而言可以分为四类：民事类裁判文书（79 个）、刑事类裁判文书（22 个）、行政类裁判文书（34 个）和国家赔偿类裁判文书（4 个）。[①] 这些指导性案例，为司法实践提供了参考和借鉴，对法官的判决有着重要指导作用。

总之，通过对比中外刑事判决书的说理部分，我们发现，充分的说理不仅可以增加判决的公平、公正与公众的信服度，也可以提升法官的职业素养，同时，还兼具普法的社会效应。此外，“判决书说理所指涉的直接对象是法官的权力，判决书说理，实质上是要求法官权力的公开化”[②]。因此，公开对判决进行充分的说理也是对法官司法裁量权的一种制约，是诉讼民主与民主法治的一种进步。但是，这并不意味着我国要彻底改变刑事判决书的说理，而应该在保留我国判决书精华的基础上，比如语言精练、逻辑清晰，再借鉴域外刑事判决书在说理方面的优点，完善对事实认定以及判决结果的推理论证。如果可以取域外刑事判决书之精华进行学习和借鉴，我国的刑事判决书一定会更好地增加判决的公正和大众信服力。

---

① 钟林燕：《中美裁判文书修辞说理比较研究》，载《中国政法大学博士学位论文》2020 年版，第 7 页。

② 万毅、刘喜芬：《从“无理”的判决到判决书“说理”——判决书说理制度的正当性分析》，载《法学论坛》2004 年第 5 期。

结　语

将中国和美国的裁判文书进行对比，可以发现其各有利弊。中国的裁判文书虽然叙述相对概括，论证相对简单，但其文字精练、简洁明了、表达清晰，展示合议庭的一致意见，代表了法院的权威。对于美国裁判文书说理的形式，美国裁判文书公开不同意见过分突出个人意见而非机构意见，在某种程度上损坏了裁判权威的明确性[①]。尽管如此，在裁判文书说理的这一层面上，美国还是有很多地方值得我国借鉴。美国的裁判文书由于要分析考虑以往的判例，而必须论理详细、具体，判决书往往篇幅浩大，论理缜密，法官的不同意见也要求写入判决书，使判决书论理更加全面[②]。比如在“里格斯诉帕尔默案”中，厄尔法官和格雷法官为了支持自己的观点，除了引用诸多相应的先例案件外，还引用了相应的法律原则、卢瑟福法学著作的一段话、以及《圣经》十诫中的相应规定等，叙述详尽，说服力强，但这也造成了美国裁判文书冗长烦琐。美国裁判文书行文散漫，采用文学修辞性叙述方式以及过分学理化倾向也不为多数国家欣赏。其裁判文书越写越长，诸多法官常为一些细小的分歧发表并存意见或反对意见[③]。由于中国和美国具有不同的法律制度和法律文化，在裁判文书的说理方面，不可避免地存在相异之处。因此我国应该结合本国国情，在保留自身优点的同时，选择性地借鉴美国裁判文书说理的可取之处，从而进一步加强我国裁判文书的说理。

自 20 世纪 90 年代起，我国就开始了法律文书的改革步伐。党的十八届三中全会在《关于全面深化改革若干重大问题的决定》中指出要“增强法律文书说理性，推动公开法院生效裁判文书”。2014 年 7 月 4 日，最高人民法院

---

① 罗灿：《美国裁判文书说理的微观察——从费尔南德斯案的司法意见书切入》，载《人民司法》2015 年第 7 期。

② 孙华璞、王利明、马来客：《裁判文书如何说理：以判决说理促司法公开、公正和公信》，北京大学出版社 2016 年版，第 8 页。

③ 刘莉、孙晋琪：《两大法系裁判文书说理的比较与借鉴》，载《法律适用》2002 年第 3 期。

制定的《人民法院第四个五年改革纲要》也强调："推进裁判文书说理改革。完善裁判文书说理的刚性约束机制和激励机制，建立裁判文书说理的评价体系，将裁判文书的说理水平作为法官考评、遴选和晋级的重要因素。根据不同审级和案件类型，实现裁判文书的繁简分流。加强对当事人争议较大、法律关系复杂、社会关注度较高的一审案件，以及所有的二审案件、再审案件、审判委员会讨论决定案件裁判文书的说理性。对事实清楚、权利义无明确、当事人争议不大的一审民商事案件和事实清楚、证据确实充分、被告人认罪的一审轻微刑事案件，使用简化的裁判文书，通过填充要素、简化格式，提高裁判效率。"判决理由作为判决书的核心部分，对判决结果起着至关重要的作用。

因此，本书最后一章尝试着对中美刑事判决书的说理部分进行了比较研究，发现美国的刑事判决书说理充分，法官进行说理论述时也相对开放，可以展示法官的不同意见，判决结果也是根据充分的说理，有理有据地得出最终的判决结果，增加了判决结果的公正性，这也值得我国刑事判决书在说理方面予以借鉴。我国刑事判决书有自己的优点，语言精练，概括性强，具有整体性与权威性的特点，但说理较少，如果增加其推理与论证，无疑会增加判决的公信力。但是，任何改革都不是一蹴而就的，都需要一个过程，需要相关专家、学者以及法律从业者不断地进行研究、探索和实践。本书只是用描述性的方法对美国裁判文书的说理以及中美刑事判决书的说理部分进行了简要的对比分析，还存在很多不足，但我们的努力希望对未来我国法律文书的改革起到一点建设性的作用。

附录 1：最高人民法院关于裁判文书说理的相关文件

目前，我国裁判文书说理实践与我国裁判文书说理制度建设要求有一定的差距。自 20 世纪 90 年代起，我国就开始了法律文书的改革步伐。从 1992 年印发《法院诉讼文书样式（试行）》，到 2010 年和 2015 年分别印发了《最高人民法院关于案例指导工作的规定》和《〈最高人民法院关于案例指导工作的规定〉实施细则》，再到 2018 年最高人民法院发布《最高人民法院关于加强和规范裁判文书释法说理的指导意见》，不到 30 年时间，我国的裁判文书以及裁判文书说理方面的改革一直不曾中断，改革的同时也收到了非常显著的成效。其中，《〈最高人民法院关于案例指导工作的规定〉实施细则》（法〔2015〕130 号）进一步对指导性案例的性质进行了规定，并陆续发布了相关指导性案例对裁判文书说理进行补充。《最高人民法院关于加强和规范裁判文书释法说理的指导意见》（法发〔2018〕10 号）（以下简称《指导意见》），对裁判文书的释法说理提出了具体要求。[①]

该《指导意见》指出，司法裁判的规范性根据分为裁判依据与裁判理由两类，其中第七条规定裁判依据是有效裁判得以作出的规范基础，即法律规定，在没有相应法律规定时，可以依据习惯、法律原则、立法目的等作出裁判；第十三条阐明法官除了依据法律法规和司法解释作为裁判依据之外，还可以运用作为裁判理由的各类材料加强说理，具体包括最高人民法院发布的指导性案例；最高人民法院发布的非司法解释类审判业务规范性文件；公理、情理、经验法则、交易惯例、民间规约、职业伦理；立法说明等立法材料；采取历史、体系、比较等法律解释方法时使用的材料；法理及通行学术观点；与法律、司法解释等规范性法律文件不相冲突的其他论据。虽然我国裁判文书及其说理的制度和政策日趋完善，司法审判也取得了一定的成果，各级法院法官制作了诸多说理充分的优秀裁判文书；但是，司法实践中的裁判文书说理依旧存在不足。[②]

---

① 钟林燕：《中美裁判文书修辞说理比较研究》，载《中国政法大学博士学位论文》2020 年版，第 2 页。

② 钟林燕：《中美裁判文书修辞说理比较研究》，载《中国政法大学博士学位论文》2020 年版，第 2 页。

值得注意的是，为了加强裁判文书说理，我国近年来作出了诸多努力，包括相关借鉴英美法系说理实践、以及在裁判文书中使用修辞加强说理的制度。

其一，便是最高人民法院从2010年11月26日开始至今的指导性案例制度构建。这是借鉴英美法系的判例法制度，并结合我国的司法实践现实情况，设立的一项重要制度。[①] 最高人民法院的指导性案例制度是对成文法体系的一个重要补充，目前已经发布了24批共139个指导性案例。这些指导性案例，为司法实践提供了参考和借鉴，对法官的判决有着重要作用。

其二，是《指导意见》。《指导意见》中的相应规定，解决了裁判文书修辞说理的正当性问题。其中，第二条、第十四条和第十五条对于裁判文书中使用修辞技术进行说理作了相关规定。第二条规定裁判文书释法说理要讲究文理，语言规范，表达准确，逻辑清晰，合理运用说理技巧，增强说理效果，第十五条规定裁判文书行文应当规范、准确、清楚、朴实、庄重、凝炼，第十四条规定裁判文书中可以使用附表附图和某些附录；除此之外，第十五条进一步规定裁判文书释法说理应当避免使用主观臆断的表达方式、不恰当的修辞方法和学术化的写作风格，不得使用贬损人格尊严、具有强烈感情色彩、明显有违常识常理常情的用语，这也意味着恰当的修辞方法可以出现在裁判文书的写作中。由此可知，目前我国已有相关制度建设，但是囿于我国司法传统的限制，我国司法审判实践与制度建设仍有差距。[②] 因此，可以将中美裁判文书说理进行对比分析，发现美国裁判文书说理对我国的借鉴意义，从而为我国制度建设和司法实践提供有益的指导。

---

① 钟林燕：《中美裁判文书修辞说理比较研究》，载《中国政法大学博士学位论文》2020年版，第3页。

② 钟林燕：《中美裁判文书修辞说理比较研究》，载《中国政法大学博士学位论文》2020年版，第3页。

最高人民法院印发《关于加强和规范裁判文书释法说理的指导意见》的通知[①]

法发〔2018〕10号

各省、自治区、直辖市高级人民法院，解放军军事法院，新疆维吾尔自治区高级人民法院生产建设兵团分院：

现将《最高人民法院关于加强和规范裁判文书释法说理的指导意见》印发给你们，请遵照执行。

最高人民法院

2018年6月1日

最高人民法院关于加强和规范裁判文书释法说理的指导意见

为进一步加强和规范人民法院裁判文书释法说理工作，提高释法说理水平和裁判文书质量，结合审判工作实际，提出如下指导意见。

一、裁判文书释法说理的目的是通过阐明裁判结论的形成过程和正当性理由，提高裁判的可接受性，实现法律效果和社会效果的有机统一；其主要价值体现在增强裁判行为公正度、透明度，规范审判权行使，提升司法公信力和司法权威，发挥裁判的定分止争和价值引领作用，弘扬社会主义核心价值观，努力让人民群众在每一个司法案件中感受到公平正义，切实维护诉讼当事人合法权益，促进社会和谐稳定。

二、裁判文书释法说理，要阐明事理，说明裁判所认定的案件事实及其根据和理由，展示案件事实认定的客观性、公正性和准确性；要释明法理，说明裁判所依据的法律规范以及适用法律规范的理由；要讲明情理，体现法

① 中华人民共和国最高人民法院，《最高人民法院关于加强和规范裁判文书释法说理的指导意见》。访问网址：http：//www. court. gov. cn/fabu - xiangqing - 101552. html，最后登录时间2019年3月26日。

理情相协调，符合社会主流价值观；要讲究文理，语言规范，表达准确，逻辑清晰，合理运用说理技巧，增强说理效果。

三、裁判文书释法说理，要立场正确、内容合法、程序正当，符合社会主义核心价值观的精神和要求；要围绕证据审查判断、事实认定、法律适用进行说理，反映推理过程，做到层次分明；要针对诉讼主张和诉讼争点、结合庭审情况进行说理，做到有的放矢；要根据案件社会影响、审判程序、诉讼阶段等不同情况进行繁简适度的说理，简案略说，繁案精说，力求恰到好处。

四、裁判文书中对证据的认定，应当结合诉讼各方举证质证以及法庭调查核实证据等情况，根据证据规则，运用逻辑推理和经验法则，必要时使用推定和司法认知等方法，围绕证据的关联性、合法性和真实性进行全面、客观、公正的审查判断，阐明证据采纳和采信的理由。

五、刑事被告人及其辩护人提出排除非法证据申请的，裁判文书应当说明是否对证据收集的合法性进行调查、证据是否排除及其理由。民事、行政案件涉及举证责任分配或者证明标准争议的，裁判文书应当说明理由。

六、裁判文书应当结合庭审举证、质证、法庭辩论以及法庭调查核实证据等情况，重点针对裁判认定的事实或者事实争点进行释法说理。依据间接证据认定事实时，应当围绕间接证据之间是否存在印证关系、是否能够形成完整的证明体系等进行说理。采用推定方法认定事实时，应当说明推定启动的原因、反驳的事实和理由，阐释裁断的形成过程。

七、诉讼各方对案件法律适用无争议且法律含义不需要阐明的，裁判文书应当集中围绕裁判内容和尺度进行释法说理。诉讼各方对案件法律适用存有争议或者法律含义需要阐明的，法官应当逐项回应法律争议焦点并说明理由。法律适用存在法律规范竞合或者冲突的，裁判文书应当说明选择的理由。民事案件没有明确的法律规定作为裁判直接依据的，法官应当首先寻找最相类似的法律规定作出裁判；如果没有最相类似的法律规定，法官可以依据习惯、法律原则、立法目的等作出裁判，并合理运用法律方法对裁判依据进行充分论证和说理。法官行使自由裁量权处理案件时，应当坚持合法、合理、公正和审慎的原则，充分论证运用自由裁量权的依据，并阐明自由裁量所考虑的相关因素。

八、下列案件裁判文书，应当强化释法说理：疑难、复杂案件；诉讼各方争议较大的案件；社会关注度较高、影响较大的案件；宣告无罪、判处法定刑以下刑罚、判处死刑的案件；行政诉讼中对被诉行政行为所依据的规范性文件一并进行审查的案件；判决变更行政行为的案件；新类型或者可能成为指导性案例的案件；抗诉案件；二审改判或者发回重审的案件；重审案件；再审案件；其他需要强化说理的案件。

九、下列案件裁判文书，可以简化释法说理：适用民事简易程序、小额诉讼程序审理的案件；适用民事特别程序、督促程序及公示催告程序审理的案件；适用刑事速裁程序、简易程序审理的案件；当事人达成和解协议的轻微刑事案件；适用行政简易程序审理的案件；适用普通程序审理但是诉讼各方争议不大的案件；其他适宜简化说理的案件。

十、二审或者再审裁判文书应当针对上诉、抗诉、申请再审的主张和理由强化释法说理。二审或者再审裁判文书认定的事实与一审或者原审不同的，或者认为一审、原审认定事实不清、适用法律错误的，应当在查清事实、纠正法律适用错误的基础上进行有针对性的说理；针对一审或者原审已经详尽阐述理由且诉讼各方无争议或者无新证据、新理由的事项，可以简化释法说理。

十一、制作裁判文书应当遵循《人民法院民事裁判文书制作规范》《民事申请再审诉讼文书样式》《涉外商事海事裁判文书写作规范》《人民法院破产程序法律文书样式（试行）》《民事简易程序诉讼文书样式（试行）》《人民法院刑事诉讼文书样式》《行政诉讼文书样式（试行）》《人民法院国家赔偿案件文书样式》等规定的技术规范标准，但是可以根据案件情况合理调整事实认定和说理部分的体例结构。

十二、裁判文书引用规范性法律文件进行释法说理，应当适用《最高人民法院关于裁判文书引用法律、法规等规范性法律文件的规定》等相关规定，准确、完整地写明规范性法律文件的名称、条款项序号；需要加注引号引用条文内容的，应当表述准确和完整。

十三、除依据法律法规、司法解释的规定外，法官可以运用下列论据论证裁判理由，以提高裁判结论的正当性和可接受性：最高人民法院发布的指导性案例；最高人民法院发布的非司法解释类审判业务规范性文件；公理、情理、经验法则、交易惯例、民间规约、职业伦理；立法说明等立法材料；采取历史、体系、比较等法律解释方法时使用的材料；法理及通行学术观点；

与法律、司法解释等规范性法律文件不相冲突的其他论据。

十四、为便于释法说理，裁判文书可以选择采用下列适当的表达方式：案情复杂的，采用列明裁判要点的方式；案件事实或数额计算复杂的，采用附表的方式；裁判内容用附图的方式更容易表达清楚的，采用附图的方式；证据过多的，采用附录的方式呈现构成证据链的全案证据或证据目录；采用其他附件方式。

十五、裁判文书行文应当规范、准确、清楚、朴实、庄重、凝炼，一般不得使用方言、俚语、土语、生僻词语、古旧词语、外语；特殊情形必须使用的，应当注明实际含义。裁判文书释法说理应当避免使用主观臆断的表达方式、不恰当的修辞方法和学术化的写作风格，不得使用贬损人格尊严、具有强烈感情色彩、明显有违常识常理常情的用语，不能未经分析论证而直接使用“没有事实及法律依据，本院不予支持”之类的表述作为结论性论断。

十六、各级人民法院应当定期收集、整理和汇编辖区内法院具有指导意义的优秀裁判文书，充分发挥典型案例释法说理的引导、规范和教育功能。

十七、人民法院应当将裁判文书的制作和释法说理作为考核法官业务能力和审判质效的必备内容，确立为法官业绩考核的重要指标，纳入法官业绩档案。

十八、最高人民法院建立符合裁判文书释法说理规律的统一裁判文书质量评估体系和评价机制，定期组织裁判文书释法说理评查活动，评选发布全国性的优秀裁判文书，通报批评瑕疵裁判文书，并作为监督指导地方各级人民法院审判工作的重要内容。

十九、地方各级人民法院应当将裁判文书释法说理作为裁判文书质量评查的重要内容，纳入年度常规性工作之中，推动建立第三方开展裁判文书质量评价活动。

二十、各级人民法院可以根据本指导意见，结合实际制定刑事、民事、行政、国家赔偿、执行等裁判文书释法说理的实施细则。

二十一、本指导意见自 2018 年 6 月 13 日起施行。

最高人民法院印发《关于加强和规范裁判文书释法说理的指导意见》[①]

最高人民法院近日印发《关于加强和规范裁判文书释法说理的指导意见》。该《意见》是人民法院贯彻落实党的十九大精神，深化司法体制综合配套改革、加强法律文书释法说理的重要举措，是未来一个时期指导全国法院裁判文书改革的指导性文件。裁判文书释法说理改革是深化依法治国实践和提升司法能力的基础工程，对提高司法产品质量和审判效率、推进司法公开、展示人民法院公正司法形象、改善人民群众公平正义获得感具有重要意义。

《意见》强调，裁判文书释法说理的目的是通过阐明裁判结论的形成过程和正当性理由，提高裁判的可接受性，实现法律效果和社会效果的有机统一，主要价值体现在增强裁判行为公正度、透明度，规范审判权行使，提升司法公信力和司法权威，发挥裁判的定分止争和价值引领作用，弘扬社会主义核心价值观，努力让人民群众在每一个司法案件中感受到公平正义，切实维护诉讼当事人合法权益，促进社会和谐稳定。

《意见》提出，裁判文书要阐明事理、释明法理、讲明情理和讲究文理，并从审查判断证据说理、认定事实说理、适用法律说理、行使自由裁量权的说理方面提出具体的要求。

《意见》要求，根据案情是否重大复杂、诉讼各方争议程度、审判程序类型、案件社会影响大小、文书种类等不同情况进行繁简适度的说理，并分别提出“应当加强释法说理”和“可以简化释法说理”的具体情形，遵循文书制作的技术格式规范、语言文字规范等，从注重改革的系统性、整体性、协同性的要求出发，提出了指引机制、考核机制、评估评价机制、评查监督机制等配套建设要求，为法官裁判文书说理创造“愿说理”“敢说理”“会说

---

① 中华人民共和国最高人民法院，《最高人民法院印发〈关于加强和规范裁判文书释法说理的指导意见〉》。访问网址：http：//www. court. gov. cn/zixun - xiangqing - 101542. html，最后登录时间 2019 年 3 月 26 日。

理”“说好理”的良好环境。

加强裁判文书释法说理　促进司法理性公正权威

——最高人民法院司改办负责人答记者问[①]

最高人民法院近日印发《关于加强和规范裁判文书释法说理的指导意见》，最高人民法院司改办负责人就此回答了记者的提问。

【问1】最高人民法院出台《关于加强和规范裁判文书释法说理的指导意见》有何重要意义?

【回答】《意见》是人民法院贯彻贯彻落实党的十九大精神，深化司法体制综合配套改革、加强法律文书释法说理的重要举措，是未来一个时期指导全国法院裁判文书改革的指导性文件。习近平总书记在主持十九届中央全面深化改革领导小组第一次全体会议时指出:“学习贯彻党的十九大精神，要注意把握蕴含其中的改革精神、改革部署、改革要求，接力探索，接续奋斗，坚定不移将改革推向前进”，要“继续推动十八大以来部署的改革任务落实，梳理规划十九大提出的改革任务和举措”。自党的十八届三中全会和党的十八届四中全会提出“加强法律文书释法说理”的改革部署后，最高人民法院在“四五改革纲要”中也确立了“推动裁判文书说理改革”的具体任务。但是裁判文书说理改革涉及不同的诉讼领域、众多的文书种类、系列的配套机制建设等方方面面的理论与实践问题，可以说是司法改革项目中一块“难啃的硬骨头”。按照我院“四五改革纲要分工方案”，司改办牵头负责承担此项改革任务。司改办专门成立调研起草小组，制定周延的调研方案，到多地法院调研座谈，广泛征求地方法院、最高法院相关审判业务部门、以及专家学者意见，数易其稿后征求了中央政法委和全国人大常委会法工委的意见，委托中国法学会征求了法学专家的意见，并由院领导主持会议邀请专业法官和诉

---

① 中华人民共和国最高人民法院，《加强裁判文书释法说理 促进司法理性公正权威——最高人民法院司改办负责人答记者问》。访问网址：http：//www. court. gov. cn/zixun – xiangqing – 101572. html，最后登录时间2019年3月26日。

讼法专家座谈讨论，最后形成送审稿，经院审委会讨论后再经院党组会讨论通过。这项改革措施的出台凝聚了诸多审判专家、法学专家的经验和心血，也是做成了一件说了多年、盼了多年的事情。

《意见》作为未来一个时期指导全国各级法院裁判文书释法说理改革的文件，必将在以下方面产生积极的作用：一是进一步提高司法产品质量。裁判文书的主体部分是审查判断证据、认定事实和适用法律。释法说理性增强，必然会带来裁判文书质量的提高。二是进一步提高司法效率。通过释法说理的繁简分流，简式裁判文书的适用，简单案件的简化说理，必然会节省法官办理相对简单案件的时间，同时确保相对多的时间来办理疑难复杂案件，提高整体的司法效率。三是进一步促进司法公开。司法公开是一面镜子，是一块试金石，更是一缕阳光。《意见》强调裁判文书释法说理的公开、裁判文书释法如实反映庭审过程，必将在既往形式化公开的基础上促进司法的实质化公开迈上新台阶。四是进一步促进司法公正和提升司法公信。司法公正不仅要实现，而且要以看得见的方式实现。裁判文书释法说理是以“让人感觉到的方式”来呈现司法公正的重要环节和关键载体，是人民法院从内部倒逼司法公正的“加压器”，提升司法公信力的“助推器”。

【问2】《意见》对裁判文书释法说理提出了哪些规律性要求？

【回答】裁判文书释法说理是诉讼活动的重要一环，《意见》从立足司法规律出发，着重从以下方面提出要求：一是裁判文书释法说理要恪守五项原则，即合法性原则、正当性原则、层次性原则、针对性原则和繁简适度原则（第三条）。二是合理界定裁判文书说理的内容范围，即阐明事理、释明法理、讲明情理和讲究文理（第二条）。三是科学划分裁判文书说理的类型，即审查判断证据说理、认定事实说理、适用法律说理和行使自由裁量权说理，并以问题为导向，重点针对实践中存在的突出问题提出具体的规范要求（第四至七条）。四是准确把握裁判文书制作的规范化和个性化的有机统一（第十一至十五条）。五是科学构建符合裁判文书释法说理规律的统一裁判文书质量评估体系和评价机制（第十八条）。

【问3】《意见》对防止裁判文书说理千篇一律有何举措？

【回答】裁判文书属于国家法律公文的范畴，具有法律和写作的双重属性，“法律属性”内在地要求相对统一性和规范化，而“写作属性”少不了灵活性和个性化。《意见》着重从下列四个方面提出了规范性要求：一是裁判文书应当遵循最高人民法院制作的系列文书样式的技术规范标准；二是裁判文书说理引用规范性法律文件应当遵循最高人民法院相关司法解释规定；三是裁判文书说理应当使用符合国家通用语言文字规范和标准的语言；四是裁判文书说理的行文应当规范、准确、清楚、朴实、庄重、精炼。

同时，为了避免过去实践中存在的裁判文书说理“千篇一律”“千人一面”的现象，《意见》又作了系列灵活性规定，为裁判文书释法说理的个性化提供指引，具体包括：一是根据案件情况，法官可以合理调整裁判文书样式中事实认定和说理部分的体例结构（第十一条）；二是法官可以运用最高人民法院发布的指导性案例、情理、法理等七大类辅助论据来论证裁判理由，提高裁判结论的正当性和可接受性（第十三条）；三是为便于说理，法官可以在裁判文书中选择采用附图、附表等表达方式，例如案件事实或数额计算复杂的，采用附表的方式；裁判内容用附图的方式更容易表达清楚的，采用附图的方式，等等（第十四条）；四是法官必要时可以采用适当的修辞方法增强说理效果，同时提出要避免使用主观臆断的表达方式、不恰当的修辞方法和学术化的写作风格，不得使用贬损人格尊严、具有强感情色彩、明显有违常识常理常情的用语。

【问 4】裁判文书释法说理如何配合诉讼程序进行繁简分流？

【回答】2016 年最高人民法院《关于人民法院进一步深化多元化纠纷解决机制改革的意见》（法发〔2016〕14 号）提出，“完善繁简分流机制。对调解不成的民商事案件实行繁简分流，通过简易程序、小额诉讼程序、督促程序以及速裁机制分流案件，实现简案快审、繁案精审。完善认罪认罚从宽制度，进一步探索刑事案件速裁程序改革，简化工作流程，构建普通程序、简易程序、速裁程序等相配套的多层次诉讼制度体系。按照行政诉讼法规定，完善行政案件繁简分流机制”。裁判文书的制作属于诉讼过程的终端环节，诉讼程序的繁简分流自然会要求简式要式裁判文书并存、说理繁简适度有别。

《意见》从改革的系统性和协调性要求出发，一是提出裁判文书说理要坚持繁简适度原则，即“根据案件社会影响、审判程序、诉讼阶段等不同情况进行繁简适度的说理，简案略说，繁案精说，力求恰到好处”；二是分别详细列举了“应当加强释法说理”的具体情形，包括疑难、复杂案件；诉讼各方争议较大的案件；社会关注度较高、影响较大的案件；宣告无罪、判处法定刑以下刑罚、判处死刑的案件；行政诉讼中对被诉行政行为所依据的规范性文件一并进行审查的案件；判决变更行政行为的案件；新类型或者可能成为指导性案例的案件；抗诉案件；二审改判或者发回重审的案件；重审案件；再审案件；其他需要强化说理的案件（第八条）；以及“可以简化释法说理”的具体情形，具体包括：适用民事简易程序、小额诉讼程序审理的案件；适用民事特别程序、督促程序及公示催告程序审理的案件；适用刑事速裁程序、简易程序审理的案件；当事人达成和解协议的轻微刑事案件；适用行政简易程序审理的案件；适用普通程序审理但是诉讼各方争议不大的案件；其他适宜简化说理的案件（第九条），从而为法官提出了明确的操作指引。

【问 5】《意见》对激励法官愿说理、会说理、说好理作出哪些指导？

【回答】无论是学术界的学理研究还是实务界的实证分析，均表明我国当下的裁判文书释法说理依然存在“不愿说理”“不会说理”“不敢说理”“说不好理”等方面的突出问题。《意见》坚持问题导向，以解决这些重点问题为出发点和落脚点，着重从以下方面进行有针对性的指导：一是从裁判文书释法说理的目的、价值功能、具体内容、基本遵循等方面提出总则性的要求和指导；二是从审查判断证据说理、认定事实说理、适用法律说理和行使自由裁量权说理等方面存在的重点问题和薄弱环节提出具体的规范和指导；三是从裁判文书释法说理的繁简分流、适用文书样式、援引规范性文件、运用辅助论据、运用附件表达方式、运用语言和修辞方法等方面进行规范化和个性化的指导；四是授权各级人民法院结合实际制定刑事、民事、行政、国家赔偿、执行等裁判文书释法说理的实施细则，更有力地提供切实可行、具有操作性的指导；五是科学构建裁判文书释法说理的配套机制，包括指引机制（第十六条）、考核机制（第十七条）、评估、评价机制（第十八条）、评查、监督机制（第十九条），为法官裁判文书说理提供“愿说理”“敢说理”“善说理”“说好理”的良好环境。此外，各级人民法院在落实《意见》过程中，还可以积极探索其他配套机制，例如，法律保障机制、激励机制、责任机制、培训机制，等等。

附录2：最高人民法院指导案例70号

北京阳光一佰生物技术开发有限公司等生产、销售有毒有害食品案[①]

江苏省扬州市中级人民法院

刑事裁定书

（2014）扬刑二终字第0032号

原公诉机关江苏省扬州市广陵区人民检察院。

上诉单位（原审被告单位）北京阳光一佰生物技术开发有限公司，住所地北京市通州区宋庄镇小堡村阳光路1号。

法定代表人习文龙。

诉讼代表人习文权，男，1968年12月19日出生于河北省石家庄市，汉族，大专文化，北京阳光一佰生物技术开发有限公司工作人员。

辩护人张希军，河北嘉实律师事务所律师。

辩护人吉宝华，江苏琼宇律师事务所律师。

上诉人（原审被告人）习文有，男，1966年3月28日出生于河北省石家庄市，汉族，大专文化，北京阳光一佰生物技术开发有限公司实际经营负责人。因涉嫌生产、销售有毒、有害食品罪，于2013年1月30日被刑事拘留，

---

① 来源于中国政法大学图书馆电子数据库 Westlaw Next 数据库，网址：https：//1. next. westlaw. com/Document/Iab42df27a3b711daa20eccddde63d628/View/FullText. html？ navigationPath = Search% 2Fv1% 2Fresults% 2Fnavigation% 2Fi0ad7403500000173e0a7d23a75bb8349% 3FNav% 3DCASE% 26fragmentIdentifier% 3DIab42df27a3b711daa20eccddde63d628% 26parentRank% 3D0% 26startIndex% 3D1% 26contextData% 3D% 2528sc. Search% 2529% 26transitionType% 3DSearchItem&listSource = Search&listPageSource = c042af3a3bf82ecf77adfc23976d1dd1&list = ALL&rank = 1&sessionScopeId = e826d1ec3e964020f360d83ddd012ec5c488d1fc259b5b897f3a80c1221a6e16&originationContext = Search% 20Result&transitionType = SearchItem&contextData = %28sc. Search%29，最后登录时间2020年8月12日。

同年 3 月 7 日被逮捕。现羁押于扬州市看守所。

辩护人熊伟，江苏琼宇律师事务所律师。

辩护人徐晓剑，江苏乐助律师事务所律师。

上诉人（原审被告人）尹立新，男，1966 年 4 月 25 日出生于山东省济南市，汉族，研究生学历，北京诚心堂药店有限责任公司药师。因涉嫌生产、销售有毒、有害食品罪，于 2013 年 3 月 16 日被刑事拘留，同年 4 月 19 日被逮捕。现羁押于扬州市看守所。

辩护人宗宏根，江苏理华律师事务所律师。

上诉人（原审被告人）谭国民，男，1962 年 3 月 5 日出生于河北省定州市，汉族，小学文化，北京京奥天华商贸有限公司法定代表人。因涉嫌生产、销售有毒、有害食品罪，于 2013 年 3 月 5 日被刑事拘留，同年 4 月 10 日被逮捕。现羁押于扬州市看守所。

辩护人颜士海，北京大成（南京）律师事务所律师。

辩护人颜丙杰，北京君颜律师事务所律师。

上诉人（原审被告人）杨立峰，男，1968 年 11 月 2 日出生于陕西省蓝田县，汉族，高中文化，北京阳光一佰生物技术开发有限公司生产厂长。因涉嫌生产、销售有毒、有害食品罪，于 2013 年 2 月 22 日被刑事拘留，同年 3 月 29 日被逮捕。现羁押于扬州市看守所。

辩护人包志华，江苏东宇律师事务所律师。

上诉人（原审被告人）钟立檬，男，1984 年 2 月 10 日出生于吉林省通化市，汉族，大专文化，北京阳光一佰生物技术开发有限公司山芪参事业部销售主管。因涉嫌生产、销售有毒、有害食品罪，于 2013 年 3 月 1 日被刑事拘留，同年 4 月 7 日被逮捕。现羁押于扬州市看守所。

辩护人周晓明，江苏盛祥律师事务所律师。

辩护人李玉梅（系钟立檬之母），1950 年 2 月 3 日出生于吉林省通化市，汉族，吉林省通化市光明粮食所退休职工。

上诉人（原审被告人）王海龙，男，1981 年 3 月 5 日出生于河北省赤城县，汉族，大专文化，北京阳光一佰生物技术开发有限公司山芪参事业部北方销售主管。因涉嫌生产、销售有毒、有害食品罪，于 2013 年 1 月 30 日被刑事拘留，同年 3 月 7 日被逮捕。现羁押于扬州市看守所。

辩护人吴福祥，江苏征远律师事务所律师。

江苏省扬州市广陵区人民法院审理扬州市广陵区人民检察院指控原审被告单位北京阳光一佰生物技术开发有限公司、原审被告人习文有、尹立新、谭国民、杨立峰、钟立檬、王海龙犯生产、销售有毒有害食品罪一案，于2014年1月10日作出（2014）扬广刑初字第0330号刑事判决。原审被告单位北京阳光一佰生物技术开发有限公司、原审被告人习文有、尹立新、谭国民、杨立峰、钟立檬、王海龙不服，均提出上诉。本院受理后依法组成合议庭，公开开庭审理了本案。江苏省扬州市人民检察院指派检察员顾学荣出庭履行职务，原审被告单位北京阳光一佰生物技术开发有限公司诉讼代表人习文权及其辩护人张希军、吉宝华，上诉人习文有及其辩护人熊伟、徐晓剑，上诉人尹立新及其辩护人宗宏根，上诉人谭国民及其辩护人颜士海、颜丙杰，上诉人杨立峰及其辩护人包志华，上诉人钟立檬及其辩护人周晓明、李玉梅，上诉人王海龙及其辩护人吴福祥到庭参加诉讼。本案现已审理终结。

原审法院认定，北京阳光一佰生物技术开发有限公司（以下简称阳光一佰公司）系2001年登记设立的有限责任公司，工商注册登记的法定代表人是习文龙，被告人习文有系该公司的实际经营负责人。2009年12月21日，国家食品药品监督管理局颁发了《国产保健食品批准证书》给阳光一佰公司，产品名称：阳光一佰牌山芪参胶囊，批准文号：国食健字G20090557，保健功能为辅助降血糖。2010年以来，被告人习文有从被告人谭国民处以600元/公斤的价格购进生产山芪参胶囊的原料，该原料系被告人谭国民从被告人尹立新处以2500元/公斤的价格购进后进行加工，习文有购进原料后再次加工制作成用于辅助降血糖的保健食品阳光一佰牌山芪参胶囊，以每盒100元左右的价格销售至扬州市广陵区金福海保健品店（扬州蕴金藏海食品商贸有限公司）及全国多个地区。阳光一佰公司销售山芪参胶囊的货款汇入被告人习文有的银行账户内。

2012年5月24日，上海市食品药品检验所对徐汇区食品药品监督所从陈家胜处抽检的阳光一佰牌山芪参胶囊降糖类药物非法添加进行检验，结果检出格列波脲，上海市食品药品监督管理局徐汇分局于2012年6月8日将该结果书面告知阳光一佰公司。2012年8月9日，深圳市药品检验所对湖南省食品药品监督管理局抽样的阳光一佰牌山芪参胶囊进行添加降血糖类化学成分的检查，结果检出丁二胍，北京市药品稽查办公室于2012年8月29日将该检验报告书面送达阳光一佰公司习文有，并对该公司进行了现场检查。2012年

8 月 16 日，深圳市药品检验所对呼和浩特市食品药品监督管理局抽样的阳光一佰牌山芪参胶囊进行添加降血糖类化学成分的检查，结果检出丁二胍，北京市药品稽查办公室于 2012 年 9 月 11 日将该检验报告书面送达阳光一佰公司，并对该公司进行了现场检查。

2012 年 8 月底，被告人刁文有在得知其公司生产的保健食品山芪参胶囊中含有丁二胍后，仍然继续生产、销售含有国家禁止添加的盐酸丁二胍的阳光一佰牌山芪参胶囊，从 2012 年 8 月底至 2013 年 1 月案发，生产、销售金额达 800 余万元。

被告人杨立峰系阳光一佰公司的生产厂长，负责保健食品山芪参胶囊的生产，2012 年 8 月 31 日，北京市药品监督管理局到阳光一佰公司对山芪参胶囊进行采样检测是否含有丁二胍成分，被告人杨立峰在采样记录上签字，并按照被告人刁文有的吩咐，向检查人员否认被检出丁二胍成分的山芪参胶囊系阳光一佰公司的产品，被告人刁文有将生产的不含有丁二胍成分的备检品提供给检查人员检查，被告人杨立峰在明知其公司生产的保健食品山芪参胶囊中含有丁二胍后，仍然进行生产，从 2012 年 8 月底至 2013 年 1 月案发，生产金额达 800 余万元。

被告人钟立檬作为阳光一佰公司山芪参事业部的销售主管，其负责南方市场的销售，长沙经销商张银生于 2012 年 8 月 29 日将深圳市药品检验所对山芪参胶囊检出丁二胍的检验报告发至钟立檬的电子邮箱，钟立檬后又按照刁文有的指派去长沙处理该事情。2012 年 9 月 12 日，被告人钟立檬将刁文有让他人发给其的韩文检测报告发邮件给其同学翻译，2012 年 10 月 8 日，刁文有将英文检测报告发给其女儿翻译，后被告人刁文有告知钟立檬山芪参胶囊检测合格。被告人王海龙系阳光一佰公司山芪参事业部北方销售主管，负责北方市场的销售。2013 年 1 月 5 月，北京市药监部门带着扬州市药品检验所对阳光一佰牌山芪参胶囊检出盐酸丁二胍的药品检验报告书到阳光一佰公司进行检查，被告人王海龙用手机将该检验报告书进行拍照，并于当天将该情况告诉了钟立檬。被告人王海龙、钟立檬在知道阳光一佰公司生产的山芪参胶囊含有盐酸丁二胍后仍然进行销售。被告人钟立檬从 2012 年 8 月底至 2012 年 9 月 12 日，2013 年 1 月 6 日至 2013 年 1 月 21 日，其负责的南方市场的销售金额共计达 40 余万元。被告人王海龙从 2013 年 1 月 6 日至 2013 年 1 月 21 日，其负责的北方市场的销售金额达 40 余万元。

阳光一佰公司山芪参事业部的销售人员庚欣等人在接到客户订单并请示销售负责人后，再向会计确认货款到账后将销售的山芪参胶囊的金额录入阳光一佰公司的进销存系统。

2012 年 9 月初，被告人谭国民、尹立新在得知其提供的原料被阳光一佰公司用于生产山芪参胶囊，并被检出含有丁二胍后，仍然向习文有提供含有国家禁止添加的盐酸丁二胍的原料供该公司生产、销售山芪参胶囊，被告人尹立新并向谭国民提供了生产的配比及厂家生产保健品山芪参胶囊的配比，谭国民又将该配比要求告知习文有。从 2012 年 9 月至 2013 年 1 月案发，该公司生产、销售的含有盐酸丁二胍的山芪参胶囊金额达 800 余万元。其中，被告人谭国民于 2012 年 9 月至案发向习文有销售原料的金额为 132 万元，尹立新于 2012 年 9 月至案发向谭国民销售原料的金额为 671500 元。

2011 年 12 月 29 日，扬州市药品检验所对金福海保健品店销售的阳光一佰公司生产的山芪参胶囊进行检验，检出含有疑似盐酸丁二胍成分。2012 年 5 月 9 日，扬州市食品药品监督管理局将案件线索移送公安机关侦查。2012 年 11 月巧日，公安机关委托扬州市药品检验所对扬州蕴金藏海食品商贸有限公司销售的阳光一佰公司生产的山芪参胶囊进行检测，结果检出盐酸丁二胍。2013 年 2 月 21 日，扬州市药品检验所接受公安机关委托对从阳光一佰公司现场扣押的山芪参胶囊及购买的山芪参胶囊进行检测，结果检出盐酸丁二胍。阳光一佰公司于 2012 年 12 月 11 日出具了证明给扬州食品药品监督管理局，内容为：接到贵局稽查科所寄文书及样品，经仔细核查，所寄样品为该公司产品。

盐酸丁二胍是丁二胍的盐酸盐。国家食品药品监督管理局于 2011 年 6 月 3 日颁发了药品检验补充检验方法和检验项目批准件，该批准件编号 2011008，药品名称中文名：降糖类中成药中非法添加盐酸丁二胍补充检验方法，本补充检验方法适用于对降糖类中成药及保健食品中非法添加化学药品盐酸丁二胍的快速筛查和确证。扬州大学医学院葛晓群教授出具了关于保健品中加入盐酸丁二胍对人体危害的文献调研报告，盐酸丁二胍具有降低血糖的作用，在我国很早就撤出市场了，从现有资料看，乳酸性酸中毒是其最严重的毒性反应，这是导致它撤出市场的主要原因，若在保健品中添加丁二胍，就使得本不应有任何毒性的保健食品中可能出现毒副作用，长期使用就可能对机体产生不良影响，甚至造成危害。公安机关委托南京医科大学司法鉴定所对添加有盐酸丁二胍的山芪参胶囊对人体的毒害性进行鉴定，鉴定意见为：根据现有资料，长期服用添加含有盐酸丁二胍的阳光一佰牌山芪参胶囊有对人体产生毒副作用的风险，影响人体健康，甚至危害生命。

扬州市公安局广陵分局民警于 2013 年 1 月 29 日在见证人在场见证的情况下，对阳光一佰公司进行了搜查，扣押了相关物品、账册、银行卡、现金、山芪参胶囊等。公安机关还冻结了刁文有、樊明云、尹立新等人的银行账户，2010 年 6 月至 2013 年 1 月，被告人刁文有银行账户内共计人民币 1799441.42 元转入樊明云银行账户内。2013 年 1 月 11 日，被告人刁文有从银行卡内取出人民币 138 万元，2013 年 1 月 14 日，樊明云银行账户内存入人民币 119 万元。

被告人谭国民于 2013 年 3 月 4 日主动到公安机关投案、杨立峰于 2013 年 2 月 21 日主动到公安机关投案，并如实供述了自己的犯罪事实。被告人刁文有、尹立新、王海龙归案后如实供述了自己的犯罪事实，被告人钟立檬归案后如实供述了部分犯罪事实。

上述事实，有公诉机关经庭审举证、质证，并经法院予以确认的下列证据证实：

（一）发、破案经过

2012 年 5 月 9 日，扬州市公安局广陵分局接扬州市食品药品监督管理局移送的案件，系扬州市广陵区金福海保健品店涉嫌销售有毒、有害食品，根据移送的相关证据及初查，该局于 2012 年 11 月 24 日立案侦查，2013 年 1 月 29 日在阳光一佰公司抓获刁文有、王海龙；2013 年 2 月 21 日，杨立峰到西安市公安局灞桥分局新筑派出所投案；2013 年 3 月 1 日，钟立檬在吉林省通化市东昌区富民家园小区 C4 栋 2 单元 401 室被抓获；2013 年 3 月 4 日，谭国民到扬州市公安局广陵分局投案；；2013 年 3 月 16 日，尹立新在北京市丰台区大瓦窑 1 号院 9 号楼下被抓获。

（二）被告人的供述笔录

1. 被告人刁文有的供述笔录，证明：其系阳光一佰公司的实际经营人，也是总负责人，2007 年左右，其请王教授列了个降糖产品的方子，2009 年申请了降糖产品的批号，2010 年认识了谭国民，谭说认识的专家有降血糖的好方子，给其样品，其找人服用后发现效果不错，2010 年 9 月就从谭国民处进原料，将该原料与王教授配好的方子合在一起，用胶囊装起来，就成了辅助降糖的山芪参胶囊，有了这个产品后，就在厂外单独成立了山芪参事业部，开始时的销售负责人是马莹，2012 年 6 月 5 日，马莹离开公司后就由钟立檬负责，王海龙负责山芪参北方销售区域，杨立峰是负责生产的厂长，主要负责生产管理，工人的排班等日常事务；其开了 3 张个人银行卡交给事业部用于回收货款，其通过工商银行卡转账到刘巧玲的工商银行卡支付谭国民货款，开始进货不固定，销量稳定后，其固定每次进 200 千克（600 元/千克），每袋 20 千克，每次十袋，就这样生产了一年左右，谭国民发现其生产量大了，就告诉其原料里面含有化合物，其将刚开始从谭国民处进的货称为 1 号药；；2012 年 6 月左右，上海经销商销售的山芪参被查出含有格列波脲的西药成分，其去上海处理，药监局罚了经销商 2 万多元，其回北京就将上海的报告给谭国民看，让其改配方，谭国民说要问专家，因为害怕，公司就在 6 月左右停产一个月左右，然后用了谭国民提供的 2 号药（不含西药成分）继续生产，当年 8 月，代理商反映消费者血糖反弹，出现了大量退货，其召集事业部的人开会，决定继续用 1 号药，在长沙销售的产品被检出盐酸丁二胍后，其让钟立檬去处理，其后来也去长沙，并让经销商虚构进的是假货的事实，后来药监局按照假货处理罚款 2 万多元，罚款是其公司替代理商交的，其继续找谭国民改配方，2012 年 8 月，其向谭国民进了 3 号药，与原来的 1 号药差不多，继续进行生产；2012 年下半年，其与谭国民及专家（该专家系被告人尹立新）在安徽大厦附近见面，其提出 2 号药效果不好，专家也没有找到解决办法，后自己找了李红哲通过发酵的方法去除西药成分，其将李红哲给其的两份韩文检测报告请钟立檬让其同学翻译，结果发现检测项目不是降糖类，其又要李红哲重新出具检测报告并将该英文报告给其女儿翻译，2012 年 10 月，其女儿翻译出来没有降糖类的化学物质，其非常高兴，告诉了钟立檬，并于 2012 年 11 月投资建了发酵室，但其将发酵后的山芪参通过关系检测后还是发现了盐酸丁二胍，后来这套设备就没有继续使用；

2012 年 8 月 31 日，北京市药监局到阳光一佰公司对山芪参进行抽样检查，其和杨立峰在场，在这之前，其就与杨立峰、钟立檬、王海龙等人交代否认长沙销售的山芪参是其公司产品，所以两人当时与检查人员解释长沙的山芪参不是其公司的货，是假货，为了避免被查出含有盐酸丁二胍，之前就专门组织生产了一部分不含盐酸丁二胍的山芪参供相关部门抽查使用，用 1 号药、3 号药生产的山芪参胶囊基本是零库存，经销商需要多少就生产多少，大部分是晚上加班加点生产，第二天就抓紧时间发走，没有发走的就转移到外面的仓库，2012 年山芪参胶囊的销售额在一千二三百万元左右，2 号药生产的山芪参有的发给经销商留着备检了。

2013 年 1 月，扬州经销商销售的山芪参被检查发现了盐酸丁二胍，其让钟立檬、王海龙来处理过。

因为怕山芪参有质量问题找到其，其生产的山芪参只有固定的几个批号。

生产的山芪参盒装卖给经销商的是 100 元/盒，有些老经销商是 90 元、80 元 1 盒的价格，试用装销售给经销商是 10 元/袋。

山芪参货款是转到其名下在工商银行、建设银行、农业银行的卡上的，在北京阳光一佰公司赢利后，其将部分钱款转到了妻子樊明云的账户上，2013 年 1 月，其提现 138 万元准备投资，后来没有搞成，就存到妻子樊明云的账户上了。

2. 被告人尹立新的供述笔录，证明：2005 年时，朱铁强告诉其有一种降糖产品叫糖马立特，效果很好，是一种仿制国外的化学西药，2010 年下半年，谭国民向其购买了该产品，其告诉谭国民该原料里含有化学成分，2011 年年初，谭国民告诉其将该产品卖给了阳光一佰公司，其上网查了一下，发现该公司经营了一种叫山芪参胶囊的降糖保健品，从 2010 年下半年到 2013 年 1 月（中途断过两个月），其一直从朱铁强处购买糖马立特，然后按照一定比例添加制成原料卖给谭国民，每公斤价格 2500 元，2012 年 6 月，谭国民告诉其提供的糖马立特生产的保健品被查出格列波脲，2012 年 7、8 两个月，谭没有向其购买原料，8 月中旬左右又继续向其购买原料，2012 年 9 月，谭国民告诉其山芪参胶囊中被检出盐酸丁二胍，其问朱铁强，朱说糖马立特确实含有盐酸丁二胍，而且是主要成分，格列波脲是辅助成分，当月其和谭国民及谭的战友（就是生产山芪参的人）在安徽大厦见了面，其明确告诉谭和习的确含有盐酸丁二胍。2012 年 9 月的一天，其和谭国民及谭的战友在通州的一个饭店见面，席间知道战友叫习文有，谭国民与习文有商量后继续使用 1 号药，其就继续从朱铁强处购买糖马立特加工后再卖给谭国民，一直供货到 2013 年 1 月，谭国民通过银行卡将货款转账给其。

其从 2010 年下半年开始到 2013 年 1 月（2012 年 7 月中断过两个月），一直从朱铁强处购买糖马立特，按照一定的比例添加制成原料卖给谭国民，其按照朱铁强告诉的每天服用量换算了告诉谭国民每天服用量，谭国民换算之后添加比例是1：7，谭国民告诉其该比例，其是认可的，后来厂家按照1：1配比，谭国民告诉其，其也认可了。

3. 被告人谭国民的供述笔录，证明：2010年，其向尹立新购进降血糖的生物制剂，每公斤3500元，每次购买25公斤，25000元是现金交易，其余款项通过银行卡转账，其然后再添加其他成分生产出半成品卖给习文有，每公斤600元，一直供货到2013年1月，习文有将钱款汇到其妻刘巧玲的银行卡上，2011年其告诉习文有所供原料里含有化合物，让其不要太张扬，其也告诉尹立新将生物制剂卖给一个公司生产山芪参保健品，尹立新上网查过，知道老板叫习文有，2012年6月，习文有告诉其山芪参在上海被查出西药成分，之后从2012年6月开始其提供了中药专家的配方（2号药），这样生产了2个月左右，习文有称市场反映不好，出现大量退货，2012年8月中旬，习文有要求其继续提供之前的1号药，其就继续向尹立新要货供给习文有，2012年9月的样子，习文有告诉其山芪参被检查出盐酸丁二胍，其告诉了尹立新，过了几天，三人在北京安徽大厦见面，见面时尹立新承认原料里含有盐酸丁二胍，但为了稳定市场，习文有提出还是用这种原料，之后，三人又在通州见了面，其一直供货给习文有到2013年1月，2013年1月下旬，其将200公斤的货给了习文有，习文有还没来得及付款就被查处了。

尹立新将原料配比1：7告诉其，并告诉其给保健厂家之后，厂家按照1：1配比就可以生产胶囊了。

4. 被告人杨立峰的供述笔录，证明：其于2010年到阳光一佰公司上班，担任生产厂长，工作职责是接到财务下的生产单后，安排工人到库房领料，安排工人生产，生产出的成品回库房，山芪参胶囊是其负责的车间生产的，2012年5月左右，山芪参的订货量增大，2012年8月、11月，北京和通州药监部门的同志分别带了山芪参胶囊来核实是否是公司的产品，并讲该胶囊里含有盐酸丁二胍的成分，其两次都在现场，并与公司其他人员按照习文有之前的关照告诉检查人员带来的山芪参胶囊不是其公司的产品，是假货，因其负责生产，看了药监部门带来的胶囊知道就是其公司生产的产品，2012年8月的时候，北京药监部门还在其公司进行取样化验，其与吴万有等人陪同，将药监人员带至专门放检品的房间进行了采样，其在采样记录上签了字，在换2号药的时候，刁文有专门关照做一批检品应付检查用，检品与之前生产的产品不一样，里面是不含有盐酸丁二胍成分的。公司在2011年年初至2012年6月左右，生产的山芪参用的是1号药，再配合其他原料生产，2012年7、8月用了2号药生产，后出现大量退货，之后用了3号药生产，1号药、2号药、3号药是刁文有给原料起的名称，换2号药是因为上海销售的山芪参出了问题，但2号药市场效果不好，很多顾客退货，又用了3号药，实际就是原来的1号药。2012年7.8月，刁文有开会安排不按规定打批号，也是为了应付检查，便于否认样品是公司的产品，其在2012年8月知道生产的山芪参里含有盐酸丁二胍成分，但出于生计，还继续帮刁文有负责生产山芪参胶囊。刁文有提供200公斤的原料，能生产80件、90件山芪参胶囊，每件72盒胶囊。

5. 被告人钟立檬的供述笔录，证明：其到阳光一佰公司工作时就销售山芪参了，自从马莹2012年6月离职后，其就担任了公司事业部销售山芪参的负责人，拿整个销售提成，其负责南方市场，王海龙负责北方市场，长沙的经销商张银生在经销的山芪参被查后，告诉其山芪参被查出含有西药成分，并将检测报告发至其邮箱，其先去的长沙，当天晚上，刁文有赶到长沙，大家在一起吃晚饭时商量怎么处理山芪参被检出西药成分的事，刁文有要张银生找关系处理，在长沙的山芪参被检出西药后，事业部还是正常销售山芪参产品，2012年9月12日，其收到韩国的检测报告，刁文有称发到韩国试验的小样已经成功，后期就可以生产合格产品了，刁文有也提出过发二代产品给经销商作为检品用，怕发酵成功之前那些含有西药的产品被检测出来，2013年1月6日左右，王海龙打电话告诉其扬州的山芪参被检出西药，其就从东北到扬州来处理事情了，刁文有也到扬州来，公司的进销存系统能够真实反映公司山芪参的实际销售情况。

6. 被告人王海龙的供述笔录，证明：其2011年10月到阳光一佰公司山芪参事业部工作，2012年6月左右，马莹离开后，山芪参事业部的具体负责人就是钟立檬，并负责南方区域的销售，其就担任山芪参事业部北方部的经理，山芪参的销售款汇到刁文有的银行卡上，2012年夏天，山芪参遭大规模退货，公司给退货的经销商返货，并给每个经销商配了一箱备检品;；2013年1月5日，北京市药监局的人带着扬州药监局的报告到其公司检查，刁文有带着检查人员去了生产车间和库房检查，其在刁文有的办公室看到了山芪参的检验报告书，并用手机进行了拍照，将照片通过手机彩信发给钟立檬了，其知道了产品中违规添加了盐酸丁二胍；山芪参的批发价是100元/盒，全国统一零售价498元/盒。

（三）相关证人的证言笔录

1. 未到庭证人杨冬飞（系阳光一佰公司研发部助理）的证言笔录，证明：其是阳光一佰公司研发部助理，研发过九毒、山芪参等新配方，山芪参胶囊是治疗高血压和高血糖的保健品，其一开始向习文有提供的山芪参的配方因效果不好，习文有没有采用，之后采用的主要降血糖的成分是一种叫1号药的原料，由习文有亲自购买，2012年7－8月，因北京药监局要来检查，工厂生产了一批没有添加1号药的检品放在成品库，后期生产的添加过1号药的山芪参直接从车间就发走了，2012年6月至7月时其经手过2号药，产品效果不好，造成很多退货，后来老板又进了3号药，就是之前的1号药，颜色、气味都一样。

2. 未到庭证人马莹（系阳光一佰公司原山芪参事业部总经理）的证言笔录，证明：其于2010年9月至2012年6月在阳光一佰公司任山芪参事业部总经理，手下的人员有钟立檬、王海龙、庚欣、李艳敏等人，2012年5月底，北京通州药监局经常来检查，后来公司开了会，钟立檬、王海龙、吴新昌都在场，习文有说山芪参里加了西药成分，并要求继续生产，出了事其负责，不久其就辞职了。

3. 未到庭证人张伟（系山芪参扬州经销商）的证言笔录，证明：其在2010年下半年开了扬州市广陵区金福海保健品店，2011年更名为扬州蕴金藏海商贸有限公司，2011年其代理了山芪参胶囊，2012年11月，其被带至公安机关谈话，被告知山芪参产品中含有西药，后其打电话告诉习文有药监局查处的情况，习文有先派了王海龙来处理的，后来王海龙、钟立檬先后到扬州，习文有自己也来的，习文有让其与药监局、公安局的人讲被查的山芪参是其从其他地方买的假货，不是阳光一佰公司的产品，其觉得风险太大，没有同意。

4. 未到庭证人朱轶强的证言笔录，证明：其是北京高盟燕山科技有限公司精细化工部的负责人，2010年时，尹立新问其有无降糖的新产品，其介绍了一种含有盐酸丁二胍的产品，代号叫糖马立特，这种化合物的降糖效果好，副作用也小，尹立新开始买了 1 公斤做实验，觉得效果好，之后陆续加大了购买量，稳定在每次巧公斤，其一开始卖给尹立新的是盐酸丁二胍与格列波脲的混合物，2012 年 7 月以后，格列波脲用完了，其卖给尹立新的化合物就全部是盐酸丁二胍，目前国内没有一家药厂具有这两种产品的批文，其卖给尹立新每公斤 3000 元，总共销售了 150 公斤左右，因后来尹立新购买量较大，其就怀疑他可能将糖马立特违规添加到降糖类药品和食品中了，2012 年 9 月，尹立新问其能否用新的降糖产品替代盐酸丁二胍，其建议用植物的提取物，并提醒其盐酸丁二胍有风险，能被检测出来。

5. 未到庭证人庚欣（系阳光一佰公司山芪参事业部工作人员）的证言笔录，证明：其在阳光一佰公司的山芪参事业部工作，钟立檬负责事业部并分管南方市场，李艳敏协助钟立檬，王海龙负责北方市场的培训和销售，其协助王海龙，另外事业部的统计工作也由其负责，北方市场客户要货就打电话给刁文有或王海龙，或者其接到电话征得他们同意后就下单，其向会计徐征确认货款到账后，就在进销存系统进行登记，徐征就通知王林发货，进销存系统的订单与实际发货是一致的，南方市场是钟立檬和李艳敏的事，尾号 7997 建行卡、尾号 9114 农行卡、尾号 7206 工行卡、尾号 3537 交行卡都是在马莹离职后，刁文有用于回收山芪参货款的银行卡。2012 年 7 月以后进销存系统显示的销售额是 1373 万元左右，实际也应该是这么多，只有 2013 年 1 月存在货款到账，货没来得及发的情况，退换货不走进销存系统。其笔记本上记载的“2012 年 10 月 24 日，老代理商发二代作为检品，每代理商一手提箱”，是因为刁文有说产品会被检出问题，要求给经销商发二代产品，二代产品没有问题，不怕检查，具体通知经销商是刁文有、钟立檬、王海龙，其只是在发货的时候说多发了一箱检品；其笔记本记载的“11 月 8 日，发酵技术不行，可检出西药”，是刁文有开会讲的，其和李艳敏肯定会向王海龙、钟立檬讲，否则会议内容无法执行。

6. 未到庭证人徐征（系阳光一佰公司山芪参事业部会计）的证言笔录，证明：其是山芪参事业部的会计，刁文有用于销售山芪参货款回收的银行卡（尾号 7997 的建行卡、尾号 9114 的农行卡、尾号 7206 的工行卡）是与其手机绑定的，一旦货款到账，其就通知庚欣和李艳敏在进销存系统下单，然后他们打印一个四联单给其，其就通知王林发货，不留库存，每隔几天就会与王林核对发货数量，每月制作销售统计，其都是在货款到账后才让发货，除了1月部分山芪参没有来得及发货，进销存系统的数据与实际到款的数据是一致的，2012年7月到2012年年底，销售额大概在1200万元左右，因药监局经常来检查，其统计的数据按照习文有的要求进行了销毁。

7. 未到庭证人王林（系阳光一佰公司工作人员）的证言笔录，证明：其在阳光一佰公司负责发货，主要是发山芪参胶囊，其按照会计徐征的要求到仓库杨建那里拿货，杨建进行清点，两人共同在单子上签字，其才可以将货从仓库里拿出来，每次邮寄的山芪参都是按照客户订单数量来邮寄的，最后一次发山芪参胶囊是2013年1月22日，其每次发货时都将发货的数量及地点记录下来，公安机关出示的发货记录都是其记录的，登记了山芪参的批号，发货时间，客户姓名，经销商的地址等信息。

8. 未到庭证人李攀（系阳光一佰公司总账会计）的证言笔录，证明：其是阳光一佰公司的总账会计，2012年9月中旬到公司上班，负责公司原材料的入库、产品出库等，公司进货有采购部的张铨芳拿着习文有签字的进货单给其，上面有单位或个人的名称、账号、付款金额，其交代出纳到银行汇款，然后记账，公司出货是事业部通知其付货款的金额，其核实货款到账后，通知保管员发货，邮寄由仓库负责，经销商的货款，大部分汇入习文有的私人账户（一张是卡号6228480010605××××××的农行卡，还有一张是习文有的工行卡），部分汇入公司账户，事业部销售山芪参会有记账，是真实的，习文有安排每月对次账。

9. 未到庭证人邓岑雯（系阳光一佰公司工作人员）的证言笔录，证明：其在阳光一佰公司负责舒茶的销售，山芪参是钟立檬、王海龙、庚欣、李艳敏负责，山芪参在江苏扬州的代理商叫张伟，山芪参市场零售价是498元。

10. 未到庭证人任艳波（系阳光一佰公司工作人员）的证言笔录，证明：其于2011年6月到阳光一佰公司做采购员，2012年7月做仓库保管员，其做采购员的时候，1号药都是习文有用车自己运过来，1号药很少放库房，填写入库单只是走个程序，进1号药的收款人叫刘巧玲，每次进200公斤，付12万元，有时进100公斤，付6万元，都是网银转账；每次检查时，习总就让停止生产山芪参，然后把专门备检的产品拿出来给有关部门检查，检品不加1号药，只加丹参、葛根、山药和黄芪。

11. 未到庭证人常伟（系阳光一佰公司工作人员）的证言笔录，证明：其于2011年到阳光一佰公司研发部上班，公司生产的山芪参胶囊是一种保健品，主要成分是 1 号药，1 号药都是习总自己买回来，不通过采购员正常采购，2012 年 4 月底后，其参加了一次习总主持的会议，习总交代做一批纯药材提取成分的山芪参胶囊，用来替换掉之前留样室留样的胶囊，刚换完不久，药监部门检查，因样品被更换，没有检查出问题。

12. 未到庭证人陈家胜（系山芪参上海经销商）的证言笔录，证明：其在 2012 年春节后从阳光一佰公司购买了几十盒山芪参胶囊销售，2012 年 4 月，上海徐汇区药监局对山芪参胶囊抽检，6 月告知其含有格列波脲，其与阳光一佰公司联系，公司派人与其一起到徐汇药监局，并在检验结果告知书上签了字，后来习文有来处理，公司出具情况说明给药监局说其销售的山芪参不是他们的产品，是假冒产品，徐汇分局对其罚款 29000 元，习文有后来将罚款补给其。

13. 未到庭证人张银生（系山芪参长沙经销商）的证言笔录，证明：其于 2012 年和阳光一佰公司签订了代理销售山芪参胶囊的协议，2012 年 8 月，长沙药监局通知其山芪参胶囊里检测出西药丁二胍的成分，其将检测报告通过电子邮件发给了钟立檬，并要求习文有来处理事情，过了几天，习文有、钟立檬到长沙来，大家一起吃饭时，习文有提出让其不承认货是阳光一佰公司的，但由他们公司承担所有结果，长沙药监局处罚了其 23000 元，但钱是阳光一佰公司给的。

14. 未到庭证人杨军（系山芪参长沙经销商处的工作人员）的证言笔录，证明：2012 年 6 月，长沙药监局到其公司拿山芪参胶囊检测，检测结果表明山芪参胶囊含有盐酸丁二胍，并要进行查处，其通知了钟立檬，后来钟立檬、习文有、吴万有一起到长沙处理这件事，其将检测报告给他们看了，习文有让他们否认产品是阳光一佰生产的，并提供假的供货商，之后长沙药监局以销售假货罚款 23000 元，钱是习文有出的。

15. 未到庭证人李利军（系山芪参长沙经销商处的工作人员）的证言笔录，证明：2012 年 8 月底，长沙药监局到其公司出具了深圳药检所的报告，说其单位经销的山芪参胶囊检测有丁二胍，要进行处理，其向张银生汇报后的两三天，阳光一佰公司的吴万有复印了报告，一两天后，吴万有和钟立檬到其办公室，其和杨军将报告给钟立檬看了，钟立檬说要向领导汇报，过了一两天，习文有来了，提出来其单位销售的山芪参是假冒的，药监局要处罚就由阳光一佰公司承担罚款。

16. 未到庭证人邵世海（系山芪参江苏总代理）的证言笔录，证明：其是南京庄泰生物技术有限公司的法定代表人，其公司是山芪参胶囊的江苏总代理，刚开始货款是打到马莹的账户上，后来汇到刁文有的账户上，公司购买山芪参胶囊都是单位的丁国维与钟立檬联系，公司进的山芪参胶囊主要在南京销售，还有就是调剂一部分给扬州的张伟，2012 年 5 月的进货价是 85 元 1 盒，之后都是 100 元 1 盒。

17. 未到庭证人杨智荣（系山芪参苏州经销商）的证言笔录，证明：其在苏州经营康美尔食品保健馆，2012 年年初，阳光一佰公司的庚欣发了 12 盒山芪参胶囊让其试经营，因顾客反映很好，其就向庚欣进了 300 盒左右的山芪参胶囊，2012 年国庆节期间，张家港的王建群从其处拿了 11 盒山芪参胶囊，张家港和其店里的山芪参被抽检，后其接到电话自称是阳光一佰负责市场的钟总，问了其抽检情况，没过几天，钟立檬就亲自到苏州来了，还是问抽检单位情况，并说山芪参胶囊没有问题，让其找关系把事情处理掉。

18. 未到庭证人张培培、张梦洁、王娇（系山芪参扬州经销商处的工作人员）的证言笔录，均证明：张伟在扬州经营了糖尿病友之家，店里销售阳光一佰牌山芪参胶囊。

19. 未到庭证人顾祥霞、邓有柱、雷小霞、黄厚远（系山芪参胶囊的扬州消费者）的证言笔录，均证明：其于 2012 年在糖尿病友之家购买过山芪参胶囊，经营者告诉他们山芪参胶囊是纯中药的，不含西药。

20. 未到庭证人金林（系山芪参胶囊扬州消费者的亲属）的证言笔录，证明：其在扬州的糖尿病友之家购买了山芪参胶囊给妻子吃，妻子服用后多次出现低血糖症状，检查后发现红细胞低于 1，后妻子住院治疗，停用山芪参胶囊，红细胞慢慢恢复了，其怀疑是服用山芪参胶囊造成的。

21. 未到庭证人唐剑波（系北京市通州区药监局工作人员）的证言笔录，证明：其在北京市通州区药监局工作，2012 年 10 月，江苏苏州药监局出具了协查函，要求确认所查的山芪参样品是否是阳光一佰公司的产品，其去阳光一佰公司检查，该公司出具了情况说明，称样品不是其公司生产的。

22. 未到庭证人张成凤的证言笔录，证明：其是千乡万才科技有限公司天津分公司客服部总监，其公司为阳光一佰公司提供了进销存系统的软件，2011 年 7 月使用，2012 年 5 月更换过网址，但这之后的数据都能看到，截止到 2013 年 1 月 28 日，该系统总销售金额是人民币 13760091 元。

23. 未到庭证人葛晓群（系扬州大学医学院教授，江苏省药理学会常务理事）的证言笔录，证明：其系扬州大学医学院药学系教研室主任、教授，江苏省药理学会常务理事，盐酸丁二胍是丁二胍与盐酸形成的盐，两者实质是同一化合物，其活性成分是一样的，在检测机构检测被检物是否含有丁二胍的时候，都是将被检物溶于水，提取丁二胍的成分，盐酸就溶于水了，从药学上讲，丁二胍碱性太强，必须与盐酸形成盐，才能为人体服用与吸收，所以能够做成药剂的丁二胍其实就是盐酸丁二胍。

（四）相关书证及其他证据

1. 企业法人营业执照、税务登记证、组织机构代码证、食品卫生许可证，证明：阳光一佰公司注册登记的法定代表人系习文龙，该公司系有限责任公司，许可经营的范围为生产经营阳光一佰牌山芪参胶囊保健食品等。

2. 国产保健食品批准证书、阳光一佰牌山芪参胶囊产品说明书、质量标准，证明：国家药品食品监督管理局于 2009 年 12 月 21 日向阳光一佰公司颁发了批准文号为：国食健字 G20090557 的阳光一佰牌山芪参胶囊的保健食品批准证书，该产品是以葛根、黄芪、山药、桑叶、丹参、吡啶甲酸铬为主要原料制成的保健食品，具有辅助降血糖的保健功能，有效期至 2014 年 12 月 20 日。

3. 个体工商户营业执照、企业法人营业执照、食品流通许可证，证明：扬州市广陵区金福海保健品店、扬州蕴金藏海食品商贸有限公司许可的经营项目为：预包装食品批发零售。

4. 现场检查笔录及现场照片，证明：2011 年 9 月 6 日，扬州市食品药品监督管理局的执法人员对广陵区金福海保健品店进行检查并拍摄了现场照片，发现该店内有阳光一佰牌山芪参胶囊，该店经理张伟在检查笔录上签字。

5. 阳光一佰公司出具的证明，证明：该公司于 2012 年 12 月 11 日出具了证明给扬州食品药品监督管理局，内容为：接到贵局稽查科所寄文书及样品，经仔细核查，所寄样品为该公司产品。

6. 样品抽样记录及凭证，证明：扬州食品药品监督管理局于 2011 年 12 月 29 日从举报人金林处抽样 2 盒山芪参胶囊；扬州市食品药品监督管理局于 2013 年 2 月 5 日对阳光一佰牌山芪参胶囊进行抽检。

7. 采样记录，证明：2012 年 8 月 31 日，北京市药品监督管理局到阳光一佰公司对山芪参胶囊进行采样检测是否含有丁二胍成分，杨立峰在该记录上签名。

8. 现场检查笔录，证明：北京市药品监督管理局分别于2012年7月3日、8月29日、2013年1月5日对阳光一佰公司进行现场检查的情况；北京市药品监督管理局通州分局分别于2012年3月13日、4月27日、5月3日对阳光一佰公司进行现场检查的情况。

9. 检验报告、检验结果告知书，证明：2012年5月24日，上海市食品药品检验所出具了检验报告书，对从陈家胜处抽验的阳光一佰山芪参胶囊进行降糖类非法药物添加检验，结果检出格列波脲，并分别于2012年6月1日、2012年6月8日向陈家胜、阳光一佰公司书面送达检验结果告知书。

2012年8月9日，深圳市药品检验所对湖南省食品药品监督管理局从长沙市雨花区三修堂保健品有限公司抽验的由阳光一佰公司生产的山芪参胶囊是否添加降糖类化学成分进行检验，按照国家食品药品监督管理局药品检验补充检验方法和检验项目批准件2011008检查上述成分，结果检出丁二胍；长沙市食品药品监督管理局于2012年9月10日将该检验报告书面送达阳光一佰公司，由该公司负责处理此事的代理人签收。

10. 上海市食品药品检验所于2013年5月出具的函，证明：2012年5月9日，该所收检阳光一佰山芪参胶囊，于2012年5月29日出具报告，检出降糖类药物格列波脲，2013年4月16日，该所得知扬州公安局查获阳光一佰公司生产的山芪参胶囊非法添加盐酸丁二胍的案件，立即新建了盐酸丁二胍的检测方法，对该所留样进行了再次检测，结果检出格列波脲和盐酸丁二胍。

11. 北京市药品稽查办公室的复函、检验结果告知书、调查笔录、检验报告，证明：该办出具关于协查阳光一佰公司相关情况的复函，函告内容为：2012年8月27日，该办收到深圳药检所对湖南食药局对抽验的标示为阳光一佰公司生产的20120401批号的山芪参胶囊检验结果为检出丁二胍，该办于2012年8月29日将该检验报告送达阳光一佰公司（由习文有签收）并进行现场检查，该公司习文有否认上述检验产品为该公司产品，该办遂对公司存放在库房的上述批号为20120401的山芪参胶囊进行抽检，检验项目为丁二胍，经北京市药检所检验，未检出盐酸丁二胍；2012年9月6日，该办收到深圳药检所的函，内容为呼和浩特市食药局对抽验的标示为阳光一佰公司生产的20111201批号的山芪参胶囊检验结果为检出丁二胍，该办于2012年9月11日将该检验报告送达阳光一佰公司并进行现场检查，经查，该公司习文有称未生产过上述批号的山芪参胶囊。

12. 扬州市药品检验所出具的函，证明：该所于 2012 年 4 月 12 日出具了关于阳光一佰牌山芪参胶囊检验结果的函给扬州市食品药品监督管理局，对该所于 2011 年 12 月 29 日收到的市局送来的群众举报的阳光一佰山芪参胶囊，经采用高效液相色谱法及质谱法检测，样品中含有疑似盐酸丁二胍成分。

13. 扬州市药品检验所药品检验报告书，证明：公安机关于 2012 年 11 月 15 日委托扬州市药品检验所对蕴金藏海食品商贸有限公司销售的山芪参胶囊进行检验，结果检出盐酸丁二胍；2013 年 1 月 15 日，扬州市药品检验所接受公安机关的委托对注通州专销字样的阳光一佰牌山芪参胶囊进行检验，结果检出盐酸丁二胍；2013 年 2 月 21 日，扬州市药品检验所接受公安机关的委托对从阳光一佰公司工厂及成品库扣押的阳光一佰牌山芪参胶囊进行检验，结果检出盐酸丁二胍。

14. 江苏省食品药品监督管理局文件，证明：该局于 2009 年 7 月 9 日印发通知，确定江苏省扬州市药品检验所等 12 家单位为江苏省接受司法机关委托承担药品检验任务的药品检验机构。

15. 国家食品药品监督管理局药品检验补充检验方法和检验项目批准件，证明：该批准件编号 2011008，于 2011 年 6 月 3 日颁发，药品名称中文名：降糖类中成药中非法添加盐酸丁二胍补充检验方法，本补充检验方法适用于对降糖类中成药及保健食品中非法添加化学药品盐酸丁二胍的快速筛查和确证。

16. 卫生部于 2002 年 2 月 28 日发布并生效的卫法监发［2002］51 号文件，证明：《既是食品又是药品的物品名单》、《可用于保健食品的物品名单》中均没有盐酸丁二胍。

17. 江苏省扬州质量技术监督局出具的证明，证明：经查询，格列波脲、盐酸丁二胍不属于《食品安全国家标准食品添加剂使用标准》中规定允许使用的食品添加剂。

18. 扬州市食品药品监督管理局出具的情况说明，证明：经查询国家食品药品监督管理局总局网站中国产药品与进口药品的数据库，无名为格列波脲、盐酸丁二胍的药品。

19. 扬州市药品检验所出具的说明，证明：经美国 Pubchem 数据库进行检索确认盐酸丁二胍是丁二胍的盐酸盐；另从 IUPAC 命名，也可证明盐酸丁二胍是丁二胍的盐酸盐。由于丁二胍化学性质不稳定，一般制成盐来使用，在药物化学上常将化合物做成盐，这是为了增强其稳定性和增加水溶性。

20. 司法鉴定意见书，证明：公安机关委托南京医科大学司法鉴定所对添加有盐酸丁二胍的山芪参胶囊对人体的毒害性进行鉴定，鉴定意见为：根据现有资料，长期服用添加含有盐酸丁二胍的阳光一佰牌山芪参胶囊有对人体产生毒副作用的风险，影响人体健康、甚至危害生命。

21. 文献调研报告及聘书，证明：扬州大学医学院葛晓群教授（系江苏省药理学会常务理事）出具了关于保健品中加入盐酸丁二胍对人体危害的文献调研报告，盐酸丁二胍具有降低血糖的作用，在我国很早就撤出市场了，从现有资料看，乳酸性酸中毒是其最严重的毒性反应，这是导致它撤出市场的主要原因，若在保健品中添加丁二胍，就使得本不应有任何毒性的保健食品中可能出现毒副作用，长期使用就可能对机体产生不良影响，甚至造成危害。

22. 电子证据检查记录，证明：公安机关对扣押的庚欣使用的硬盘进行了检查勘验，并对该硬盘内的文件进行了提取，其中有山芪参销售记录、提成记录等资料。

23. 王林（系阳光一佰公司的发货人员）手写的发货记录，证明：2013年1月7日至2013年1月21日向各经销商发山芪参胶囊的发货情况。

24. 习文有手机短信、微信截屏，证明：习文有在2012年11月9日发短信给吴万有，说发酵技术不过关，要考虑新1号与2号的连接问题；2012年11月10日分别发短信给李艳敏、邓岑雯、2012年11月12日发短信给庚欣，告诉他们要委婉告诉代理商，山芪参不能送检，市场要求退货退钱的患者，要及时退换货；2012年10月8日，习文有将英文检测报告发给其女儿翻译，翻译结果中没有提及盐酸丁二胍。

25. 钟立檬QQ邮箱的截图，证明：2012年8月29日，张银生将山芪参检测报告发至钟立檬邮箱，2012年9月12日，钟立檬收到山芪参韩文检测报告，将该报告发给同学金田。

26. 庚欣的笔记本，证明：2012年10月24日，习文有开会时要求给老代理商发二代检品应对检查，检品不备注专销，调整日期；当月29日，庚欣发检品给习文有审核；11月8日记录：全部备检品，发酵技术不行，可检出西药。

27. 山芪参出库、入库单及统计表，证明：2012年8月至2013年1月入库1518件、3219盒、56191袋，2013年9月至2013年1月25日入库1253件、1345盒、27989袋；该统计表经习文有、王海龙、杨立峰签字确认。

28. 山芪参退货记录及统计表，证明：2012年8月至2013年1月退货83件、9651盒、1瓶、12099袋，2012年9月至2013年1月退货15件、7361盒、5985袋；该统计表经习文有、王海龙、杨立峰签字确认。

29. 李攀制作的2012年10月、12月成品汇总表，证明：上述时间李攀制作的山芪参出库数量与出库单数量吻合。

30. 财务部门制作的2012年10 - 12月收入、支出报表，证明：公司的上述时间收入、支出情况。

31. 勘验工作记录、进销存系统销售订单明细，证明：公安机关对阳光一佰公司的企业管理网站系统进行了勘验，对进销存管理系统进行了查询，时间为2012年1月1日至2013年2月19日，经过查询，在此期间有大量销售订单，并对查询结果进行导出与提取，进行截图，并刻录光盘备检；公安机关打印出销售订单的明细，该明细反映了阳光一佰公司接受山芪参订单的销售情况，其中从2012年8月底至2013年1月21日共计销售山芪参880余万元（其中已扣除2012年10月26日记录错误的270万元）。

32. 银行卡查询明细、交易清单，证明：2012年9月至2013年1月，谭国民的银行卡向尹立新的银行卡共计汇款人民币671500元；2012年9月4日至2013年1月习文有的银行卡向刘巧玲（系谭国民的亲属）的银行卡共计汇款人民币132万元；2010年6月至2013年1月，被告人习文有银行账户内共计人民币1799441.42元转入樊明云银行账户内；；2013年1月11日，习文有从银行卡取出人民币138万元，2013年1月14日，樊明云银行账户内存入119万元；以及习文有银行账户的往来情况。

33. 搜查笔录、扣押决定书、扣押清单，证明：扬州市公安局广陵分局民警于2013年1月29日在见证人在场见证的情况下，对阳光一佰公司进行了搜查，扣押了习文有手机3部、工商银行卡2张、U盘1个、扣押王海龙手机1部、工作总结1本、扣押了公司的成品汇总表2张、产成品报表3张、周报表4份、财务部报表3份、提成奖励表2张、退货单1张、记账凭证、纳税申报表8袋、现金日记账本5本、银行存款账本3本、出入库单4本、入库单150张、出库单12本、发货记录表9张、银行卡7张、存折2本、U盾2张、数字证书1本、采样记录1本、现场检查笔录1本、客户资料2张、快递单3张、硬盘17个、笔记本电脑1台、瓶装山芪参胶囊72筐、瓶装山芪参胶囊3箱、完整包装山芪参胶囊19箱、铝板装山芪参胶囊2箱、颗粒状山芪参3袋、取自成品库房有 x 标记山芪参胶囊 45 箱、汇通快递单 290 张、收据 4 本、移动硬盘 1 个、摄像机 1 部、销售清单 17 张、销售订单 97 张、发货追踪单 12 张、销售明细 9 张、取自保险柜内现金 58812 元。

34. 冻结存款通知书，证明：刁文有、尹立新、樊明云账户被冻结的相关情况。

原审法院认为，被告单位阳光一佰公司、被告人刁文有作为阳光一佰公司生产、销售山芪参胶囊的直接负责的主管人员，被告人杨立峰、钟立檬、王海龙作为阳光一佰公司生产、销售山芪参胶囊的直接责任人员，明知阳光一佰公司生产、销售的保健食品山芪参胶囊中含有国家禁止添加的盐酸丁二胍的成分，仍然进行生产、销售，被告人尹立新、谭国民明知其提供的含有国家禁止添加的盐酸丁二胍的原料被被告人刁文有用于生产保健食品山芪参胶囊并进行销售。其中，被告单位阳光一佰公司、被告人刁文有、尹立新、谭国民参与生产、销售的含有盐酸丁二胍的山芪参胶囊金额达 800 余万元，被告人杨立峰参与生产的含有盐酸丁二胍的山芪参胶囊金额达 800 余万元，上述被告单位及被告人均属有其他特别严重情节；被告人钟立檬、王海龙参与销售的含有盐酸丁二胍的山芪参胶囊金额达 40 余万元，上述二被告人均属有其他严重情节。被告单位阳光一佰公司、被告人刁文有、尹立新、谭国民的行为均已构成生产、销售有毒、有害食品罪；被告人杨立峰的行为已构成生产有毒、有害食品罪；被告人钟立檬、王海龙的行为均已构成销售有毒、有害食品罪。

被告人尹立新、谭国民与被告人刁文有共同故意实施犯罪，系共同犯罪，被告人尹立新、谭国民在共同犯罪中均系从犯，依法应当从轻处罚。被告人刁文有与被告人杨立峰、钟立檬、王海龙共同故意实施犯罪，系共同犯罪，被告人杨立峰、钟立檬、王海龙系从犯，依法应当减轻处罚。被告人刁文有在共同犯罪中起主要作用，系主犯，应当按照其所组织、指挥的全部犯罪处罚。

被告人杨立峰、谭国民系自首，当庭自愿认罪，依法均可以从轻处罚；被告人刁文有、尹立新、王海龙归案后如实供述犯罪事实，当庭自愿认罪，依法均可以从轻处罚；被告人钟立檬归案后如实供述部分犯罪事实，当庭对部分犯罪事实自愿认罪，对该部分事实可以从轻处罚。

据此，依照《中华人民共和国刑法》第一百四十四条，第一百四十一条第一款，第一百五十条，第三十一条，第五十六条第一款，第二十五条第一款，第二十六条第一款、第四款，第二十七条，第六十七条第一款、第三款，第六十四条以及《最高人民法院、最高人民检察院关于办理危害食品安全刑事案件适用法律若干问题的解释》第六条第（一）项，第七条，第九条第一款、第三款之规定，判决被告单位北京阳光一佰生物技术开发有限公司犯生产、销售有毒、有害食品罪，判处罚金人民币一千五百万元；被告人刁文有犯生产、销售有毒、有害食品罪，判处有期徒刑十五年，剥夺政治权利三年，并处罚金人民币九百万元；被告人尹立新犯生产、销售有毒、有害食品罪，判处有期徒刑十二年，剥夺政治权利二年，并处罚金人民币一百万元；被告人谭国民犯生产、销售有毒、有害食品罪，判处有期徒刑十一年，剥夺政治权利二年，并处罚金人民币一百万元；被告人杨立峰犯生产有毒、有害食品罪，判处有期徒刑五年，并处罚金人民币十万元；被告人钟立檬犯销售有毒、有害食品罪，判处有期徒刑四年，并处罚金人民币八万元；被告人王海龙犯销售有毒、有害食品罪，判处有期徒刑三年六个月，并处罚金人民币六万元；继续向被告单位北京阳光一佰生物技术开发有限公司追缴违法所得人民币八百万元，向被告人尹立新追缴违法所得人民币六十七万一千五百元，向被告人谭国民追缴违法所得人民币一百三十二万元；扣押的含有盐酸丁二胍的山芪参胶囊、颗粒，予以没收。

上诉单位阳光一佰公司的上诉意见及其辩护人的辩护意见是：一审判决认定盐酸丁二胍系有毒有害的非食品原料证据不足，盐酸丁二胍系化学药品，并非禁用药物，亦不在《保健食品中可能非法添加的物质名单》之列，不属于《最高人民法院、最高人民检察院关于办理危害食品安全刑事案件适用法律若干问题的解释》（以下简称两高司法解释）直接认定的有毒有害物质，一审判决仅凭国家药品监督管理部门颁布的 2011008 号降糖类中成药中非法添加盐酸丁二胍补充检验方法以及所谓专家意见、鉴定结论就认定盐酸丁二胍是有毒有害物质没有事实和法律依据；上诉单位没有犯罪故意；一审判决认定犯罪金额 800 余万元事实不清。上诉单位不构成生产、销售有毒有害食品罪。即使构成犯罪，上诉单位也系自首，请求法院依法处理。

上诉人刁文有的上诉意见是：《鉴定意见》和《调研报告》无法证实山芪参胶囊系有毒有害食品；上诉人刁文有主观上没有犯罪故意；一审法院认定销售金额 800 余万元依据不足，进销存系统数据错误，且与出入库清单无法对应，刁文有明知产品中含有“盐酸丁二胍”是在 2013 年 1 月 5 日，即使构成犯罪也应当从2013年1月5日起计算销售金额；即使构成犯罪，也应认定为自首。请求法院依法判决。

其辩护人的辩护意见是：盐酸丁二胍是化学药物，目前国家公布的禁用药物名单中没有盐酸丁二胍，国家知识产权局授予以丁二胍为主要成分的药物发明专利，均证明其不是国家禁用药物；国家公布直接认定的“有毒有害物质”名单中没有盐酸丁二胍，不能因为同为双胍类降糖药的苯乙双胍和二甲双胍属于非法添加的物质，就推定盐酸丁二胍也是有毒有害物质；南京医科大学的鉴定意见和葛晓群的专家意见没有法律效力，降糖类中成药中非法添加盐酸丁二胍补充检验方法是检验中成药质量的依据，不是认定盐酸丁二胍为有毒、有害物质的依据；在保健品中非法添加药物的行为不构成生产、销售有毒、有害食品罪，山芪参胶囊说明书以及使用提示等均证明山芪参胶囊名为保健品实为药物，上诉人习文有的行为应构成生产、销售假药罪；习文有就非法添加行为要求王海龙向药监部门如实作出说明，案件移送司法机关后仍然如实供述，应当认定为自首。一审判决认定销售金额800余万元依据不足，起算时间错误，案子应当从2013年1月5日开始起算。请求二审法院依法从轻处理。

上诉人尹立新的上诉意见及其辩护人的辩护意见是：尹立新不是阳光一佰公司的直接原料供应商，一审判决认定尹立新与阳光一佰公司、谭国民构成共同犯罪不当；丁二胍与盐酸丁二胍非同一物质，不能以阳光一佰公司生产的山芪参胶囊中含有丁二胍成分就认定尹立新供应的原料中含有盐酸丁二胍；尹立新不明知盐酸丁二胍系有毒有害物质，也不明知盐酸丁二胍是国家禁止添加的物质;；2012年9月中下旬尹立新才得知山芪参胶囊中被检出含有盐酸丁二胍，计算尹立新参与犯罪的数额应从2012年10月开始起算；一审判决未能充分考虑尹立新系从犯、如实供述、当庭自愿认罪等量刑情节，量刑畸重。请求二审法院从轻处罚。

上诉人谭国民的上诉意见及其辩护人的辩护意见是：谭国民主观上没有生产、销售有毒有害食品的犯罪故意，其本人也在服用山芪参胶囊，没有证据证明山芪参胶囊是有毒、有害食品；一审判决认定阳光一佰公司犯罪金额800余万元证据不足，认定谭国民销售原料金额132万元错误；谭国民系自首、从犯、主观恶性较小，一审判决量刑偏重，请求二审法院依法改判。

上诉人杨立峰的上诉意见及其辩护人的辩护意见是：杨立峰主观上不明

知山芪参胶囊中含有盐酸丁二胍，更不明知盐酸丁二胍是有毒有害物质，一审判决认定杨立峰在 2012 年 8 月底明知公司生产的山芪参胶囊中含有盐酸丁二胍后仍然生产至 2013 年 1 月与事实不符，杨立峰在 2012 年 11 月还询问习文有产品是否存在问题，其在 2012 年 9 月至 2013 年 1 月期间中途回家休息，没有参与该时间段的全部生产行为，一审判决认定杨立峰参与犯罪金额 800 余万元有误，杨立峰系初犯、从犯，具有自首情节，一审判决量刑偏重。请求二审法院依法改判。

上诉人钟立檬的上诉意见及其辩护人的辩护意见是：钟立檬和习文有没有共同的犯罪故意，其不明知山芪参胶囊中含有盐酸丁二胍，钟立檬没有处理长沙的“山芪参”问题，没有打开长沙经销商发给其的检验报告，没有收到王海龙发给其的彩信，其只知道含有西药，在保健品中加入药物是行政违法行为，不是犯罪行为；一审判决认定钟立檬的销售金额 40 余万元没有依据。请求二审法院撤销原判，改判钟立檬无罪。

上诉人王海龙的上诉意见及其辩护人的辩护意见是：一审判决认定盐酸丁二胍系有毒有害物质依据不足，王海龙不明知盐酸丁二胍是有毒有害物质，不明知在山芪参胶囊中添加盐酸丁二胍是违法行为，没有犯罪故意，王海龙的行为不构成销售有毒有害食品罪；一审判决认定王海龙犯罪金额 40 余万元事实不清、证据不足。一审判决量刑偏重，请求二审法院依法改判。

本院经审理查明的事实与广陵区人民法院认定的事实相同，据以认定本案事实的证据，业经原审法院开庭审理时当庭宣读、出示并质证，具有证明效力，本院予以确认。

二审审理期间上诉人习文有的辩护人向本院提供了下列证据：

1. 《中国药学大辞典》《新编药物手册》《胍基化合物与生物活性》中关于丁二胍和盐酸丁二胍的记载、2011008 补充检验方法，拟证明盐酸丁二胍是化学药品。

2. 卫生部淘汰 127 种药物通知、国家食品药品监督管理局关于停止生产、销售和使用相关药品的通知以及发明专利说明书，拟证明盐酸丁二胍不是禁用药物，含有丁二胍的药物已获得国家发明专利。

3. 国家食品药品监督管理局 2012 年 3 月发布的保健品中可能非法添加的物质名单（第一批）、2011 年 4 月发布的食品中可能违法添加的非食用物质和易滥用的食品添加剂名单（第 1 –6 批总汇）、2002 年卫生部发布的保健品禁用物质名单，拟证明盐酸丁二胍不在国家公布的有毒有害物质名单中，不是有毒有害物质。

4，药品检验补充检验方法和检验项目批准件汇编（2003 – 2008 年），拟证明补充检验方法是药品监督管理部门对中成药中是否掺入化学药品的检验方法，不是判断添加的化学药品是否是有毒有害物质的依据。

5. 山芪参胶囊的说明书、使用提示、宣传资料以及宣传光盘，拟证明山芪参胶囊实际上系药品，上诉单位和上诉人习文有的行为构成生产、销售假药罪。

6. 2012 年 9 月 1 日至 2013 年 1 月 30 日尾号为 7997 建设银行卡、尾号为 9114 的农业银行卡、尾号为 7206 的工商银行卡的交易明细，拟证明进销存系统数据与银行入账明细不能一一对应，进销存系统数据不能作为认定本案的销售金额。

针对上诉单位、各上诉人所提上诉意见及其辩护人所提辩护意见和习文有的辩护人在二审期间提供的证据，根据本案事实、证据以及相关法律规定，本院评析如下：

对于上诉单位、各上诉人及其辩护人提出的上诉单位以及各上诉人不构成生产、销售有毒、有害食品罪的上诉意见和辩护意见。经查，盐酸丁二胍系在我国未获得药品监督管理部门批准生产或进口，不得作为药品在我国生产、销售和使用的化学物质，与国家禁用药物名单上的药品具有同等属性，在我国禁止作为药物使用；其亦非食品添加剂，属于禁止在食品生产经营活动中添加、使用的物质。上诉人习文有的辩护人提供的证据仅能证明盐酸丁二胍具有药物属性，但不能证明其在我国系依法可以生产、销售和使用的药品，更不能证明盐酸丁二胍不是有毒、有害的非食品原料。上诉单位在保健食品中添加该违禁物质构成生产、销售有毒、有害食品罪。故该上诉意见和辩护意见均不能成立，本院不予采纳。

对于上诉人习文有的辩护人提出上诉人习文有的行为构成生产、销售假药罪的辩护意见。经查，山芪参胶囊系保健食品，其标注的主要成分为药食同源的食品原料和可用于保健食品的中药原料，其提示消费者山芪参胶囊所具有的辅助降糖功能是指药食同源的食品原料和中药原料本身具有的辅助治疗功能，并非西药所具有的治疗功能。山芪参胶囊的说明书和宣传资料明确告诉消费者产品中不含有西药以及其他任何违禁成分，不能代替药物，即西药。因此，上诉人习文有的行为不符合生产、销售假药罪的构成要件，故该辩护意见不能成立，本院不予采纳。

对于上诉单位、各上诉人及其辩护人提出各上诉人不明知盐酸丁二胍系有毒有害物质，没有生产、销售有毒、有害食品罪的犯罪故意的上诉意见和辩护意见。经查，各上诉人均明知保健食品中不得添加包括西药在内的化学物质，他们在先后知道其生产、销售的山芪参胶囊中含有盐酸丁二胍后，均明知盐酸丁二胍系违禁物质，具有西药属性，不得添加在保健食品中，其主观上均具有生产、销售有毒有害食品罪的犯罪故意。至于各上诉人是否确切知道盐酸丁二胍的属性不影响对犯罪故意的认定。故该上诉意见和辩护意见均不能成立，本院不予采纳。

对于上诉单位、上诉人习文有、尹立新、谭国民、杨立峰及其辩护人提出的一审判决认定的生产、销售数额不实的上诉意见和辩护意见。经查，本院认为，一审判决依据进销存系统数据、入库单、发货记录、退货单以及各上诉人的供述、相关证人证言等证据，认定2012年8月底至2013年1月上诉单位以及上诉人习文有、尹立新、谭国民、杨立峰的犯罪数额达800余万元，有事实依据，故该上诉意见和辩护意见均不能成立，本院不予采纳。

对于上诉人尹立新及其辩护人提出尹立新与习文有不构成共同犯罪的上诉意见和辩护意见。经查，尹立新在明知其提供给谭国民的含有违禁物质的原料被习文有非法添加到保健品山芪参胶囊中进行生产、销售的情况下，仍然向谭国民、习文有提供含有违禁物质的非食品原料，依法构成生产、销售有毒有害食品罪的共犯。故该上诉意见和辩护意见均不能成立，本院不予采纳。

对于上诉人尹立新及其辩护人提出尹立新的犯罪数额应从2012年10月起算的上诉意见和辩护意见。经查，习文有在得知长沙经销商的山芪参胶囊被检测出丁二胍后，立即告知谭国民，谭国民又立即与尹立新核实原料中确实含有丁二胍后，三人见面商谈此事。根据习文有、尹立新以及谭国民供述的三人第一次见面的时间以及2012年9月初习文有向谭国民汇款购买原料、谭国民又向尹立新汇款购买原料的情况，可以认定2012年9月初尹立新明确知道其提供的原料中含有丁二胍，从此时计算尹立新参与共同犯罪的数额有事实依据。故该上诉意见和辩护意见均不能成立，本院不予采纳。

对于上诉人钟立檬及其辩护人提出的钟立檬不构成犯罪的上诉意见和辩护意见。经查，上诉人钟立檬作为上诉单位的销售主管早就明知其销售的山芪参胶囊中含有国家禁止在保健食品中添加的违禁物质，2012年8月29日长沙经销商将检测出丁二胍的检测报告发到其邮箱，其又到长沙处理公司产品被检测出违禁物质问题，再结合习文有的供述和相关证人证言，可以认定2012 年 8 月底上诉人钟立檬明知其销售的山芪参胶囊中含有国家禁止添加的盐酸丁二胍。其后上诉人钟立檬主观上误认为山芪参胶囊已经不含有盐酸丁二胍，直到 2013 年 1 月 5 日王海龙将扬州经销商的山芪参胶囊检测出盐酸丁二胍的报告发给钟立檬，钟立檬再次明确知道山芪参胶囊中含有盐酸丁二胍。上述事实有同案人习文有、王海龙的供述以及相关证人证言证实，其辩解没有打开邮件、没有收到王海龙的检测报告彩信，不合常理，不能成立。其在明知以后仍然进行销售，主观上具有销售有毒有害食品罪的故意，其行为构成销售有毒、有害食品罪。故该上诉意见和辩护意见均不能成立，本院不予采纳。

对于上诉单位阳光一佰公司、上诉人习文有及其辩护人提出上诉单位以及习文有构成自首的上诉意见和辩护意见。经查，上诉人王海龙在侦查阶段供述其向扬州市食品药品监督管理部门出具承认药监部门查扣的山芪参胶囊系该公司产品的情况说明后，上诉人习文有要求其拿回情况说明，其也按照习文有的指示到扬州市食品药品监督管理部门试图撤回情况说明。其后，上诉人习文有在北京药监部门协查时否认在扬州销售过与检测报告同批次的产品。因此，上诉单位以及上诉人习文有没有如实向行政执法部门反映情况，其行为不符合自首的构成要件。故该上诉意见和辩护意见均不能成立，本院不予采纳。

本院认为，上诉单位北京阳光 佰生物技术开发有限公司在生产、销售的山芪参胶囊中掺入有毒、有害的非食品原料，构成生产、销售有毒、有害食品罪。上诉人习文有作为北京阳光一佰生物技术开发有限公司生产、销售山芪参胶囊的直接负责的主管人员，上诉人杨立峰、钟立檬、王海龙作为北京阳光一佰生物技术开发有限公司生产、销售山芪参胶囊的直接责任人员，明知公司生产、销售的保健食品山芪参胶囊中含有国家禁止添加的盐酸丁二胍成分，仍然进行生产、销售，上诉人习文有的行为构成生产、销售有毒、有害食品罪，上诉人杨立峰的行为构成生产有毒、有害食品罪，上诉人钟立檬、王海龙的行为构成销售有毒、有害食品罪。上诉人尹立新、谭国民明知其提供的含有国家禁止添加的盐酸丁二胍的原料被上诉人习文有用于生产保健食品山芪参胶囊并进行销售，仍然向上诉单位北京阳光一佰生物技术开发有限公司提供原料，与上诉单位北京阳光一佰生物技术开发有限公司构成共同犯罪，均应当以生产、销售有毒、有害食品罪追究刑事责任。其中，上诉单位北京阳光一佰生物技术开发有限公司、上诉人习文有、尹立新、谭国民参与生产、销售的含有盐酸丁二胍的山芪参胶囊金额达800余万元，上诉人杨立峰参与生产的含有盐酸丁二胍的山芪参胶囊额达800余万元，上述上诉单位及上诉人均属有其他特别严重情节；上诉人钟立檬、王海龙参与销售的含有盐酸丁二胍的山芪参胶囊金额达40余万元，上述二上诉人均属有其他严重情节。

上诉人尹立新、谭国民与上诉单位阳光一佰公司共同故意实施犯罪，系共同犯罪，上诉人尹立新、谭国民系提供有毒、有害原料用于生产、销售有毒、有害食品的帮助犯，其在共同犯罪中均系从犯，依法应当从轻处罚。上诉人习文有与上诉人杨立峰、钟立檬、王海龙共同故意实施犯罪，系共同犯罪，上诉人杨立峰、钟立檬、王海龙系受上诉人习文有指使从事生产、销售有毒、有害食品的犯罪行为，均系从犯，依法应当减轻处罚。上诉人习文有在共同犯罪中起主要作用，系主犯，应当按照其所组织、指挥的全部犯罪处罚。

上诉人杨立峰、谭国民犯罪后主动投案，并如实供述犯罪事实，系自首，当庭自愿认罪，依法均可以从轻处罚；上诉人习文有、尹立新、王海龙归案后如实供述犯罪事实，当庭自愿认罪，依法均可以从轻处罚；上诉人钟立檬归案后如实供述部分犯罪事实，当庭对部分犯罪事实自愿认罪，对该部分事实可以从轻处罚。

一审判决根据各上诉人的犯罪情节、犯罪数额，综合考虑各上诉人在共同犯罪的地位作用、自首、认罪态度等量刑情节，所作刑罚符合法律规定，各上诉人所提一审判决量刑偏重的上诉意见均不能成立，本院不予采纳。原判决认定事实清楚，证据确实、充分，定罪量刑并无不当，应予维持。据此，依照《中华人民共和国刑事诉讼法》第二百二十五条第一款第（一）项之规定，裁定如下：

驳回上诉、维持原判。

本裁定为终审裁定。

审判长　汤咏梅

代理审判员　陈圣勇

代理审判员　汤军琪

二〇一四年六月十三日

书记员　成夏莺

附录3：孙银云诈骗案判决书原文

孙银云诈骗案[①]

辽宁省大连市中级人民法院
刑事裁定书

（2014）大刑二终字第227号

原公诉机关大连经济技术开发区人民检察院。

上诉人（原审被告人）孙银云。因本案于2012年12月5日被刑事拘留，2013年1月7日被逮捕。现羁押于大连市看守所。

辩护人周铁军，辽宁岭岩律师事务所。

大连经济技术开发区人民法院审理大连经济技术开发区人民检察院指控原审被告人孙银云犯诈骗罪一案，于2013年12月17日作出（2013）开刑初字第450号刑事判决。宣判后，原审被告人孙银云不服，提出上诉。本院依法组成合议庭，公开开庭审理了本案，辽宁省大连市人民检察院指派检察员周一凡出庭履行职务，上诉人孙银云及其辩护人周铁军到庭参加诉讼。现已审理终结。

原判认定，2012年4月9日，被告人孙银云虚构他人办理房屋“还款赎证”业务需要用钱，并且可以给予提成的事实，从被害人卢某处骗得人民币14万元；2013年11月5日，被告人孙银云又虚构了其在公司卖房的客户刘文璞需要办理房屋“还款赎证”业务，并可给予提成的事实，从被害人卢某手中骗得人民币6万元。

2012年5月至7月间，被告人孙银云虚构自己的客户“宫秀林”（实为

---

① 来源于北大法宝网，https：//www. pkulaw. com/pfnl/a25051f3312b07f3c470efa7ebec9229cd78e2fc9cac54ecbdfb. html? keyword = %E5%AD%99%E9%93%B6%E4%BA%91%E8%AF%88%E9%AA%97%E6%A1%88，最后登录时间2020年8月12日。

被告人孙银云的母亲）需要办理房屋“还款赎证”业务需要用钱，并且可以给予提成的事实，从被害人王某处骗得人民币34万元，被告人孙银云于2012年11月23日偿还被害人王某人民币7万元，其他款项至今未能归还。

2012年7月17日，被告人孙银云虚构客户刘文璞办理房屋“还款赎证”业务需要用钱，并且可以给予提成的事实，从被害人霍某处骗得人民币339500元。

2013年8月份，被告人孙银云虚构葛辉需要办理房屋“还款赎证”业务需要用钱，并且可以给予提成的事实，先后两次从被害人张某1处骗得人民币36.5万元。

上述款项合计1174500元，被告人孙银云曾供述800000元中大部分用于买彩票、少部分用于日常开销。余额部分拒不提供赃款去向。

2012年11月份，被告人孙银云对被害人张某谎称有两笔“还款赎证”需要垫付资金，并盗用好望角公司客户洪某、赵明哲、刘柱三的身份虚构了两笔二手房交易，伪造了银行资金监管单复印件及房地产买卖合同等材料获取张某的信任，于2012年11月23日及12月3日分别从张某手中骗取人民币40万元、26万元。被告人孙银云将骗得张某部分款项用于偿还拖欠王某、霍某等人款项，部分被其挥霍。

原判认定上述事实的证据有，被害人张某、卢某等人的陈述，证人徐某、洪某等人的证言，案件来源、到案经过、房地产买卖合同、二手房交易资金监管协议、二手房交易资金托管合同等书证以及被告人孙银云的供述等。

原审法院认为，被告人孙银云以非法占有为目的，用虚构事实的方法，骗取他人财物，数额特别巨大，其行为侵犯了他人的财产所有权，构成诈骗罪。原审法院依据《中华人民共和国刑法》第二百六十六条之规定，以被告人孙银云犯诈骗罪，判处有期徒刑十二年五个月，并处罚金人民币200000元。

上诉人孙银云的上诉理由是，其不具有诈骗的主观故意，其行为仅仅是拆借资金；定罪金额与实际情况不符，应当将其已经支付被害人的利息从犯罪金额中予以扣除。其辩护人持相同辩护意见。

经二审审理查明的事实和证据与一审一致，本院予以确认。二审期间，上诉人孙银云及其辩护人均未提供新的证据。

本院认为，上诉人孙银云以非法占有为目的，用虚构事实的方法，骗取他人财物，数额特别巨大，核其行为侵犯了他人的财产所有权，已构成诈骗罪。关于上诉人孙银云及其辩护人提出的其行为仅仅是拆借资金，不具有诈骗的主观故意，定罪金额与实际情况不符的上诉理由和辩护意见，经查，上诉人孙银云虚构他人办理房屋“还款赎证”业务需要用钱的事实，以给予提成为诱饵，诈骗他人钱财，其行为符合诈骗犯罪的构成要件；由于上诉人提及的曾经支付部分利息的事实现尚无证据予以证实，亦不足以认定。其上诉人的上诉理由及辩护人的辩护意见，无事实和法律依据，本院不予支持。综上，依据《中华人民共和国刑事诉讼法》第二百二十五条第一款第（一）项之规定，裁定如下：

驳回上诉，维持原判。

本裁定为终审裁定。

审　判　长　郭　辉
代理审判员　薛　凯
代理审判员　刘家功
二〇一四年五月五日
书记员　龙国红（代）

附：《中华人民共和国刑事诉讼法》

第二百二十五条　第二审人民法院对不服第一审判决的上诉、抗诉案件，经过审理后，应当按照下列情形分别处理：

（一）原判决认定事实和适用法律正确、量刑适当的，应当裁定驳回上诉或者抗诉，维持原判；

（二）原判决认定事实没有错误，但适用法律有错误，或者量刑不当的，应当改判；

（三）原判决事实不清楚或者证据不足的，可以在查清事实后改判；也可以裁定撤销原判，发回原审人民法院重新审判。

原审人民法院对于依照前款第三项规定发回重新审判的案件作出判决后，被告人提出上诉或者人民检察院提出抗诉的，第二审人民法院应当依法作出判决或者裁定，不得再发回原审人民法院重新审判。

附录4：达美乐公司诉麦克唐纳案判决书英文原文

Supreme Court of the United States
DOMINO'S PIZZA, INC., et al., Petitioners,

v.

John MCDONALD.

No. 04－593.

|

Argued Dec. 6, 2005.

|

Decided Feb. 22, 2006.

Synopsis

Background: Shareholder filed § 1981 action alleging that third party's breach of contract with corporation violated his civil rights. The United States District Court for the District of Nevada, Larry R. Hicks, J., dismissed complaint, and shareholder appealed. The United States Court of Appeals for the Ninth Circuit, 107 Fed. Appx. 18, reversed and remanded. Certiorari was granted.

Holding: The Supreme Court, Justice Scalia, held that plaintiff cannot state § 1981 claim unless he has, or would have, rights under existing, or proposed, contract that he wishes "to make and enforce."

Reversed.

Justice Alito did not participate.

West Headnotes (1)

[1]	Civil Rights←Contracts, Trade, and Commercial Activity Civil Rights←Third Party Rights; Decedents Civil Rights←Injury and Causation
	Plaintiff cannot state § 1981 claim unless he has, or would have, rights under existing, or proposed, contract that he wishes "to make and enforce"; § 1981 plaintiffs must identify injuries flowing from a racially motivated breach of their own contractual relationship, not of someone else's. 42 U. S. C. A. § 1981. 642 Cases that cite this headnote

* *1246 *470 *Syllabus* [*]

Respondent McDonald, a black man, is sole shareholder and president of JWM Investments, Inc. (JWM). He sued petitioners (collectively Domino's) under 42 U. S. C. § 1981, alleging, inter alia, that JWM and Domino's had entered into several contracts, that Domino's had broken those contracts because of racial animus toward McDonald, and that the breach had harmed McDonald personally by causing him to suffer monetary damages and damages for emotional injuries. The District Court granted Domino's motion to dismiss on the ground that McDonald could bring no § 1981 claim against Domino's because McDonald was party to no contract with Domino's. Reversing, the Ninth Circuit acknowledged that an injury suffered only by the corporation would not permit a shareholder to bring a § 1981 action, but concluded that when there are injuries distinct from those of the corporation, a nonparty like McDonald may nonetheless sue under § 1981.

Held: Consistent with this Court's case law, and as required by the statute's plain text, a plaintiff cannot state a § 1981 claim unless he has (or would have) rights under the existing (or proposed) contract that he wishes "to make and enforce". The statute, originally enacted as § 1 of the Civil Rights Act of 1866, now protects the equal right of "[a] ll persons" to "make and enforce contracts" without respect to race, § 1981 (a), and defines "make and enforce contracts" to "includ[e] the making, performance, modification, and termination of contracts, and the enjoyment of all benefits ... of the contractual relationship", § 1981 (b). This cannot be read to give McDonald a cause of action because he "made and enforced contracts" for JWM as its agent. The right to "make contracts" protected by the 1866 legislation was not the insignificant right to act as an agent for someone else's contracting, but was rather the right, denied in some States to blacks, to give and receive contractual rights on one's own behalf. The statute's text makes this common meaning doubly clear by speaking of the right to "make and enforce" contracts. When the 1866 Act was drafted, a mere agent, who had no beneficial interest in a contract he made for his principal, could not generally sue on that contract. Any § 1981 claim, therefore, must initially identify an impaired "contractual relationship", § 1981 (b), under which the plaintiff has rights. McDonald's complaint identifies a contractual relationship between Domino's and JWM, but it is fundamental corporation and agency law that a corporation's shareholder and contracting officer has no rights and is exposed to no liability under the corporation's contracts. McDonald's proposed new test for § 1981 standing—whereby any person may sue if he is an "actual target" of discrimination and loses some benefit that would otherwise have inured to him had a contract not been impaired—ignores the explicit statutory requirement that the plaintiff be the "perso [n]" whose "right ... to make and enforce contracts", § 1981 (a), was "impair [ed]", § 1981 (c), on account of race. *Shaare Tefila Congregation v. Cobb*, 481 U. S. 615, 618, 107 S. Ct. 2019, 95 L. Ed. 2d 594; *Runyon v. McCrary*, 427 U. S. 160, 96 S. Ct. 2586; and *Goodman v. Lukens Steel Co.*, 482 U. S. 656, 669, 107 S. Ct. 2617, 96 L. Ed. 2d 572, distinguished. McDonald's policy argument that many discriminatory acts will go unpunished unless his reading of § 1981 prevails goes beyond any expression of congressional intent and would produce satellite litigation of immense scope.

107 Fed. Appx. 18, reversed.

SCALIA, J., delivered the opinion of the Court, in which all other Members joined, except ALITO, J., who took no part in the consideration or decision of the case.

Attorneys and Law Firms

Daniel F. Polsenberg, Beckley Singleton, NV, Elisa D. Garcia C. , Joel F. Graziani, Domino's Pizza LLC, Ann Arbor, MI, Maureen E. Mahoney, Counsel of Record, J. Scott Ballenger, Alexander Maltas, Latham & Watkins LLP, Washington, DC, for Petitioners.

Eric Schnapper, School of Law, University of Washington, Seattle, WA, Pamela S. Karlan, Stanford Law School, Supreme Court Litigation Clinic, Stanford, CA, Allen Lichtenstein, Counsel of Record, Las Vegas, NV, David T. Goldberg, New York, NY, Matthew Q. Callister, Callister & Reynolds, Las Vegas, NV, Thomas C. Goldstein, Amy Howe, Kevin K. Russell, Goldstein & Howe, P. C., Washington, DC, for Respondent.

Opinion

Justice SCALIA delivered the opinion of the Court.

*472 We decide whether a plaintiff who lacks any rights under an existing contractual relationship with the defendant, and who has not been prevented from entering into such a contractual relationship, may bring suit under Rev. Stat. §1977, 42 U. S. C. §1981.

I

Respondent John McDonald, a black man, is the sole shareholder and president of JWM Investments, Inc. (JWM), a corporation organized under Nevada law. He sued petitioners (collectively Domino's) in the District Court for the District of Nevada, claiming violations of §1981. The allegations **1248 of the complaint, which for present purposes we assume to be true, were as follows.

JWM and Domino's entered into several contracts under which JWM was to construct four restaurants in the Las Vegas area, which would be leased to Domino's. After the first restaurant was completed, Domino's agent Debbie Pear refused to execute the estoppel certificates for JWM required by the contracts to facilitate JWM's bank financing. The relationship between the parties further deteriorated when Pear persuaded the Las Vegas Valley Water District to change its records to show Domino's, rather than JWM, as the owner of the land JWM had acquired for restaurant construction. McDonald had to go to the Water District to prove JWM's ownership of the land. In the course of what were apparently many and fruitless discussions between *473 McDonald and Pear, McDonald "explained that he intended to see [the contracts] through to completion", even though Pear made clear that unless he agreed to back out of the contractual relationship, he would suffer serious consequences. App. to Pet. for Cert. 12 – 13. At one point Pear said to McDonald, " 'I don't like dealing with you people anyway' ", refusing to specify what she meant by " 'you people' " . Id. , at 13. Pear threatened to use Domino's attorneys to "bury" McDonald if he should sue. Ibid. The contracts between Domino's and JWM ultimately remained uncompleted.

At least in part because of the failed contracts, JWM filed for Chapter 11 bankruptcy. The trustee for JWM's bankruptcy estate initiated an adversary proceeding against Domino's for breach of contract. For whatever reason, the trustee chose not to assert a §1981 claim alleging Domino's interference with JWM's right to make and enforce contracts. The breach – of – contract claim was settled for $45,000, and JWM gave Domino's a complete release. Consequently, no further claims arising out of the same episode could be pursued on JWM's behalf. 1 While the bankruptcy proceedings were still ongoing, McDonald filed the present §1981 claim against Domino's in his personal capacity.

The gravamen of McDonald's complaint was that Domino's had broken its contracts with JWM because of racial animus toward McDonald, and that the breach had harmed McDonald personally by causing him "to suffer monetary damages and damages for pain and suffering, emotional distress, and humiliation. " Id. , at 16. The complaint demanded that Domino's discharge its "obligations under the contracts which McDonald would have received, but for the discriminatory *474 practices, including, but not limited to front pay, back pay and other lost benefits," as well as "compensatory damages for pecuniary losses, including pain and suffering, emotional distress, mental anguish, and humiliation," and punitive damages. Id. , at 17.

Domino's filed a motion to dismiss the complaint for failure to state a claim. It asserted that McDonald could bring no §1981 claim against Domino's because McDonald was party to no contract with Domino's. The District Court granted the motion. It noted that Domino's had "rel [ied] on the basic proposition that a corporation is a separate legal entity from its stockholders and officers," id. , at 6, and concluded that a corporation may have **1249 "standing to assert a §1981 claim" but that "a president or sole shareholder may not step into the shoes of the corporation and assert that claim personally," id., at 7 (citing *Guides, Ltd. v. Yarmouth Group Property Management, Inc.*, 295 F. 3d 1065, 1072 – 1073 (C. A. 10 2002)).

The Court of Appeals for the Ninth Circuit reversed. It agreed that an "injury suffered only by the corporation" would not permit a shareholder to bring a § 1981 action. 107 Fed. Appx. 18 (2004). But relying on its earlier decision in *Gomez v. Alexian Bros. Hospital of San Jose*, 698 F. 2d 1019, 1021 – 1022 (1983), the Ninth Circuit concluded that when there are "injuries distinct from that of the corporation", a nonparty like McDonald may nonetheless bring suit under § 1981. 107 Fed. Appx., at 18 – 19. The Court of Appeals acknowledged that this approach set it apart from other Circuits. Ibid. We granted certiorari. 544 U. S. 998, 125 S. Ct. 1928, 161 L. Ed. 2d 772 (2005).

II

Among the many statutes that combat racial discrimination, § 1981, originally § 1 of the Civil Rights Act of 1866, 14 Stat. 27, has a specific function: It protects the equal right of "[a]ll persons within the jurisdiction of the United States" to "make and enforce contracts" without respect to race. *475 42 U. S. C. § 1981 (a). The statute currently defines "make and enforce contracts" to "includ[e] the making, performance, modification, and termination of contracts, and the enjoyment of all benefits, privileges, terms, and conditions of the contractual relationship." § 1981 (b).

McDonald argues that the statute must be read to give him a cause of action because he "made and enforced contracts" for JWM. On his reading of the text, "[i]f Domino's refused to deal with the salesman for a pepperoni manufacturer because the salesman was black, that would violate the section 1981 right of the salesman to make a contract on behalf of his principal." Brief for Respondent 12. We think not. The right to "make contracts" guaranteed by the statute was not the insignificant right to act as an agent for someone else's contracting—any more than it was the insignificant right to act as amanuensis in writing out the agreement, and thus to "make" the contract in that sense. Rather, it was the right—denied in some States to blacks, as it was denied at common law to children—to give and receive contractual rights on one's own behalf. Common usage alone is enough to establish this, but the text of the statute makes this common meaning doubly clear by speaking of the right to "make and enforce " contracts. When the Civil Rights Act of 1866 was drafted, it was well known that " [i] n general a mere agent, who has no beneficial interest in a contract which he has made on behalf of his principal, cannot support an action thereon. " 1 S. Livermore, A Treatise on the Law of Principal and Agent 215 (1818) .

*476 Any claim brought under §1981, therefore, must initially identify an impaired "contractual relationship," §1981 (b), under which the plaintiff has rights. Such a contractual relationship need not already exist, because §1981 ** 1250 protects the would-be contractor along with those who already have made contracts. We made this clear in *Runyon v. McCrary*, 427 U. S. 160, 96 S. Ct. 2586, 49 L. Ed. 2d 415 (1976), which subjected defendants to liability under §1981 when, for racially motivated reasons, they prevented individuals who "sought to enter into contractual relationships" from doing so, id. , at 172, 96 S. Ct. 2586 (emphasis added) . We have never retreated from what should be obvious from reading the text of the statute: Section 1981 offers relief when racial discrimination blocks the creation of a contractual relationship, as well as when racial discrimination impairs an existing contractual relationship, so long as the plaintiff has or would have rights under the existing or proposed contractual relationship.

Absent the requirement that the plaintiff himself must have rights under the contractual relationship, §1981 would become a strange remedialprovision designed to fight racial animus in all of its noxious forms, but only if the animus and the hurt it produced were somehow connected to somebody's contract. We have never read the statute in this unbounded—or rather, peculiarly bounded—way. See, e. g. , *Patterson v. McLean Credit Union*, 491 U. S. 164, 176, 109 S. Ct. 2363, 105 L. Ed. 2d 132 (1989); *Burnett v. Grattan*, 468 U. S. 42, 44, n. 2, 104 S. Ct. 2924, 82 L. Ed. 2d 36 (1984); *General *477 Building Contractors Assn. , Inc. v. Pennsylvania*, 458 U. S. 375, 396, 102 S. Ct. 3141, 73 L. Ed. 2d 835 (1982) .

Nor has Congress indicated that we should. We held in Patterson that the prior version of § 1981 did "not apply to conduct which occurs after the formation of a contract and which does not interfere with the right to enforce established contract obligations." 491 U. S., at 171, 109 S. Ct. 2363. In 1991, Congress amended the statute, see 105 Stat. 1071, adding § 1981 (b), which defines "make and enforce" to bring postformation conduct, including discriminatory termination, within the scope of § 1981. See *Jones v. R. R. Donnelley & Sons Co.*, 541 U. S. 369, 383, 124 S. Ct. 1836, 158 L. Ed. 2d 645 (2004). But while Congress revised Patterson's exclusion of postformation conduct, it let stand Patterson's focus upon contract obligations. In fact, it positively reinforced that element by including in the new § 1981 (b) reference to a "contractual relationship."

McDonald's complaint does identify a contractual relationship, the one between Domino's and JWM. But it is fundamental corporation and agency law—indeed, it can be said to be the whole purpose of corporation and agency law—that the shareholder and contracting officer of a corporation has no rights and is exposed to no liability under the corporation's contracts. McDonald now makes light of the law of corporations and of agency—arguing, for instance, that because he "negotiated, signed, performed, and sought to enforce the contract," Domino's was wrong to "insist that [the contract] somehow was not his 'own.'" Brief for Respondent 4. This novel approach to the law contradicts McDonald's * * 1251 own experience. Domino's filed a proof of claim against JWM during its corporate bankruptcy; it did not proceed against McDonald personally. The corporate form and the rules of agency protected his personal assets, even though he "negotiated, signed, performed, and sought to enforce" contracts for JWM. The corporate form and the rules of agency similarly deny him rights under those contracts.

*478 As an alternative to ignoring corporationand agency law, McDonald proposes a new test for § 1981 standing: Any person who is an "actual target" of discrimination, and who loses some benefit that would otherwise have inured to him had a contract not been impaired, may bring a suit. Under this theory, an individual is the "actual target" if he was the reason a defendant chose to impair its contractual relationship with a third party. McDonald's formulation simply ignores the explicit statutory requirement that the plaintiff be the "perso [n]" whose "right ... to make and enforce contracts," § 1981 (a), was "impair [ed]," § 1981 (c), on account of race. It is just the statutory construction we have always rejected.

McDonald points to several of our prior cases involving plaintiffs whose status as contracting parties was unclear. Because they nonetheless prevailed, McDonald reasons, contractual privity cannot be a sine qua non of a § 1981 claim. In those cases, however, we did not discuss, much less decide, the privity question. In *Shaare Tefila Congregation v. Cobb*, 481 U. S. 615, 107 S. Ct. 2019, 95 L. Ed. 2d 594 (1987), we decided the narrow question whether Jews are a separate and protected race under § 1982. Id., at 618, 107 S. Ct. 2019. Similarly, in Runyon, supra, the arguments and the opinion addressed "only two basic questions: whether § 1981 prohibits private, commercially operated, nonsectarian schools from denying admission to prospective students because they are Negroes, and, if so, whether that federal law is constitutional as so applied." Id., at 168, 96 S. Ct. 2586 (footnote omitted). And in *Goodman v. Lukens Steel Co.*, 482 U. S. 656, 107 S. Ct. 2617, 96 L. Ed. 2d 572 (1987), we decided only the two contested issues: that § 1981 was subject to the state personal injury limitations period, id., at 660 – 664, 107 S. Ct. 2617, and that it violates Title VII of the Civil Rights Act of 1964 and § 1981 for a union to decline to press black employees' grievances under the governing collective – bargaining agreement, id., at 669, 107 S. Ct. 2617. "The Court often grants certiorari to decide particular legal issues while assuming without deciding the validity of antecedent propositions, and such assumptions—even on jurisdictional issues *479 are not binding in future cases that directly raise the questions." *United States v. Verdugo – Urquidez*, 494 U. S. 259, 272, 110 S. Ct. 1056, 108 L. Ed. 2d 222 (1990) (citations omitted).

McDonald resorts finally to policy arguments. Unless his reading of the statute prevails, he warns, many discriminatory acts will go unpunished. Corporations, for instance, may choose not to bring suit for the racially motivated contract breach. It is not likely to be a common occurrence that the victim of a contract breach will forgo a potent available remedy. Injured parties "usually will be the best proponents of their own rights," *Singleton v. Wulff*, 428 U. S. 106, 114, 96 S. Ct. 2868, 49 L. Ed. 2d 826 (1976) (plurality opinion). And if and when "the holders of those rights ...

do not wish to assert them," id. , at 113 – 114, 96 S. Ct. 2868, third parties are not normally entitled to step into their shoes. Moreover, § 1981 is only one of a multitude of civil rights statutes. Many of McDonald's hypothetical examples of unpunished discrimination would in fact be reachable under Title VII—or even under general criminal law. See, e. g. , Brief for * * 1252 Respondent 27 (concerning a scenario in which "Domino's officials had beaten up McDonald in an attempt to intimidate him") . The most important response, however, is that nothing in the text of § 1981 suggests that it was meant to provide an omnibus remedy for all racial injustice. If so, it would not have been limited to situations involving contracts. Trying to make it a cure – all not only goes beyond any expression of congressional intent but would produce satellite § 1981 litigation of immense scope. McDonald's theory would permit class actions by all the minority employees of the nonbreaching party to a broken contract (or, for that matter, minority employees of any company failing to receive a contract award), alleging that the reason for the breach (or for the refusal to contract) was racial animus against them.

Consistent with our prior case law, and as required by the plain text of the statute, we hold that a plaintiff cannot state a claim under § 1981unless he has (or would have) rights under the existing (or proposed) contract that he wishes "to * 480 make and enforce. " Section 1981 plaintiffs must identify injuries flowing from a racially motivated breach of their own contractual relationship, not of someone else's. Because the District Court correctly recognized and applied these principles, the Ninth Circuit erred in reversing its judgment.

* * *

The judgment of the Ninth Circuit is accordingly *Reversed*.

Justice ALITO took no part in the consideration ordecision of this case.

All Citations

546 U. S. 470, 126 S. Ct. 1246, 163 L. Ed. 2d 1069, 99 Fair Empl. Prac. Cas. (BNA) 36, 74 USLW 4129, 06 Cal. Daily Op. Serv. 1496, 2006 Daily Journal D. A. R. 2064, 19 Fla. L. Weekly Fed. S 103

Footnotes

* The syllabus constitutes no part of the opinion of the Court but has been prepared by the Reporter of Decisions for the convenience of the reader. See *United States v. Detroit Timber & Lumber Co.* 200 U. S. 321, 337, 26 S. Ct. 282, 50 L. Ed. 499.

1. Since JWM settled its claims and is not involved in this case, we have no occasion to determine whether, as a corporation, it could have brought suit under § 1981. We note, however, that the Courts of Appeals to have considered the issue have concluded that corporations may raise § 1981 claims. See, e. g. , *Hudson Valley Freedom Theater, Inc. v. Heimbach*, 671 F. 2d 702, 706 (C. A. 2 1982) .

2. McDonald's "pepperoni salesman" analogy is imprecise. It would better parallel the facts here if the analogy had been to a salesman unable to collect on accounts receivable because he was black, rather than to one who was unable to make the contract in the first place. The fundamental point, however, is the same: An individual seeking to make or enforce a contract under which he has rights will have a claim under 42 U. S. C. § 1981, while one seeking to make or enforce a contract under which someone else has rights will not.

3. We say "under which the plaintiff has rights" rather than "to which the plaintiff is a party" because we do not mean to exclude the possibility that a third - party intended beneficiary of a contract may have rights under § 1981. See, e. g. , 2 Restatement (Second) of Contracts § 304, p. 448 (1979) ("A promise in a contract creates a duty in the promisor to any intended beneficiary to perform the promise, and the intended beneficiary may enforce the duty") . Neither do we mean to affirm that possibility. See, e. g. , *Blessing v. Freestone*, 520 U. S. 329, 349, 117 S. Ct. 1353, 137 L. Ed. 2d 569 (1997) (SCALIA, J. , concurring) ("Until relatively recent times, the third - party beneficiary was generally regarded as a stranger to the contract, and could not sue upon it") . The issue is not before us here, McDonald having made no such claim.

4. McDonald also argues in his merits brief (for the first time) that we should affirm the Ninth Circuit's judgment because Domino's interfered with McDonald's own contracts with JWM. Counsel for McDonald asserted at oral argument that this cont-

ention is not a new argument (see this Court's Rule 15.2), but is a "sort of formulatio [n] of the same argument" that he had properly raised. Tr. of Oral Arg. 28. As such, it fails for the same reasons that the argument fails in its original incarnation. McDonald acknowledges that JWM did not breach any contractual obligation to him, see Brief for Respondent 44, and so any injury he may have received still derived from impairment of the contractual relationship between JWM and Domino's, under which McDonald has no rights.

附录5：罗克纳诉纽约州案判决书英文原文

Supreme Court of the United States

JOSEPH LOCHNER, *Plff. in Err.*,[①]

v.

PEOPLE OF THE STATE OF NEW YORK.

No. 292.

|

Argued February 23, 24, 1905.

|

DecidedApril 17, 1905.

Synopsis

IN ERROR to the County Court of Oneida County, State of New York, to review a judgment entered pursuant to the mandate of the Court ofAppeals of that state affirming the judgment of the Appellate Division of the Supreme Court, Fourth Department, which had itself affirmed a conviction in the Oneida County Court of a violation of the labor law of that state by permitting an employee in a bakery to work more than sixty hours in one week. Judgments of all the courts below *reversed*, and the

---

① 来源于中国政法大学图书馆电子数据库 Westlaw Next 数据库，https：//1. next. westlaw. com/Document/Ib5b8c64c9a1011d9bdd1cfdd544ca3a4/View/FullText. html? navigationPath = Search% 2Fv1% 2Frcsults% 2Fnavigation% 2Fi0ad6ad3d00000173c288c98c40c225c2% 3FNav% 3DCASE% 26fragmentIdentifier% 3DIb5b8c64c9a1011d9bdd1cfdd544ca3a4% 26parentRank% 3D0% 26startIndex% 3D1% 26contextData% 3D% 2528sc. Search% 2529% 26transitionType% 3DSearchItem&listSource = Search&listPageSource = cf556afbf6382f8bcea0ec502cd6cdca&list = ALL&rank = 1&sessionScopeId = 56321658b976b0d336241ae1e001fb3a32d3df45c53c2ed47a0b4fae0f6ef8df&originationContext = Smart% 20Answer&transitionType = SearchItem&contextData =% 28sc. Search% 29，最后登录时间 2020 年 8 月 12 日。

cause remanded to the Oneida County Court for further proceedings.

See same case below in Appellate Division, 73 App. Div. 120, 76 N. Y. Supp. 396, and in Court of Appeals, 177 N. Y. 145, 101 Am. St. Rep. 773, 69 N. E. 373.

West Headnotes (1)

[1]	Constitutional Law←Wage and Hour Regulation Labor and Employment←Particular Employees in General
	Thelimitation of employment in bakeries to 60 hours a week and 10 hours a day, attempted by Laws N. Y. 1897, c. 415, art. 8, §110, is an arbitrary interference with the freedom to contract guarantied by Const. U. S. Amend. 14, which cannot be sustained as a valid exercise of the police power to protect the public health, safety, morals, or general welfare. 555 Cases that cite this headnote

Attorneys and Law Firms

* *540 *48 *Messrs.* Frank Harvey Field and Henry Weismann (by special leave) for plaintiff in error.

*50*Mr.* Julius M. Mayer for defendant in error.

Opinion

Statement by Mr. Justice Peckham:

*45 This is a writ of error to the county court of Oneida county, in the state of New York (to which court the record had been remitted), to review the judgment of the court of appeals of that state, affirming the judgment of the supreme court, which itself affirmed the judgment of the county court, convicting the defendant of a misdemeanor on an indictment under a statute of that state, known, by its short title, as the labor *46 law. The section of the statute under which the indictment was found is §110, and is reproduced in the margin[†] (together with the other sections of the labor law upon the subject of bakeries, being §§111 to 115, both inclusive).

The indictment averred that the defendant 'wrongfully and unlawfully required and permitted an employee working for him in his biscuit, bread, and cake bakery and confectionery establishment, at the city of Utica, in this county, to work more than sixty hours in one week,' after having been theretofore convicted of a violation of the name act; and therefore, as averred, he committed the crime of misdemeanor, second offense. The plaintiff in error demurred to the indictment on several grounds, one of which was that the facts stated did not *47 constitute a crime. The demurrer was overruled, and, the plaintiff in error having refused to plead further, a plea of not guilty was entered by order of the court and the trial commenced, and he was convicted of misdemeanor, second offense, as indicted, and sentenced to pay a fine of $50, and to stand committed until paid, not to exceed fifty days in the Oneida county jail. A certificate of reasonable doubt was granted by the county judge of Oneida county, whereon an appeal was taken to the appellate division of the supreme court, fourth department, where the judgment of conviction was affirmed. 73 App. Div. 120, 76 N. Y. Supp. 396. A further appeal was then taken to the court of appeals, where the judgment of conviction was again affirmed. 177 N. Y. 145, 101 Am. St. Rep. 773, 69 N. E. 373.

*52 Mr. Justice Peckham, after making the foregoing statement of the facts, delivered the opinion of the court:

The indictment, it will be seen, charges that the plaintiff in error violated the 110th section of article8, chapter 415, of the Laws of 1897, known as the labor law of the state of New York, in that he wrongfully and unlawfully required and permitted an employee working for him to work more than sixty hours in one week. There is nothing in any of the opinions delivered in this case, either in the supreme court or the court of appeals of the state, which construes * *541 the section, in using the word 'required,' as referring to any physical force being used to obtain the labor of an employee. It is assumed that the word means nothing more than the requirement arising from voluntary contract for such labor in excess of the number of hours specified in the statute. There is no pretense in any of the opinions that the statute was intended to meet a case of involuntary labor in any form. All the opinions assume that there is no real distinction, so far as this question is concerned, between the words 'required' and 'permitted.' The mandate of the statute, that 'no employee shall be required or permitted to work,' is the substantial equivalent of an enactment that 'no employee shall contract or agree to work,' more than ten hours per day; and, as there is no provision for special emergencies, the statute is mandatory in all cases. It is not an act merely fixing the number of hours which shall constitute a legal day's work, but an absolute prohibition upon the employer permitting, under any circumstances, more than ten hours' work to be done in his establishment. The employee may desire to earn the extra money which would arise from his working more than the prescribed *53 time, but this statute forbids the employer from permitting the employee to earn it.

The statute necessarily interferes with the right of contract between the employer and employees, concerning the number of hours in which the latter may labor in the bakery of the employer. The general right to make a contract in relation to his business is part of the liberty of the individual protected by the 14th Amendment of the Federal Constitution. *Allgeyer* v. *Louisiana*, 165 U. S. 578, 41 L. ed. 832, 17 Sup. Ct. Rep. 427. Under that provision no state can deprive any person of life, liberty, or property without due process of law. The right to purchase or to sell labor is part of the liberty protected by this amendment, unless there are circumstances which exclude the right. There are, however, certain powers, existing in the sovereignty of each state in the Union, somewhat vaguely termed police powers, the exact description and limitation of which have not been attempted by the courts. Those powers, broadly stated, and without, at present, any attempt at a more specific limitation, relate to the safety, health, morals, and general welfare of the public. Both property and liberty are held on such reasonable conditions as may be imposed by the governing power of the state in the exercise of those powers, and with such conditions the 14th Amendment was not designed to interfere. *Mugler* v. *Kansas*, 123 U. S. 623, 31 L. ed. 205, 8 Sup. Ct. Rep. 273; *Re Kemmler*, 136 U. S. 436, 34 L. ed. 519, 10 Sup. Ct. Rep. 930; *Crowley* v. *Christensen*, 137 U. S. 86, 34 L. ed. 620, 11 Sup. Ct. Rep. 13; *Re Converse*, 137 U. S. 624, 34 L. ed. 796, 11 Sup. Ct. Rep. 191.

The state, therefore, has power to prevent the individual from making certain kinds of contracts, and in regard to them the Federal Constitution offers no protection. If the contract be one which the state, in the legitimate exercise of its police power, has the right to prohibit, it is not prevented from prohibiting it by the 14th Amendment. Contracts in violation of a statute, either of the Federal or state government, or a contract to let one's property for immoral purposes, or to do any other unlawful act, could obtain no protection from the Federal Constitution, as coming under the liberty of *54 person or of free contract. Therefore, when the state, by its legislature, in the assumed exercise of its police powers, has passed an act which seriously limits the * *542 right to labor or the right of contract in regard to their means of livelihood between persons who are *sui juris* (both employer and employee), it becomes of great importance to determine which shall prevail, –the right of the individual to labor for such time as he may choose, or the right of the state to prevent the individual from laboring, or from entering into any contract to labor, beyond a certain time prescribed by the state.

This court has recognized the existence and upheld the exercise of the police powers of the states in many cases which might fairly be considered as border ones, and it has, in the course of its determination of questions regarding the asserted invalidityof such statutes, on the ground of their violation of the rights secured by the Federal Constitution, been guided by rules of a very liberal nature, the application of which has resulted, in numerous instances, in upholding the validity of state statutes thus assailed. Among the later cases where the state law has been upheld by this court is that of *Holden* v. *Hardy*, 169 U. S. 366, 42 L. ed. 780, 18 Sup. Ct. Rep. 383. A provision in the act of the legislature of Utah was there under consideration, the act limiting the employment of workmen in all underground mines or workings, to eight hours per day, 'except in cases of emergency, where life or property is in imminent danger.' It also limited the hours of labor in smelting and other institutions for the reduction or refining of ores or metals to eight hours per day, except in like cases of emergency. The act was held to be a valid exercise of the police powers of the state. A review of many of the cases on the subject, decided by this and other courts, is given in the opinion. It was held that the kind of employment, mining, smelting, etc., and the character of the employees in such kinds of labor, were such as to make it reasonable and proper for the state to interfere to prevent the employees from being constrained by the rules laid down by the proprietors in regard to labor. The following citation *55 from the observations of the supreme court of Utah in that case was made by the judge writing the opinion of this court, and approved: 'The law in question is confined to the protection of that class of people engaged in labor in underground mines, and in smelters and other works wherein ores are reduced and refined. This law applies only to the classes subjected by their employment to the peculiar conditions and effects attending underground mining and work in smelters, and other works for the reduction and refining of ores. Therefore it is not necessary to discuss or decide whether the legislature can fix the hours of labor in other employments.'

It will be observed that, even with regard to that class of labor, the Utah statute provided for cases of emergency wherein the provisions of the statute would not apply. The statute now before this court has no emergency clause in it, and, if the statute is valid, there are no circumstances and no emergencies under which the slightest violation of the provisions of the act would be innocent. There is nothing in *Holden* v. *Hardy* which covers the case now before us. Nor does *Atkin* v. *Kansas*, 191 U. S. 207, 48 L. ed. 148, 24 Sup. Ct. Rep. 124, touch the case at bar. The *Atkin Case* was decided upon the right of the state to control its municipal corporations, and to prescribe the conditions upon which it will permit work of a public character to be done for a municipality. *Knoxville Iron Co.* v. *Harbison*, 183 U. S. 13, 46 L. ed. 55, 22 Sup. Ct. Rep. 1, is equally far from an authority for this legislation. The employees in that case were held to be at a disadvantage with the employer in matters of wages, they being miners and coal workers, and the act simply provided for the cashing of coal orders when presented by the miner to the employer.

The latest case decided by this court, involving the police power, is that of *Jacobson* v. *Massachusetts*, decided at this term and reported in 197 U. S. 11, 25 Sup. Ct. Rep. 358, 49 L. ed. 643. It related to compulsory vaccination, and the law was held vaild as a proper exercise of the police powers with reference to the public health. It was stated in the opinion that it was a case 'of an adult who, for aught that appears, was himself in perfect health and a fit * 56 subject of vaccination, and yet, while remaining in the community, refused to obey the statute and the regulation, adopted in execution of its provisions, for the protection of the public health and the public safety, confessedly endangered by the presence of a dangerous disease.' That case is also far from covering the one now before the court.

Petit v. *Minnesota*, 177 U. S. 164, 44 L. ed. 716, 20 Sup. Ct. Rep. 666, was upheld as a proper exercise of the police power relating to the observance of Sunday, and the case held that the legislature had the right to declare that, as matter of law, keeping barber shops open on Sunday was not a work of necessity or charity.

It must, of course, be conceded that there is a limit to the valied exercise of the police power by the state. There is no dispute concerning this general proposition. Otherwise the 14th Amendment would have no efficacy and the legislatures of the states would * * 543 have unbounded power, and it would be enough to say that any piece of legislation was enacted to conserve the morals, the health, or the safety of the people; such legislation would be valid, no matter how absolutely without foundation the claim might be. The claim of the police power would be a mere pretext, – become another and delusive name for the supreme sovereignty of the state to be exercised free from constitutional restraint. This is not contended for. In every case that comes before this court, therefore, where legislation of this character is concerned, and where the protection of the Federal Constitution is sought, the question necessarily arises: Is this a fair, reasonable, and appropriate exercise of the police power of the state, or is it an unreasonable, unnecessary, and arbitrary interference with the right of the individual to his personal liberty, or to enter into those contracts in relation to labor which may seem to him appropriate or necessary for the support of himself and his family? Of course the liberty of contract relating to labor includes both parties to it. The one has as much right to purchase as the other to sell labor.

This is not a question of substituting the judgment of the * 57 court for that of the legislature. If the act be within the power of the state it is valid, although the judgment of the court might be totally opposed to the enactment of such a law. But the question would still remain: Is it within the police power of the state? and that question must be answered by the court.

The question whether this act is valid as a labor law, pure and simple, may be dismissed in a few words. There is no reasonable ground for interfering with the liberty of person or the right of free contract, by determining the hours of labor, in the occupation of a baker. There is no contention that bakers as a class are not equal in intelligence and capacity to men in other trades or manual occupations, or that they are not able to assert their rights and care for themselves without the protecting arm of the state, interfering with their independence of judgment and of action. They are in no sense wards of the state. Viewed in the light of a purely labor law, with no reference whatever to the question of health, we think that a law like the one before us involves neither the safety, the morals, nor the welfare, of the public, and that the interest of the public is not in the slightest degree affected by such an act. The law must be upheld, if at all, as a law pertaining to the health of the individual engaged in the occupation of a baker. It does not affect any other portion of the public than those who are engaged in that occupation. Clean and wholesome bread does not depend upon whether the baker works but ten hours per day or only sixty hours a week. The limitation of the hours of labor does not come within the police power on that ground.

It is a question of which of two powers or rights shall prevail, – the power of the state to legislate or the right of the individual to liberty of person and freedom of contract. The mere assertion that the subject relates, though but in a remote degree, to the public health, does not necessarily render the enactment valid. The act must have a more direct relation, as a means to an end, and the end itself must be appropriate and legitimate, before an act can be held to be valid which interferes *58 with the general right of an individual to be free in his person and in his power to contract in relation to his own labor.

This case has caused much diversity of opinion in the state courts. In the supreme court two of the five judges composing the court dissented from the judgment affirming the validity of the act. In the court of appeals three of the seven judges also dissented from the judgment upholding the statute. Although found in what is called a labor law of the state, the court of appeals has upheld the act as one relating to the public health, – in other words, as a health law. One of the judges of the court of appeals, in upholding the law, stated that, in his opinion, the regulation in question could not be sustained unless they were able to say, from common knowledge, that working in a bakery and candy factory was an unhealthy employment. The judge held that, while the evidence was not uniform, it still led him to the conclusion that the occupation of a baker or confectioner was unhealthy and tended to result in diseases of the respiratory organs. Three of the judges dissented from that view, and they thought the occupation of a baker was not to such an extent unhealthy as to warrant the interference of the legislature with the liberty of the individual.

We think the limit of the police power has been reached and passed in this case. There is, in our judgment, no reasonable foundation for holding this to be necessary or appropriate as a health law to safeguard the public health, or the health of the individuals who are following the trade of a baker. If this statute be valid, and if, therefore, a proper case is made out in which to deny the right of an individual, *sui juris*, as employer or employee, to make contracts for the labor of the latter under the protection of the provisions of the Federal Constitution, there would seem ＊＊544 to be no length to which legislation of this nature might not go. The case differs widely, as we have already stated, from the expressions of this court in regard to laws of this nature, as stated in *Holden* v. *Hardy*, 169 U. S. 366, 42 L. ed. 780, 18 Sup. Ct. Rep. 383, and *Jacobson* v. *Massachusetts*, 197 U. S. 11, 25 Sup. Ct. Rep. 358, 49 L. ed. —.

＊59 We think that there can be no fair doubt that the trade of a baker, in and of itself, is not an unhealthy one to that degree which would authorize the legislature to interfere with the right to labor, and with the right of free contract on the part of the individual, either as employer or employee In looking through statistics regarding all trades and occupations, it may be true that the trade of a baker does not appear to be as healthy as some other trades, and is also vastly more healthy than still others. To the common understanding the trade of a baker has never been regarded as an unhealthy one. Very likely physicians would not recommend the exercise of that or of any other trade as a remedy for ill health. Some occupations are more healthy than others, but we think there are none which might not come under the power of the legislature to supervise and control the hours of working therein, if the mere fact that the occupation is not absolutely and perfectly healthy is to confer that right upon the legislative department of the government. It might be safely affirmed that almost all occupations more or less affect the health. There must be more than the mere fact of the possible existence of some small amount of unhealthiness to warrant legislative interference with liberty. It is unfortunately true that labor, even in any department, may possibly carry with it the seeds of unhealthiness. But are we all, on that account, at the mercy of legislative majorities? A printer, a tinsmith, a locksmith, a carpenter, a cabinetmaker, a dry goods clerk, a bank's, a lawyer's, or a physician's clerk, or a clerk in almost any kind of business, would all come under the power of the legislature, on this assumption. No trade, no occupation, no mode of earning one's living, could escape this all - pervading power, and the acts of the legislature in limiting the hours of labor in all employments would be valid, although such limitation might seriously cripple the ability of the laborer to support himself and his family. In our large cities there are many buildings into which the sun penetrates for but a short time in each day, and these buildings are occupied by people carrying on the *60 business of bankers, brokers, lawyers, real estate, and many other kinds of business, aided by many clerks, messengers, and other employees. Upon the assumption of the validity of this act under review, it is not possible to say that an act, prohibiting lawyers' or bank clerks, or others, from contracting to labor for their employers more than eight hours a day would be invalid. It might be said that it is unhealthy to work more than that number of hours in an apartment lighted by artificial light during the working hours of the day; that the occupation of the bank clerk, the lawyer's clerk, the realestate clerk, or the broker's clerk, in such offices is therefore unhealthy, and the legislature, in its paternal wisdom, must, therefore, have the right to legislate on the subject of, and to limit, the hours for such labor; and, if it exercises that power, and its validity be questioned, it is sufficient to say, it has reference to the public health; it has reference to the health of the employees condemned to labor day after day in buildings where the sun never shines; it is a health law, and therefore it is valid, and cannot be questioned by the courts.

It is also urged, pursuing the same line of argument, that it is to the interest of the state that its population should be strong and robust, and therefore any legislation which may be said to tend to make people healthy must be valid as health laws, enacted under the police power. If this be a valid argument and a justification for this kind of legislation, it follows that the protection of the Federal Constitution from undue interference with liberty of person and freedom of contract is visionary, wherever the law is sought to be justified as a valid exercise of the police power. Scarcely any law but might find shelter under such assumptions, and conduct, properly so called, as well as contract, would come under the restrictive sway of the legislature. Not only the hours of employees, but the hours of employers, could be regulated, and doctors, lawyers, scientists, all professional men, as well as athletes and artisans, could be forbidden to fatigue their brains and bodies by prolonged hours of exercise, lest the fighting strength *61 of the state be impaired. We mention these extreme cases because the contention is extreme. We do not believe in the soundness of the views which uphold this law. On the contrary, we think that such a law as this, although passed in the assumed exercise of the police power, and as relating to the public health, or the health of the employees named, is not within that power, and is invalid. The act is not, within any fair meaning of the term, a health law, but is an illegal interference with the rights of individuals, both employers and employees, to make contracts regarding labor upon such terms as they may think best, or which they may agree **545 upon with the other parties to such contracts. Statutes of the nature of that under review, limiting the hours in which grown and intelligent men may labor to earn their living, are mere meddlesome interferences with the rights of the individual, and they are not asved from condemnation by the claim that they are passed in the exercise of the police power and upon the subject of the health of the individual whose rights are interfered with, unless there be some fair ground, reasonable in and of itself, to say that there is material danger to the public health, or to the health of the employees, if the hours of labor are not curtailed. If this be not clearly the case, the individuals whose rights are thus made the subject of legislative interference are under the protection of the Federal Constitution regarding their liberty of contract as well as of person; and the legislature of the state has no power to limit their right as proposed in this statute. All that it could properly do has been done by it with regard to the conduct of bakeries, as provided for in the other sections of the act, above set forth. These several sections provide for the inspection of the premises where the bakery is carried on, with regard to furnishing proper wash rooms and waterclosets, apart from the bake room, also with regard to providing proper drainage, plumbing, and painting; the sections, in addition, provide for the height of the ceiling, the cementing or tiling of floors, where necessary in the opinion of the factory inspector, and for other things of *62 that nature; alterations are also provided for, and are to be made where necessary in the opinion of the inspector, in order to comply with the provisions of the statute. These various sections may be wise and valid regulations, and they certainly go to the full extent of providing for the cleanliness and the healthiness, so far as possible, of the quarters in which bakeries are to be conducted. Adding to all these requirements a prohibition to enter into any contract of labor in a bakery for more than a certain number of hours a week is, in our judgment, so wholly beside the matter of a proper, reasonable, and fair provision as to run counter to that liberty of person and of free contract provided for in the Federal Constitution.

It was further urged on the argument that restricting the hours of labor in the case ofbakers was valid because it tended to cleanliness on the part of the workers, as a man was more apt to be cleanly when not overworked, and if cleanly then his 'output' was also more likely to be so. What has already been said applies with equal force to this contention. We do not admit the reasoning to be sufficient to justify the claimed right of such interference. The state in that case would assume the position of a supervisor, or *pater familias*, over every act of the individual, and its right of governmental interference with his hours of labor, his hours of exercise, the character thereof, and the extent to which it shall be carried would be recognized and upheld. In our judgment it is not possible in fact to discover the connection between the number of hours a baker may work in the bakery and the healthful quality of the bread made by the workman. The connection, if any exist, is too shadowy and thin to build any argument for the interference of the legislature. If the man works ten hours a day it is all right, but if ten and a half or eleven his health is in danger and his bread may be unhealthy, and, therefore, he shall not be permitted to do it. This, we think, is unreasonable and entirely arbitrary. When assertions such as we have adverted to become necessary in order to give, if possible, a plausible foundation for the contention that the law is a 'health law,' *63 it gives rise to at least a suspicion that there was some other motive dominating the legislature than the purpose to subserve the public health or welfare.

This interference on the part of the legislatures of the several states with the ordinary trades and occupations of the people seems to be on the increase. In the supreme court of New York, in the case of *People* v. *Beattie*, appellate division, first department, decided in 1904 (96 App. Div. 383, 89 N. Y. Supp. 193), a statute regulating the trade of horseshoeing, and requiring the person practising such trade to be examined, and to obtain a certificate from a board of examiners and file the same with the clerk of the county wherein the person proposes to practise such trade, was held invalid, as an arbitrary interference with personal liberty and private property without due process of law. The attempt was made, unsuccessfully, to justify it as a health law.

The same kind of a statute was held invalid (*Re Aubry*) by the supreme court of Washington in December, 1904. 78 Pac. 900. The court held that the act deprived citizens of their liberty and property without due process of law, and denied to them the equal protection of the laws. It also held that the trade of a horseshoer is not a subject of regulation under the police power of the state, as a business concerning and directly affecting the health, welfare, or comfort of its inhabitants; and that, therefore, a law which provided for the examination and registration of horseshoers in * *546 certain cities was unconstitutional, as an illegitimate exercise of the police power.

The supreme court of Illinois, in *Bessette* v. *People*, 193 Ill. 334, 56 L. R. A. 558, 62 N. E. 215, also held that a law of the same nature, providing for the regulation and licensing of horseshoers, was unconstitutional as an illegal interference with the liberty of the individual in adopting and pursuing such calling as he may choose, subject only to the restraint necessary to secure the common welfare. See also *Godcharles* v. *Wigeman*, 113 Pa. 431, 437, 6 Atl. 354; *Low* v. *Rees Printing Co.* 41 Neb. 127, 145, 24 L. R. A. 702, 43 Am. St. Rep. 670, 59 N. W. 362. In *64 these cases the courts upheld the right of free contract and the right to purchase and sell labor upon such terms as the parties may agree to.

It is impossible for us to shut our eyes to the fact that many of the laws of this character, while passed under what is claimed to be the police power for the purpose of protecting the public health or welfare, are, in reality, passed from other motives. We are justified in saying so when, from the character of the law and the subject upon which it legislates, it is apparent that the public health or welfare bears but the most remote relation to the law. The purpose of a statute must be determined from the natural and legal effect of the language employed; and whether it is or is not repugnant to the Constitution of the United States must be determined from the natural effect of such statutes when put into operation, and not from their proclaimed purpose. *Minnesota* v. *Barber*, 136 U. S. 313, 34 L. ed. 455, 3 Inters. Com. Rep. 185, 10 Sup. Ct. Rep. 862; *Brimmer* v. *Rebman*, 138 U. S. 78, 34 L. ed. 862, 3 Inters. Com. Rep. 485, 11 Sup. Ct. Rep. 213. The court looks beyond the mere letter of the law in such cases. *Yick Wo* v. *Hopkins*, 118 U. S. 356, 30 L. ed. 220, 6 Sup. Ct. Rep. 1064.

It is manifest to us that the limitation of the hours of labor as provided for in this section of the statute under which the indictment was found, and the plaintiff in error convicted, has no such direct relation to, and no such substantial effectupon, the health of the employee, as to justify us in regarding the section as really a health law. It seems to us that the real object and purpose were simply to regulate the hours of labor between the master and his employees (all being men, *Sui juris*), in a private business, not dangerous in any degree to morals, or in any real and substantial degree to the health of the employees. Under such circumstances the freedom of master and employee to contract with each other in relation to their employment, and in defining the same, cannot be prohibited or interfered with, without violating the Federal Constitution.

The judgment of the Court of Appeals of New York, as well as that of the Supreme Court and of the County Court of Oneida County, must be reversed and the case remanded to *65 the County Court for further proceedings not inconsistent with this opinion.

Reversed.

Mr. Justice Holmes dissenting:

I regret sincerely that I am unable to agree with the judgment * 75 in this case, and that I think it my duty to express my dissent.

This case is decided upon an economic theory which a large part of the country doesnot entertain. If it were a question whether I agreed with that theory, I should desire to study it further and long before making up my mind. But I do not conceive that to be my duty, because I strongly believe that my agreement or disagreement has nothing to do with the right of a majority to embody their opinions in law. It is settled by various decisions of this court that state constitutions and state laws may regulate life in many ways which we as legislators might think as injudicious, or if you like as tyrannical, as this, and which, equally with this, interfere with the liberty to contract. Sunday laws and usury laws are ancient examples. A more modern one is the prohibition of lotteries. The liberty of the citizen to do as he likes so long as he does not interfere with the liberty of others to do the same, which has been a shibboleth for some well - known writers, is interfered with by school laws, by the Postoffice, by every state or municipal institution which takes his money for purposes thought desirable, whether he likes it or not. The 14th Amendment does not enact Mr. Herbert Spencer's Social Statics. The other day we sustained the Massachusetts vaccination law. *Jacobson* v. *Massachusetts*, 197 U. S. 11, 25 Sup. Ct. Rep. 358, 49 L. ed. _ _ _ United States and state statutes and decisions cutting down the liberty to contract by way of combination are familiar to this court. *Northern Securities Co.* v. *United States*, 193 U. S. 197, 48 L. ed. 679, 24 Sup. Ct. Rep. 436. Two years ago we upheld the prohibition of sales of stock on margins, or for future delivery, in the Constitution of California. *Otis* v. *Parker*, 187 U. S. 606, 47 L. ed. 323, 23 Sup. Ct. Rep. 168. The decision sustaining an eight - hour law for miners is still recent. *Holden* v. *Hardy*, 169 U. S. 366, 42 L. ed. 780, 18 Sup. Ct. Rep. 383. Some of these laws embody convictions or prejudices which judges are * * 547 likely to share. Some may not. But a Constitution is not intended to embody a particular economic theory, whether of paternalism and the organic relation of the citizen to the state or of *laissez faire*. *76 It is made for people of fundamentally differing views, and the accident of our finding certain opinions natural and familiar, or novel, and even shocking, ought not to conclude our judgment upon the question whether statutes embodying them conflict with the Constitution of the United States.

General propositions do not decide concrete cases. The decision will depend on a judgment or intuition more subtle than any articulate major premise. But I think that the proposition just stated, if it is accepted, will carry us far toward the end. Every opinion tends to become a law. I think that the word 'liberty,' in the 14th Amendment, is perverted when it is held to prevent the natural outcome of a dominant opinion, unless it can be said that a rational and fair man necessarily would admit that the statute proposed would infringe fundamental principles as they have been understood by the traditions of our people and our law. It does not need research to show that no such sweeping condemnation can be passed upon the statute before us. A reasonable man might think it a proper measure on the score of health. Men whom I certainly could not pronounce unreasonable would uphold it as a first instalment of a general regulation of the hours of work. Whether in the latter aspect it would be open to the charge of inequality I think it unnecessary to discuss.

Mr. Justice Harlan (with whom Mr. Justicc Whitc and Mr. Justicc Dayconcurred) dissenting:

While this court has not attempted to mark the precise boundaries of what is called the police power of the state, the existence of the power has been uniformly recognized, equally by the Federal and State courts.

All the casesagree that this power extends at least to the protection of the lives, the health, and the safety of the public against the injurious exercise by any citizen of his own rights.

In *Patterson* v. *Kentucky*, 97 U. S. 501, 24 L. ed. 1115, after referring to the general principle that rights given by the Constitution cannot be impaired by state legislation of any kind, this court said: 'It [this court] has, nevertheless, with marked distinctness and uniformity, recognized the necessity, growing out of the fundamental conditions of civil society, of upholding state police regulations which were enacted in good faith, and had appropriate and direct connection with that protection to life, health, and property which each state owes to her citizens.' So in *Barbier* v. *Connolly*, 113 U. S. 27, 28 L. ed. 923, 5 Sup. Ct. Rep. 357: 'But neither the [14th] Amendment, - broad and comprehensive as it is, - nor any other amendment, was designed to interfere with the power of the state, sometimes termed its police power, to prescribe regulations to promote the health, peace, morals, education, and good order of the people.'

Speaking generally, the state, in the exercise of its powers, may not unduly interfere with the right of the citizen to enter into contracts that may be necessary and essential in the enjoyment of the inherent rights belonging to everyone, among which rights is the right 'to be free in the enjoyment of all his faculties, to be free to use them in all lawful ways, to live and work where he will, to earn his livelihood by any lawful calling, to pursue any livelihood or avocation.' This was declared *66 in *Allgeyer* v. *Louisiana*, 165 U. S. 578, 589, 41 L. ed. 832, 835, 17 Sup. Ct. Rep. 427, 431. But in the same case it was conceded that the right to contract in relation to persons and property, or to do business, within a state, may be 'regulated, and sometimes prohibited, when the contracts or business conflict with the policy of the state as contained in its statutes.' (p. 591, L. ed. p. 836, Sup. Ct. Rep. p. 432.)

So, as said in *Holden* v. *Hardy*, 169 U. S. 366, 391, 42 L. ed. 780, 790, 18 Sup. Ct. Rep. 383, 388: 'This right of contract, however, is itself subject to certain limitations which the state may lawfully impose in the exercise of its police powers. While this power is inherent in all governments, it has doubtless been greatly expanded in its application during the past century, owing to an enormous increase in the number of occupations which are dangerous, or so far detrimental, to the health of employees as to demand special precautions for their well-being and protection, or the safety of adjacent property. While this court has held, notably in the cases *Davidson* v. *New Orleans*, 96 U. S. 97, 24 L. ed. 616, and *Yick Wo.* v. *Hopkins*, 118 U. S. 356, 30 L. ed. 220, 6 Sup. Ct. Rep. 1064, that the police power cannot be put forward as an excuse for oppressive and unjust legislation, it may be lawfully resorted to for the purpose of preserving the public health, safety, or morals, or the abatement of public nuisances; and a large discretion 'is necessarily vested in the legislature to determine, not only what the interests of the public required, but what measures are necessary for the protection of such interests.' * *548 *Lawton* v. *Steele*, 152 U. S. 133, 136, 38 L. ed. 385, 388, 14 Sup. Ct. Rep. 499, 501.' Referring to the limitations placed by the state upon the hours of workmen, the court in the same case said (p. 395, L. ed. p. 792, Sup. Ct. Rep. p. 389): 'These employments, when too long pursued, the legislature has judged to be detrimental to the health of the employees, and, so long as there are reasonable grounds for believing that this is so, its decision upon this subject cannot be reviewed by the Federal courts.'

Subsequently, in *Gundling* v. *Chicago*, 177 U. S. 183, 188, 44 L. ed. 725, 728, 20 Sup. Ct. Rep. 633, 635, this court said: 'Regulations respecting the pursuit of a lawful trade or business are of very frequent occurrence in the various cities of the country, and what such regulations shall be and *67 to what particular trade, business, or occupation they shall apply, are questions for the state to determine, and their determination comes within the proper exercise of the police power by the state, and, unless the regulations are so utterly unreasonable and extravagant in their nature and purpose that the property and personal rights of the citizen are unnecessarily, and in a manner wholly arbitrary, interfered with or destroyed without due process of law, they do not extend beyond the power of the state to pass, and they form no subject for Federal interference. As stated in *Crowley* v. *Christensen*, 137 U. S. 86, 34 L. ed. 620, 11 Sup. Ct. Rep. 13, 'the possession and enjoyment of all rights are subject to such reasonable conditions as may be deemed by the governing authority of the country essential to the safety, health, peace, good order, and morals of the community.''

In *St. Louis I. M. & S. R. Co.* v. *Paul*, 173 U. S. 404, 409, 43 L. ed. 746, 748, 19 Sup. Ct. Rep. 419, and in *Knoxville Iron Co.* v. *Harbison*, 183 U. S. 13, 21, 22, 46 L. ed. 55, 61, 22 Sup. Ct. Rep. 1, it was distinctly adjudged that the right of contract was not 'absolute, but may be subjected to the restraints demanded by the safety and welfare of the state.' Those cases illustrate the extent to which the state may restrict or interfere with the exercise of the right of contracting.

The authorities on the same line are so numerous that further citations are unnecessary.

I take it to be firmly established that what is called the liberty of contract may, within certain limits, be subjected to regulations designed and calculated to promote the general welfare, or to guard the public health, the public morals, or the public safety. ‘The liberty secured by the Constitution of the United States to every person within its jurisdiction does not import.’ this court has recently said, ‘an absolute right in each person to be at all times and in all circumstances wholly freed from restraint. There are manifold restraints to which every person is necessarily subject for the common good.’ *Jacobson* v. *Massachusetts*, 197 U. S. 11, 25 Sup. Ct. Rep. 358, 49 L. e d.

*68 Granting, then, that there is a liberty of contract which cannot be violated even under the sanction of direct legislative enactment, but assuming, as according to settled law we may assume, that such liberty of contract is subject to such regulations as the state may reasonably prescribe for the common good and the well – being of society, what are the conditions under which the judiciary may declare such regulations to be in excess of legislative authority and void? Upon this point there is no room for dispute; for the rule is universal that a legislative enactment, Federal or state, is never to be disregarded or held invalid unless it be, beyond question, plainly and palpably in excess of legislative power. In *Jacobson* v. *Massachusetts*, 197 U. S. 11, 25 Sup. Ct. Rep. 358, 49 L. ed. – –, we said that the power of the courts to review legislative action in respect of a matter affecting the general welfare exists *only* ‘when that which the legislature has done comes within the rule that, if a statute purporting to have been enacted to protect the public health, the public morals, or the public safety has no real or substantial relation to those objects, or is, beyond all question, a plain, palpable invasion of rights secured by the fundamental law,’ citing *Mugler* v. *Kansas*, 123 U. S. 623, 661, 31 L. ed. 205, 210, 8 Sup. Ct. Rep. 273; *Minnesota* v. *Barber*, 136 U. S. 313, 320, 34 L. ed. 455, 458, 3 Inters. Com. Rep. 185, 10 Sup. Ct. Rep. 862; *Atkin* v. *Kansas*, 191 U. S. 207, 223, 48 L. ed. 148, 158, 24 Sup. Ct. Rep. 124. If there be doubt as to the validity of the statute, that doubt must therefore be resolved in favor of its validity, and the courts must keep their hands off, leaving the legislature to meet the responsibility for unwise legislation. If the end which the legislature seeks to accomplish be one to which its power extends, and if the means employed to that end, although not the wisest or best, are yet not plainly and palpably unauthorized by law, then the court cannot interfere. In other words, when the validity of a statute is questioned, the burden of proof, so to speak, is upon those who assert it to be unconstitutional. *M' Culloch* v. *Maryland*, 4 Wheat. 316, 421, 4 L. ed. 579, 605.

Let these principles be applied to the present case. By the statute in question it * *549 is provided that 'no employee shall be required, or permitted, to work in a biscuit, bread, or cake *69 bakery, or confectionery establishment, more than sixty hours in any one week, or more than ten hours in any one day, unless for the purpose of making a shorter work day on the last day of the week; nor more hours in any one week than will make an average of ten hours per day for the number of days during such week in which such employee shall work.'

It is plain that this statute was enacted in order to protect the physical well – being of those who work in bakery and confectionery establishments. It may be that the statute had its origin, in part, in the belief that employers and employees in such establishments were not upon an equal footing, and that the necessities of the latter often compelled them to submit to such exactions as unduly taxed their strength. Be this as it may, the statute must be taken as expressing the belief of the people of New York that, as a general rule, and in the case of the average man, labor in excess of sixty hours during a week in such establishments may endanger the health of those who thus labor. Whether or not this be wise legislation it is not the province of the court to inquire. Under our systems of government the courts are not concerned with the wisdom or policy of legislation. So that, in determining the question of power to interfere with liberty of contract, the court may inquire whether the means devised by the state are germane to an end which may be lawfully accomplished and have a real or substantial relation to the protection of health, as involved in the daily work of the persons, male and female, engaged in bakery and confectionery establishments. But when this inquiry is entered upon I find it impossible, in view of common experience, to say that there is here no real or substantial relation between the means employed by the state and the end sought to be accomplished by its legislation. *Mugler* v. *Kansas*, 123 U. S. 623, 661, 31 L. ed. 205, 210, 8 Sup. Ct. Rep. 273. Nor can I say that the statute has no appropriate or direct connection with that protection to health which each state owes to her citizens (*Patterson* v. *Kentucky*, 97 U. S. 501, 24 L. ed. 1115); or that it is not promotive of the health of the employees in question (*Holden* v. *Hardy*, 169 U. S. 366, 391, 42 L. ed. 780, 790, 18 Sup. Ct. Rep. 383; *Lawton* v. *Steele*, 152 U. S. 133, 139, 38 L. ed. 385, 389, 14 Sup. Ct. Rep. 499); *70 or that the regulation prescribed by the state is utterly unreasonable and extravagant or wholly arbitrary (*Gundling* v. *Chicago*, 177 U. S. 183, 188, 44 L. ed. 725, 728, 20 Sup. Ct. Rep. 633). Still less can I say that the statute is, beyond question, a plain, palpable invasion of rights secured by the fundamental law. *Jacobson* v. *Massachusetts*, 196 U. S. 11, *ante*, p. 358, 25 Sup. Ct. Rep. 358. Therefore I submit that this court will transcend its functions if it assumes to annul the statute of New York. It must be remembered that this statute does not apply to all kinds of business. It applies only to work in bakery and confectionery establishments, in which, as all know, the air constantly breathed by workmen is not as pure and healthful as that to be found in some other establishments or out of doors.

Professor Hirt in his treatise on the 'Diseases of the Workers' has said: 'The labor of the bakers is among the hardest and most laborious imaginable, because it has to be performed under conditions injurious to the health of those engaged in it. It is hard, very hard, work, not only because it requires a great deal of physical exertion in an overheated workshop and during unreasonably long hours, but more so because of the erratic demands of the public, compelling the baker to perform the greater part of his work at night, thus depriving him of an opportunity to enjoy the necessary rest and sleep, – a fact which is highly injurious to his health.' Another writer says: 'The constant inhaling of flour dust causes inflammation of the lungs and of the bronchial tubes. The eyes also suffer through this dust, which is responsible for the many cases of running eyes among the bakers. The long hours of toil to which all bakers are subjected produce rheumatism, cramps, and swollen legs. The intense heat in the workshops induces the workers to resort to cooling drinks, which, together with their habit of exposing the greater part of their bodies to the change in the atmosphere, is another source of a number of diseases of various organs. Nearly all bakers are palefaced and of more delicate health than the workers of other crafts, which is chiefly due to their hard work and their irregular and unnatural mode of living, whereby the power of resistance against disease is *71 greatly diminished. The average age of a baker is below that of other workmen; they seldom live over their fiftieth year, most of them dying between the ages of forty and fifty. During periods of epidemic diseases the bakers are generally the first to succumb to the disease, and the number swept away during such periods far exceeds the number of other crafts in comparison to the men employed in the respective industries. When, in 1720, the plague visited the city of Marseilles, France, every baker in the city succumbed to the epidemic, which caused considerable excitement in the neighboring * *550 cities and resulted in measures for the sanitary protection of the bakers.'

In the Eighteenth Annual Report by the New York Bureau of Statistics of Labor it is stated that among the occupations involving exposure to conditions that interfere with nutrition is that of a baker. (p. 52.) In that Report it is also stated that, 'from a social point of view, production will be increased by any change in industrial organization which diminishes the number of idlers, paupers, and criminals. Shorter hours of work, by allowing higher standards of comfort and purer family life, promise to enhance the industrial efficiency of the wage-working class, -improved health, longer life, more content and greater intelligence and inventiveness.' (p. 82.)

Statistics show that the average daily working time among workingmen in different countries is, in Australia, eight hours; in Great Britain, nine; in the United States, nine and three-quarters; in Denmark, nineand three-quarters; in Norway, ten; Sweden, France, and Switzerland, ten and one-half; Germany, ten and one-quarter; Belgium, Italy, and Austria, eleven; and in Russia, twelve hours.

We judicially know that the question of the number of hours during whicha workman should continuously labor has been, for a long period, and is yet, a subject of serious consideration among civilized peoples, and by those having special knowledge of the laws of health. Suppose the statute prohibited labor in bakery and confectionery establishments in excess of eighteen hours each day. No one, I take it, could dispute the power of the state to enact such a statute. But the statute * 72 before us does not embrace extreme or exceptional cases. It may be said to occupy a middle ground in respect of the hours of labor. What is the true ground for the state to take between legitimate protection, by legislation, of the public health and liberty of contract is not a question easily solved, nor one in respect of which there is or can be absolute certainty. There are very few, if any, questions in political economy about which entire certainty may be predicated. One writer on relation of the state to labor has well said: 'The manner, occasion, and degree in which the state may interfere with the industrial freedom of its citizens is one of the most debatable and difficult questions of social science.' Jevons, 33.

We also judicially know that the number of hours that should constitute a day's labor in particular occupations involving the physical strength and safety of workmen has been the subject of enactments by Congress and by nearly all of the states. Many, if not most, of those enactments fix eight hours as the proper basis of a day's labor.

I do not stop to consider whether any particular view of this economic question presents the sounder theory. What the precise facts are it may be difficult to say. It is enough for the determination of this case, and it is enough for this court to know, that the question is one about which there is room for debate and for an honest difference of opinion. There are many reasons of a weighty, substantial character, based upon the experience of mankind, in support of the theory that, all things considered, more than ten hours' steady work each day, from week to week, in a bakery or confectionery establishment, may endanger the health and shorten the lives of the workmen, thereby diminishing their physical and mental capacity to serve the state and to provide for those dependent upon them.

If such reasons exist that ought to be the end of this case, for the state is not amenable to the judiciary, in respect of its legislative enactments, unless such enactments are plainly, palpably, beyond all question, inconsistent with the Constitution * 73 of the United States. We are not to presume that the state of New York has acted in bad faith. Nor can we assume that its legislature acted without due deliberation, or that it did not determine this question upon the fullest attainable information and for the common good. We cannot say that the state has acted without reason, nor ought we to proceed upon the theory that its action is a mere sham. Our duty, I submit, is to sustain the statute as not being in conflict with the Federal Constitution, for the reason – and such is an all – sufficient reason – it is not shown to be plainly and palpably inconsistent with that instrument. Let the state alone in the management of its purely domestic affairs, so long as it does not appear beyond all question that it has violated the Federal Constitution. This view necessarily results from the principle that the health and safety of the people of a state are primarily for the state to guard and protect.

I take leave to say that the New York statute, in the particulars here involved, cannot be held to be in conflict with the 14th Amendment, without enlarging the scope of the amendment far beyond its original purpose, and without bringing under the supervision of this court matters which have been supposed to belong exclusively to the legislative departments of the several states when exerting their conceded power to guard the health and safety of their citizens by such regulations as they in their wisdom deem best. Health laws of every description constitute, said Chief Justice Marshall, a part of that mass of legislation * *551 which 'embraces everything within the territory of a state, not surrendered to the general government; all which can be most advantageously exercised by the states themselves.' *Gibbons* v. *Ogden*, 9 Wheat. 1, 203, 6 L. ed. 23, 71. A decision that the New York statute is void under the 14th Amendment will, in my opinion, involve consequences of a far – reaching and mischievous character; for such a decision would seriously cripple the inherent power of the states to care for the lives, health, and wellbeing of their citizens. Those are matters which can be best controlled by the states. *74 The preservation of the just powers of the states is quite as vital as the preservation of the powers of the general government.

When this court had before it the question of the constitutionality of a statute of Kansas making it a criminal offense for a contractor for public work to permit or require his employees to perform labor upon such work in excess of eight hours each day, it was contended that the statute was in derogation of the liberty both of employees and employer. It was further contended that the Kansas statute was mischievous in its tendencies. This court, while disposing of the question only as it affected public work, held that the Kansas statute was not void under the 14th Amendment. But it took occasion to say what may well be here repeated: 'The responsibility therefor rests upon legislators, not upon the courts. No evils arising from such legislation could be more far reaching than those that might come to our system of government if the judiciary, abandoning the sphere assigned to it by the fundamental law, should enter the domain of legislation, and upon grounds merely of justice or reason or wisdom annul statutes that had received the sanction of the people's representatives. We are reminded by counsel that it is the solemn duty of the courts in cases before them to guard the constitutional rights of the citizen against merely arbitrary power. That is unquestionably true. But it is equally true – indeed, the public interests imperatively demand – that legislative enactments should be recognized and enforced by the courts as embodying the will of the people, unless they are plainly and palpably beyond all question in violation of the fundamental law of the Constitution.' *Atkin* v. *Kansas*, 191 U. S. 207, 223, 48 L. ed. 148, 158, 24 Sup. Ct. Rep. 124, 128.

The judgment, in my opinion, should be affirmed.

All Citations

198 U. S. 45, 25 S. Ct. 539, 49 L. Ed. 937, 3 Am. Ann. Cas. 1133

Footnotes

' § 110, *Hours of labor in bakeries and confectionery establishments.* – No employee shall be required or permitted to work in a biscuit, bread, or cake bakery or confectionery establishment more than sixty hours in any one week, or more than ten hours in any one day, unless for the purpose of making a shorter work day on the last day of the week; nor more hours in any one week than will make an average of ten hours per day for the number of days during such week in which such employee shall work.

' § 111. *Drainage and plumbing of buildings and rooms occupied by bakeries.* – All buildings or rooms occupied as biscuit, bread, pie, or cake bakeries, shall be drained and plumbed in a manner conducive to the proper and healthful sanitary condition thereof, and shall be constructed with air shafts, windows, or ventilating pipes, sufficient to insure ventilation. The factory inspector may direct the proper drainage, plumbing, and ventilation of such rooms or buildings. No cellar or basement, not now used for a bakery, shall hereafter be so occupied or used, unless the proprietor shall comply with the sanitary provisions of this article.

'§ 112. *Requirements as to rooms, furniture, utensils, and manufactured products.* – Every room used for the manufacture of flour or meal food products shall be at least 8 feet in height and shall have, if deemed necessary by the factory inspector, an impermeable floor constructed of cement, or of tiles laid in cement, or an additional flooring of wood properly saturated with linseed oil. The side walls of such rooms shall be plastered or wainscoted. The factory inspector may require the side walls and ceiling to be whitewashed at least once in three months. He may also require the wood work of such walls to be painted. The furniture and utensils shall be so arranged as to be readily cleansed and not prevent the proper cleaning of any part of the room. The manufactured flour or meal food products shall be kept in dry and airy rooms, so arranged that the floors, shelves, and all other facilities for storing the same can be properly cleaned. No domestic animals, except cats, shall be allowed to remain in a room used as a biscuit, bread, pie, or cake bakery, or any room in such bakery where flour or meal products are stored.

'§ 113. *Wash rooms and closets; sleeping places.* – Every such bakery shall be provided with a proper wash room and water – closet, or water – closets, apart from the bake room, or rooms where the manufacture of such food product is conducted, and no water – closet, earth closet, privy, or ashpit shall be within, or connected directly with, the bake room of any bakery, hotel, or public restaurant.

'No person shall sleep in a room occupied as a bake room. Sleeping places for the persons employed in the bakery shall be separate from the rooms where flour or meal food products are manufactured or stored. If the sleeping places are on the same floor where such products are manufactured, stored, or sold, the factory inspector may inspect and order them put in a proper sanitary condition.

'§ 114. *Inspection of bakeries.* – The factory inspector shall cause all bakeries to be inspected. If it be found upon such inspection that the bakeries so inspected are constructed and conducted in compliance with the provisions of this chapter, the factory inspector shall issue a certificate to the person owning or conducting such bakeries.

' § 115. *Notice requiring alterations.* – If, in the opinion of the factory inspector, alterations are required in or upon premises occupied and used as bakeries, in order to comply with the provisions of this article, a written notice shall be served by him upon the owner, agent, or lessee of such premises, either personally or by mail, requiring such alterations to be made within sixty days after such service, and such alterations shall be made accordingly. ' [N. Y. Laws 1897, chap 415.]

附录6：里格斯诉帕尔默案判决书英文原文

70 Sickels 506, 115 N. Y. 506, 22 N. E. 188
PHILO RIGGS, as Guardian ad litem et al., Appellants,
v.
ELMER E. PALMER et al., Respondents.
Court of Appeals of New York. ①

Submitted June 21, 1889.

Decided October 8, 1889.

CITE TITLE AS: Riggs v Palmer

*506 It was not the intention of the legislature, in the general laws passed for the devolution of property by will or descent, that they should, and they do not, operate in favor of one who murdered his ancestor or benefactor in order to speedily come into possession of his estate either as devisee, legatee or heir - at - law. (DANFORTH and GRAY, JJ. , dissenting.)

Where, therefore, a beneficiary under a will, in order that he might prevent revocation of the provision in his favor and to obtain the speedy enjoyment and possession of the property, willfully murdered the testator, *held* (DANFORTH and GRAY, JJ. , dissenting), that such beneficiary, by reason of the crime committed by him, was deprived of any interest in the estate left by his victim, and so was not entitled to the property either as donee under the will or as heir or next of kin; and that an action was maintainable to cancel said provisions.

All laws, as well as all contracts, may be controlled in their operation and effect

---

① 案例原文从中国政法大学图书馆电子数据库 Westlaw Next 数据库原样下载，因此格式等全部保留原样。

by these general fundamental maxims of the common law, viz.: No one shall be permitted to profit by his own fraud, to take advantage of his own wrong, to found any claim upon his own inequity or to acquire property by his own crime.

Owens v. Owens (100 N. C. 240) disapproved.

A thing which is within the letter of a statute is not within the statute unless it is within the intention of the law – makers.

APPEAL from judgment of the General Term of the Supreme Court in the third judicial department, entered upon an order made February 5, 1887, which affirmed a judgment dismissing the complaint entered upon the report of a referee.

This action was brought to have the will of Francis B. Palmer, deceased, so far as it devises and bequeaths property to Elmer E. Palmer, canceled and annulled.

The facts are sufficiently stated in the opinion.

Leslie W. Russell and *C. E. Sanford* for appellants. The right of Francis B. Palmer to make another will was a sacred one, entitled to the protection of the law, and he had the same right to enjoy his property until death. Elmer E. Palmer violated both of these rights, which are civil rights, independently of criminal *507 punishment. (Broom's Leg. Max. 275; Co. on Litt. 148 b; *Rice v. Manley*, 66 N. Y. 82; *M. L. Ins. Co. v. Armstrong*, 117 U. S. 591, 600.) No court will lend its aid to a man who founds his cause of action upon a fraudulent or illegal act. (*Holman v. Johnson*, Cowp. 343.) The courts favor a decision which upholds common decency and common morals, and violates no rule of law or equity. (*Piper v. Hoard*, 107 N. Y. 82.) Wherever a moral question was involved in the application of civil rights, the civil law, whether announced in the institutes, codes and pandects, or whether it rested simply in the application of unwritten law, was founded, so far as the courts could take cognizance of human action, on *fas jus*, *et boni mores*. (Justinian Legislation.) If a beneficiary attempts the life of the testator, he cannot take under the testament. (1 Domat's Civ. Law, pt. 2, tit. 1, § 3; 2 Cush. [ed. 1850] 78, 84; Pothier on Successions, chap. 1, § 2, art. 4; 4 Toullier, 113, 114; 4 Duranton, 111; 3 Marcade, 42; Code Napoleon, art. 727; Spanish Partidas, 994; Louisiana Code, 1560, 1710.) The claim can be sustained upon the ground that Elmer Palmer is estopped by his own conduct from claiming the title to this property, or that the condition upon which he takes has, in contemplation of law, happened. (Bigelow on Estop. 370; Herman on Estop. § § 731, 733 – 735, 740, 743, 991; 2 Story's Eq. Jur. § § 1533, 1544; *Caulfield v. Sullivan*, 85 N. Y. 153; *Chamberlain v. Chamberlain*, 43 id. 425, 442; *Leonard v. Crommelin*, 1 Edw. Ch. 206; *Shivers v. Goar*, 40 Ga. 676; *Cox v. Rogers*, 77 Penn. St. 160.) It will not be construed, no matter what the language, that the legislature intended to allow a public mischief or wrong. (*Smith v. People*, 47 N. Y. 330, 337; Code of Civ. Pro. 866; *Anderson v. Anderson*, 19 N. E. Rep. 427; 112 N. Y. 104; Broom's Leg. Max. 19, 20; Finch's Law, 75, 76; Noy, Max. [9th ed.] 2; Doct. and Stud. [18th ed.] 15, 16.)

W. M. Hawkins for respondents. Where a legatee, by improper means, prevents the testator from making proposed changes in his will, this prevention cannot operate to invalidate *508 the will. (*Leaycraft v. Simmons*, 3 Bradf. 35; 12 Am. Dec. 375.) It does not lie with the court to enhance the pains, penalties and forfeitures provided by law for the punishment of crime, nor can it add any disability to those pains and penalties not expressly declared by the Constitution or laws. (*People v. Thurston*, 25 Hun, 456 –468; 2 Keyes, 294.) When a case is new in principle, it is necessary to have recourse to legislative interposition to remedy the grievance; but when the question is new in instance, and the only question is upon the application of a principle recognized in law, can the courts act? (Broom's Leg. Max. [4th ed.] 154; Civ. Code of Canada, 95, 142; South – East. Rep. 794; *Owens v. Owens*, 100 N. C. 240.) Since the repeal of the act of 1799 by the Revised Statutes it cannot be successfully urged that Elmer E. Palmer is civilly dead. (6 Johns. Ch. 118; 21 Alb. L. Jour. 268; 38 id. 394.)

EARL, J.

On the 13th day of August 1880, Francis B. Palmer made his last will and testament, in which he gave small legacies to his two daughters, Mrs. Riggs and Mrs. Preston, the plaintiffs in this action, and the remainder of his estate to his grandson, the defendant, Elmer E. Palmer, subject to the support of Susan Palmer, his mother, with a gift over to the two daughters, subject to the support of Mrs. Palmer, in case Elmer should survive him and die under age, unmarried and without any issue.

The testator at the date of his will owned a farm and considerable personal property. He was a widower, and thereafter, in March 1882, he was married to Mrs. Bresee, with whom before his marriage he entered into an ante – nuptial contract in which it was agreed that, in lieu of dower and all other claims upon his estate in case she survived him, she should have her support upon his farm during her life, and such support was expressly charged upon the farm. At the date of the will, and, subsequently, to the death of the testator, Elmer lived with him as a member of his family, and at his death was sixteen years old. He knew of the provisions made in his favor in the will, and, that he might prevent his * 509 grandfather from revoking such provisions, which he had manifested some intention to do, and to obtain the speedy enjoyment and immediate possession of his property, he willfully murdered him by poisoning him. He now claims the property, and the sole question for our determination is, can he have it? The defendants say that the testator is dead; that his will was made in due form and has been admitted to probate, and that, therefore, it must have effect according to the letter of the law.

It is quite true that statutes regulating the making, proof and effect of wills, and the devolution of property, if literally construed, and if their force and effect can in no way and under no circumstances be controlled or modified, give this property to the murderer.

The purpose of those statutes was to enable testators to dispose of their estates to the objects of their bounty at death, and to carry into effect their final wishes legally expressed; and in considering and giving effect to them this purpose must be kept in view. It was the intention of the law – makers that the donees in a will should have the property given to them. But it never could have been their intention that a donee who murdered the testator to make the will operative should have any benefit under it. If such a case had been present to their minds, and it had been supposed necessary to make some provision of law to meet it, it cannot be doubted that they would have provided for it. It is a familiar canon of construction that a thing which is within the intention of the makers of a statute is as much within the statute as if it were within the letter; and a thing which is within the letter of the statute is not within the statute, unless it be within the intention of the makers. The writers of laws do not always express their intention perfectly, but either exceed it or fall short of it, so that judges are to collect it from probable or rational conjectures only, and this is called rational interpretation; and Rutherforth, in his Institutes (p. 407), says: ‘When we make use of rational interpretation, sometimes we restrain the meaning of the writer so as to take in less, and sometimes *510 we extend or enlarge his meaning so as to take in more than his words express.’

Such a construction ought to be put upon a statute as will best answer the intention which the makers had in view, for *qui haeret in litera, haeret in cortice.* In Bacon's Abridgment (Statutes I, 5); Puffendorf (book 5, chapter 12), Rutherforth (pp. 422, 427), and in Smith's Commentaries (814), many cases are mentioned where it was held that matters embraced in the general words of statutes, nevertheless, were not within the statutes, because it could not have been the intention of the law-makers that they should be included. They were taken out of the statutes by an equitable construction, and it is said in Bacon: ‘By an equitable construction, a case not within the letter of the statute is sometimes holden to be within the meaning, because it is within the mischief for which a remedy is provided. The reason for such construction is that the law-makers could not set down every case in express terms. In order to form a right judgment whether a case be within the equity of a statute, it is a good way to suppose the law-maker present, and that you have asked him this question, did you intend to comprehend this case? Then you must give yourself such answer as you imagine he, being an upright and reasonable man, would have given. If this be that he did mean to comprehend it, you may safely hold the case to be within the equity of the statute; for while you do no more than he would have done, you do not act contrary to the statute, but in conformity thereto.’ In some cases the letter of a legislative act is restrained by an equitable construction; in others it is enlarged; in others the construction is contrary to the letter. The equitable construction which restrains the letter of a statute is defined by Aristotle, as frequently quoted, in this manner: *Aequitas est correctio legis generaliter latœ qua parti deficit.* If the law-makers could, as to this case, be consulted, would they say that they intended by their general language that the property of a testator or of an ancestor should pass to one who had taken his life for the express purpose of getting his property? In 1

Blackstone's ＊511 Commentaries (91) the learned author, speaking of the construction of statutes, says: 'If there arise out of them any absurd consequences manifestly contradictory to common reason, they are, with regard to those collateral consequences, void. ＊ ＊ ＊ When some collateral matter arises out of the general words, and happen to be unreasonable, then the judges are in decency to conclude that the consequence was not foreseen by the parliament, and, therefore, they are at liberty to expound the statute by equity and only *quoad hoc* disregard it;' and he gives as an illustration, if an act of parliament gives a man power to try all causes that arise within his manor of Dale, yet, if a cause should arise in which he himself is party, the act is construed not to extend to that because it is unreasonable that any man should determine his own quarrel.

There was a statute in Bologna that whoever drew blood in the streets should be severely punished, and yet it was held not to apply to the case of a barber who opened a vein in the street. It is commanded in the Decalogue that no work shall be done upon the Sabbath, and yet, giving the command a rational interpretation founded upon its design, the Infallible Judge held that it did not prohibit works of necessity, charity or benevolence on that day.

What could be more unreasonable than to suppose that it was the legislative intention in the general laws passed for the orderly, peaceable and just devolution of property, that they should have operation in favor of one who murdered his ancestor that he might speedily come into the possession of his estate? Such an intention is inconceivable. We need not, therefore, be much troubled by the general language contained in the laws.

Besides, all laws as well as all contracts may be controlled in their operation and effect by general, fundamental maxims of the common law. No one shall be permitted to profit by his own fraud, or to take advantage of his own wrong, or to found any claim upon his own iniquity, or to acquire property by his own crime. These maxims are dictated by public policy, have their foundation in universal law administered ＊512 in all civilized countries, and have nowhere been superseded by statutes. They were applied in the decision of the case of the *New York Mutual Life Insurance Company v. Armstrong* (117 U. S. 591). There it was held that the person who procured a policy upon the life of another, payable at his death, and then murdered the assured to make the policy payable, could not recover thereon. Mr. Justice FIELD, writing the opinion, said: 'Independently of any proof of the motives of Hunter in obtaining the policy, and even assuming that they were just and proper, he forfeited all rights under it when, to secure its immediate payment, he murdered the assured. It would be a reproach to the jurisprudence of the country if one could recover insurance money payable on the death of a party whose life he had feloniously taken. As well might he recover insurance money upon a building that he had willfully fired.'

These maxims, without any statute giving them force or operation, frequently control the effect and nullify the language of wills. A will procured by fraud and deception, like any other instrument, may be decreed void andset aside, and so a particular portion of a will may be excluded from probate or held inoperative if induced by the fraud or undue influence of the person in whose favor it is. (*Allen v. M'Pherson*, 1 H. L. Cas. 191; *Harrison's Appeal*, 48 Conn. 202.) So a will may contain provisions which are immoral, irreligious or against public policy, and they will be held void.

Here there was no certainty that this murderer would survive the testator, or that the testator would not change his will, and there was no certainty that he would get this property if nature was allowed to take its course. He, therefore, murdered the testator expressly to vest himself with an estate. Under such circumstances, what law, human or divine, will allow him to take the estate and enjoy the fruits of his crime? The will spoke and became operative at the death of the testator. He caused that death, and thus by his crime made it speak and have operation. Shall it speak and operate in his favor? If he had met the testator and taken his property by *513 force, he would have had no title to it. Shall he acquire title by murdering him? If he had gone to the testator's house and by force compelled him, or by fraud or undue influence had induced him to will him his property, the law would not allow him to hold it. But can he give effect and operation to a will by murder, and yet take the property? To answer these questions in the affirmative, it seems to me, would be a reproach to the jurisprudence of our state, and an offense against public policy.

Under the civil law evolved from the general principles of natural law and justice by many generations of jurisconsults, philosophers and statesmen, one cannot take property by inheritance or will from an ancestor or benefactor whom he has murdered. (Domat, part 2, book 1, tit. 1, § 3; Code Napoleon, § 727; Mackeldy's Roman Law, 530, 550.) In the Civil Code of Lower Canada the provisions on the subject in the Code Napoleon have been substantially copied. But, so far as I can find, in no country where the common law prevails has it been deemed important to enact a law to provide for such a case. Our revisers and law – makers were familiar with the civil law, and they did not deem it important to incorporate into our statutes its provisions upon this subject. This is not a *casus omissus*. It was evidently supposed that the maxims of the common law were sufficient to regulate such a case and that a specific enactment for that purpose was not needed.

For the same reasons the defendant Palmer cannot take any ofthis property as heir. Just before the murder he was not an heir, and it was not certain that he ever would be. He might have died before his grandfather, or might have been disinherited by him. He made himself an heir by the murder, and he seeks to take property as the fruit of his crime. What has before been said as to him as legatee applies to him with equal force as an heir. He cannot vest himself with title by crime.

My view of this case does not inflict upon Elmer any *514 greater or other punishmentfor his crime than the law specifies. It takes from him no property, but simply holds that he shall not acquire property by his crime, and thus be rewarded for its commission.

Our attention is called to *Owens v. Owens* (100 N. C. 240), as a case quite like this. There a wife had been convicted of being an accessory before the fact to the murder of her husband, and it was held that she was, nevertheless, entitled to dower. I am unwilling to assent to the doctrine of that case. The statutes provide dower for a wife who has the misfortune to survive her husband and thus lose his support and protection. It is clear beyond their purpose to make provision for a wife who by her own crime makes herself a widow and willfully and intentionally deprives herself of the support and protection of her husband. As she might have died before him, and thus never have been his widow, she cannot by her crime vest herself with an estate. The principle which lies at the bottom of the maxim, *volenti non fit injuria*, should be applied to such a case, and a widow should not, for the purpose of acquiring, as such, property rights, be permitted to allege a widowhood which she has wickedly and intentionally created.

The facts found entitled the plaintiffs to the relief they seek. The error of the referee was in his conclusion of law. Instead of granting a new trial, therefore, I think the proper judgment upon the facts found should be ordered here. The facts have been passed upon twice with the same result, first upon the trial of Palmer for murder, and then by the referee in this action. We are, therefore, of opinion that the ends of justice do not require that they should again come in question.

The judgment of the General Term and that entered upon the report of the referee should, therefore, be reversed and judgment should be entered as follows: That Elmer E. Palmer and the administrator be enjoined from using any of the personalty or real estate left by the testator for Elmer's benefit; that the devise and bequest in the will to Elmer be declared *515 ineffective to pass the title to him; that by reason of the crime of murder committed upon the grandfather he is deprived of any interest in the estate left by him; that the plaintiffs are the true owners of the real and personal estate left by the testator, subject to the charge in favor of Elmer's mother and the widow of the testator, under the ante-nuptial agreement, and that the plaintiffs have costs in all the courts against Elmer.

GRAY, J. (dissenting).

This appeal presents an extraordinary state of facts, and the case, in respect of them, I believe, is without precedent in this state.

The respondent, a lad of sixteen years of age, being aware of the provisions in his grandfather's will, which constituted him the residuary legatee of the testator's estate, caused his death by poison in 1882. For this crime he was tried and was convicted of murder in the second degree, and at the time of the commencement of this action he was serving out his sentence in the state reformatory. This action was brought by two of the children of the testator for the purpose of having those provisions of the will in the respondent's favor canceled and annulled.

The appellants' argument for a reversal of the judgment, which dismissed their complaint, is that the respondent unlawfully prevented a revocation of the existing will, or a new will from being made, by his crime, and that he terminated the enjoyment by the testator of his property and effected his own succession to it by the same crime. They say that to permit the respondent to take the property willed to him would be to permit him to take advantage of his own wrong.

To sustain their position the appellants' counsel has submitted an able and elaborate brief, and, if I believed that the decision of the question could be affected by considerations of an equitable nature, I should not hesitate to assent to views which commend themselves to the conscience. But the matter does not lie within the domain of conscience. We are bound by the rigid rules of law, which have been established by the legislature, and within the limits of which the determination * 516 of this question is confined. The question we are dealing with is, whether a testamentary disposition can be altered, or a will revoked, after the testator's death, through an appeal to the courts, when the legislature has, by its enactments, prescribed exactly when and how wills may be made, altered and revoked, and, apparently, as it seems to me, when they have been fully complied with, has left no room for the exercise of an equitable jurisdiction by courts over such matters. Modern jurisprudence, in recognizing the right of the individual, under more or less restrictions, to dispose of his property after his death, subjects it to legislative control, both as to extent and as to mode of exercise. Complete freedom of testamentary disposition of one's property has not been and is not the universal rule; as we see from the provisions of the Napoleonic Code, from those systems of jurisprudence in other countries which are modeled upon the Roman law, and from the statutes of many of our states. To the statutory restraints, which are imposed upon the disposition of one's property by will, are added strict and systematic statutory rules for the execution, alteration and revocation of the will; which must be, at least, substantially, if not exactly, followed to insure validity and performance. The reason for the establishment of such rules, we may naturally assume, consists in the purpose to create those safeguards about these grave and important acts, which experience has demonstrated to be the wisest and surest. That freedom, which is permitted to be exercised in the testamentary disposition of one's estate by the laws of the state, is subject to its being exercised in conformity with the regulations of the statutes. The capacity and the power of the individual to dispose of his property after death, and the mode by which that power can be exercised, are matters of which the legislature has assumed the entire control, and has undertaken to regulate with comprehensive particularity.

The appellants' argument is not helped by reference to those rules of the civil law, or to those laws of other governments, by which the heir or legatee is excluded from benefit under the testament, if he has been convicted of killing, or *517 attempting to kill, the testator. In the absence of such legislation here, the courts are not empowered to institute such a system of remedial justice. The deprivation of the heir of his testamentary succession by the Roman law, when guilty of such a crime, plainly, was intended to be in the nature of a punishment imposed upon him. The succession, in such a case of guilt, escheated to the exchequer. (See Domat's Civil Law, pt. 2, book 1, tit. 1, § 3.)

I concede that rules of law, which annul testamentary provision made for the benefit of those who have become unworthy of them, may be based on principles of equity and of natural justice. It is quite reasonable to suppose that a testator would revoke or alter his will, where his mind has been so angered and changed as to make him unwilling to have his will executed as it stood. But these principles only suggest sufficient reasons for the enactment of laws to meet such cases.

The statutes of this state have prescribed various ways in which a will may be altered or revoked; but the very provision, defining the modes of alteration and revocation, implies a prohibition of alteration or revocation in any other way. The words of the section of the statute are: 'No will in writing, except in the cases hereinafter mentioned, nor any part thereof, shall be revoked or altered otherwise,' etc. Where, therefore, none of the cases mentioned are met by the facts, and the revocation is not in the way described in the section, the will of the testator is unalterable. I think that a valid will must continue as a will always, unless revoked in the manner provided by the statutes. Mere intention to revoke a will does not have the effect of revocation. The intention to revoke is necessary to constitute the effective revocation of a will; but it must be demonstrated by one of the acts contemplated by the statute. As WOODWORTH, J., said in *Dan v. Brown* (4 Cow. 490): 'Revocation is an act of the mind, which must be demonstrated by some outward and visible sign of revocation. ' The same learned judge said in that case: 'The rule is that if the testator lets the will *518 stand until he dies, it is his will; if he does not suffer it to do so, it is not his will. ' (*Goodright v. Glasier*, 4 Burr. 2512, 2514; *Pemberton v. Pemberton*, 13 Ves. 290.)

The finding of fact of the referee, that, presumably, the testator would have altered his will, had he known of his grandson's murderous intent, cannot affect the question. We may concede it to the fullest extent; but still the cardinal objection is undisposed of, that the making and the revocation of a will are purely matters of statutory regulation, by which the court is bound in the determination of questions relating to these acts. Two cases in this state and in Kentucky, at an early day, seem to me to be much in point. *Gains v. Gains* (2 Marshall, 190), was decided by the Kentucky Court of Appeals in 1820. It was there urged that the testator intended to have destroyed his will, and that he was forcibly prevented from doing so by the defendant in error or devisee, and it was insisted that the will, though not expressly, was thereby virtually revoked. The court held, as the act concerning wills prescribed the manner in which a will might be revoked, that as none of the acts evidencing revocation were done, the intention could not be substituted for the act. In that case the will was snatched away and forcibly retained. In 1854, Surrogate BRADFORD, whose opinions are entitled to the highest consideration, decided the case of *Leaycraft v. Simmons* (3 Bradf. 35). In that case the testator, a man of eighty-nine years of age, desired to make a codicil to his will, in order to enlarge the provisions for his daughter. His son having the custody of the instrument, and the one to be prejudiced by the change, refused to produce the will, at testator's request, for the purpose of alteration. The learned surrogate refers to the provisions of the civil law for such and other cases of unworthy conduct in the heir or legatee, and says, 'our statute has undertaken to prescribe the mode in which wills can be revoked (citing the statutory provision). This is the law by which I am governed in passing upon questions touching the revocation of wills. The whole of this subject is now regulated by statute, and a mere intention to *519 revoke, however well authenticated, or however defeated, is not sufficient. ' And he held that the will must be admitted to probate. I may refer also to a case in the Pennsylvania courts. In that state the statute prescribed the mode for repealing or altering a will, and in *Clingan v. Mitcheltree* (31 Pa. State Rep. 25) the Supreme Court of the state held, where a will was kept from destruction by the fraud and misrepresentation of the devisee, that to declare it canceled as against the fraudulent party would be to enlarge the statute.

I cannot find any support for the argument that the respondent's succession to the property should be avoided because of his criminal act, when the laws are silent. Public policy does not demand it, for the demands of public policy are satisfied by the proper execution of the laws and the punishment of the crime. There has been no convention between the testator and his legatee, nor is there any such contractual element in such a disposition of property by a testator, as to impose or imply conditions in the legatee. The appellants' argument practically amounts to this: That as the legatee has been guilty of a crime, by the commission of which he is placed in a position to sooner receive the benefits of the testamentary provision, his rights to the property should be forfeited and he should be divested of his estate. To allow their argument to prevail would involve the diversion by the court of the testator's estate into the hands of persons, whom, possibly enough, for all we know, the testator might not have chosen or desired as its recipients. Practically the court is asked to make another will for the testator. The laws do not warrant this judicial action, and mere presumption would not be strong enough to sustain it.

But more than this, to concede appellants' views would involve the imposition of an additional punishment or penalty upon the respondent. What power or warrant have the courts to add to the respondent's penaltiesby depriving him of property? The law has punished him for his crime, and we may not say that it was an insufficient punishment. In the trial and punishment of the respondent the law has *520 vindicated itself for the outrage which he committed, and further judicial utterance upon the subject of punishment or deprivation of rights is barred. We may not, in the language of the court in *People v. Thornton* (25 Hun, 456), 'enhance the pains, penalties and forfeitures provided by law for the punishment of crime.'

The judgment should be affirmed, with costs.

All concur with EARL, J., except GRAY, J., who reads dissenting opinion, and DANFORTH, J., concurring.

Judgment in accordance with the prevailing opinion.

Riggs v. Palmer, 115 N. Y. 506, 506 - 20, 22 N. E. 188 (1889)

附录7：优步案判决书英文原文

United States Court of Appeals, Seventh Circuit.①

Illinois Transportation Trade Association, et al. , Plaintiffs – Appellants,

v.

City of Chicago, Defendant – Appellee,

and

Dan Burgess, et al. , Intervening Defendants – Appellees.

Nos. 16 – 2009, – 2077, & – 2980

|

Argued September 19, 2016

|

Decided October 7, 2016

Synopsis

Background: Owners and operators of taxicabs and livery vehicles and transportation trade association brought action alleging that city ordinance regulating transportation network providers violated their rights under federal constitution and state law. The United States District Court for the Northern District of Illinois, Sharon Johnson Coleman, J. , 134 F. Supp. 3d 1108, granted in part and denied in part city's motion to dismiss. Parties filed cross – appeals.

Holdings: The Court of Appeals, Posner, Circuit Judge, held that:

[1] ordinance did not constitute taking of city – issued taxi medallions or de-

---

① 案例原文从中国政法大学图书馆电子数据库 Westlaw Next 数据库原样下载，因此格式等全部保留原样。

prive medallion owners of constitutionally protected property right, and

[2] city's failure to subject provides to same regulatory burdens as taxicab owners and operators did not violate taxicab owners' and operators' equal protection rights.

Affirmed in part and reversed in part.

West Headnotes (2)

[1]	Eminent Domain Automobiles
	City ordinance permitting transportation network providers to operate in city under different rules regarding licensing and fares than taxicab operators did not constitute taking of city – issued taxi medallions or deprive medallion owners of constitutionally protected property right. U. S. Const. Amends. 5, 14. 1 Cases that cite this headnote
[2]	Automobiles Local regulations Constitutional Law Carriers and public utilities; railroads
	Ridesharing services and taxi services were not similarly situated, and thus city's failure to subject transportation network providers that provided ridesharing services to same regulatory burdens as taxicab owners and operators did not violate taxicab owners' and operators' equal protection rights; taxis but not providers were permitted to take on as passengers persons who hailed them on street, provider customers were required to create contractual relationship with provider prior to using its services, providers assumed primary responsibility for screening potential drivers and hiring only those found to be qualified, provider passengers received more information in advance about their prospective rides, and taxicabs generally were driven more miles in hope of being hailed. U. S. Const. Amend. 14. Cases that cite this headnote

*595 Appeals from the United States District Court for the Northern District of Illinois, Eastern Division. No. 1: 14 – cv – 00827, Sharon Johnson Coleman, *Judge.*

Attorneys and Law Firms

Edward W. Feldman, William J. Katt, Melissa Bema Pryor, Michael L. Shakman, Attorneys, Miller, Shakman & Beem LLP, Chicago, IL, for Plaintiffs – Appellants.

Kerrie Maloney Laytin, Attorney, Office of the Corporation Counsel, Appeals Division, Chicago, IL, Benna Ruth Solomon, Attorney, City of Chicago Law Department, Chicago, IL, for Defendant – Appellee.

Robert McNamara, Attorney, Institute for Justice, Arlington, VA, Anthony Brian Sanders, Attorney, Institute for Justice, Minneapolis, MN, for Intervenors – Appellees.

BeforePosner, Williams, and Sykes, Circuit Judges.

Opinion

Posner, Circuit Judge.

This case, closely parallel to *Joe Sanfelippo Cabs, Inc. v. City of Milwaukee*, No. 16 – 1008, also decided today, involves constitutional challenges to the endeavor of a city (Chicago in this case, Milwaukee in the other) to stimulate greater competition in the "for – hire auto transportation market." That is the market composed of owners of taxicabs that one hails on the street, of livery services, which are usually summoned by phone (as for that matter taxis sometimes are), and of the newer auto – transport services for hire, of which the best known is Uber (the second best known is Lyft); generically these services are known either as Transportation Network Providers (TNPs) or as ridesharing services.

Because the acronym TNPs is not well known, nor the term ridesharing services, but Uber is very well known, we'll focus on Uber, which "at its core ... is just an app that you download to your smartphone and use to get a nearby Uber driver to come pick you up. While some taxi services are getting on board with these new fangled apps most for – rent cars still wait at the taxi stand or require you to give the service dispatch center a call in advance. Uber doesn't do that. ... You can only hitch an Uber ride via the service's app." Kristen Hall – Geisler, "5 Ways Uber Is Really Different from a Regular Taxi," http://auto.howstuffworks.com/techtransport *596 /5 – ways – uber – really – different – from – regular – taxi1.htm (visited Oct. 6, 2016, as was the other website in this opinion). (However, Uber has now added a feature that allows customers to schedule an Uber pickup in advance. See

Uber. com, "Scheduled Ride for Extra Peace of Mind," www. uber. com/info/scheduled – rides/.) There are other differences, which many consumers consider advantages of Uber over taxis: the storage of payment information, so that one does not need to be carrying cash or a credit card; the ability to see a time estimate of how long a pickup will take and also a driver's rating by past users; and the ability to request a ride from wherever one is (*e. g.* , from the comfort of home, inside during the rain rather than by hailing on a street) .

The plaintiffs are companies that own and operate either taxicabs or livery vehicles in Chicago or that provide services to such companies, such as loans and insurance. Taxi companies are tightly regulated by the City regarding driver and vehicle qualifications, licensing, fares, and insurance; livery companies are also tightly regulated, but we won't need to discuss them separately. Uber (which remember we're treating as representative of the TNPs) is less heavily regulated than the taxi and livery companies (until 2014 it wasn't regulated at all) and has a different business model. For example, you can't hail an Uber vehicle on the street; you must use a smartphone app to summon an Uber car. Since 2014 Uber and the other TNPs have been governed by an ordinance, but it is different from the ordinances governing taxi and livery services and more permissive; for example, it allows the companies to set their own fares, and in this and other ways allows them to do by contract some of the things that Chicago ordinances require taxi and livery companies to do.

The plaintiffs challenge the ordinance on seven grounds, of which four are based on the U. S. Constitution and the other three on Illinois law. The district judge dismissed all but the two claims that accuse the City of denying the equal protection of the laws by allowing the TNPs to compete with taxi and livery services without being subject to all the regulations governing those services. The plaintiffs appeal the district judge's dismissal of five of their claims and the City appeals the judge's refusal to dismiss the other two as well.

[1] All seven of the plaintiffs' claims are weak. The first is that allowing the TNPs into the taxi and livery markets has taken away the plaintiffs' property for a public use without compensating them. A variant of such a claim would have merit had the City confiscated taxi medallions, which are the licenses that authorize the

use of an automobile as a taxi. Confiscation of the medallions would amount to confiscation of the taxis: no medallion, no right to own a taxi, *Boonstra v. City of Chicago*, 214 Ill. App. 3d 379, 158 Ill. Dec. 576, 574 N. E. 2d 689, 694 – 95 (1991), though the company might be able to convert the vehicle to another use. Anyway the City is not confiscating any taxi medallions; it is merely exposing the taxicab companies to new competition—competition from Uber and the other TNPs.

"Property" does not include a right to be free from competition. A license to operate a coffee shop doesn't authorize the licensee to enjoin a tea shop from opening. When property consists of a license to operate in a market in a particular way, it does not carry with it a right to be free from competition in that market. A patent confers an exclusive right to make and sell the patented product, but no right to prevent a competitor from inventing a noninfringing substitute product that erodes the patentee's profits. Indeed when new technologies, * 597 or new business methods, appear, a common result is the decline or even disappearance of the old. Were the old deemed to have a constitutional right to preclude the entry of the new into the markets of the old, economic progress might grind to a halt. Instead of taxis we might have horse and buggies; instead of the telephone, the telegraph; instead of computers, slide rules. Obsolescence would equal entitlement.

Taxi medallions authorize the owners to own and operate taxis, not to exclude competing transportation services. The plaintiffs in this case cannot exclude competition from buses or trains or bicycles or liveries or chartered sightseeing vehicles or jitney buses or walking; indeed they cannot exclude competition from taxicab newcomers, for the City has reserved the right (which the plaintiffs don't challenge) to issue additional tax medallions. Why then should the plaintiffs be allowed to exclude competition from Uber? To this question they offer no answer.

All that the City gives taxi – medallion owners is the right to operate taxicabs in Chicago, see Municipal Code of Chicago § 9 – 112 – 020 (b) (a parallel provision, § 9 – 114 – 020 (b), governs liveries). That isn't a right to exclude competitive providers of transportation. As pointed out in *Boston Taxi Owners Ass'n, Inc. v. City of Boston*, F. Supp. 3d 2016 WL 1274531, at * 5 (D. Mass. March 31, 2016), "if a person who wishes to operate a taxicab without a medallion is prevented from doing so, it is because he or she would violate municipal regulations, not because he or she would violate medallion owners' property rights." Section 9-112-020 (b) of the Municipal Code, cited above, which has been on the books since 1963, entitles the medallion owners to be the exclusive providers of taxi service, but not to exclude alternatives to the service they offer. The City has created a property right in taxi medallions; it has not created a property right in all commercial transportation of persons by automobile in Chicago.

The plaintiffs continue to receive some insulation from competition, because they alone are permitted to operate taxicabs in Chicago. Taxicabs are preferred to Uber and other TNPs by many riders, because you don't have to use an app to summon them—you just wave at one that drives toward you on the street—and also because the fares are fixed by the City.

The plaintiffs argue that the City has discriminated against them by failing to subject Uber and the other TNPs tothe same rules about licensing and fares (remember that taxi fares are set by the City) that the taxi ordinance subjects the plaintiffs to. That is an anticompetitive argument. Its premise is that every new entrant into a market should be forced to comply with every regulation applicable to incumbents in the market with whom the new entrant will be competing.

Here's an analogy: Most cities and towns require dogs but not cats to be licensed. There are differences between the animals. Dogs on average are bigger, stronger, and more aggressive than cats, are feared by more people, can give people serious bites, and make a lot of noise outdoors, barking and howling. Feral cats generally are innocuous, and many pet cats are confined indoors. Dog owners, other than those who own cats as well, would like cats to have to be licensed, but do not argue that the failure of government to require that the "competing" animal be licensed deprives the dog owners of a constitutionally protected property right, or alternatively that it subjects them to unconstitutional discrimination. The plaintiffs in the present case have no stronger argument for requiring that Uber and the other TNPs be subjected to the same licensure *598 scheme as the taxi owners. Just as some people prefer cats to dogs, some people prefer Uber to Yellow Cab, Flash Cab, Checker Cab, *et al.* They prefer one business model to another. The City wants to encourage this competition, rather than stifle it as urged by the plaintiffs, who are taxi owners.

[2] So there is no merit to the plaintiffs' claim that the City has taken property from them without compensation, and there is also no need to discuss four of their six other claims, which whether based on the Constitution or on Illinois common law add nothing to the takings claim. The two additional claims we do need to discuss are the equal protection claims, because those are the claims that the district judge thought had sufficient potential merit to survive a motion to dismiss. She ruled that the City, by failing to place as many regulatory burdens on the TNPs as on the taxicab companies, might have denied the latter the equal protection of the law. But this was taking equal protection literally, and it should not be taken so. Otherwise prospective entrants to a market who had lower costs than incumbent firms would not be allowed to enter the market unless some regulatory entity burdened the new entrants with regulations, whether or not necessary or even appropriate, that eliminated any cost advantage the new entrants would otherwise have in competing with the incumbent firms. The imposition of such an impediment to competition and disservice to consumers would be absurd.

The proper question to ask regarding equal protection is whether the regulatory differences between Chicago taxicabs and Chicago TNPs are arbitrary or defensible, and the City makes a compelling case that they're the latter. Taxis but not TNPs are permitted to take on as passengers persons who hail them on the street. Rarely will the passenger have a prior relationship with the driver, and often not with the taxicab company either; and it makes sense therefore for the City to try to protect passengers by screening the taxi drivers to assure that they're competent and by imposing a uniform system of rates based on time or distance or both. So taxi service is regulated by the City of Chicago, but so is TNP service, though differently because the service is different from taxi service. A major difference is that customers, rather than being able to hail an Uber car, must sign up with Uber before being able to summon it, and the sign up creates a contractual relationship specifying such terms as fares, driver qualifications, insurance, and any special need of the potential customer owing to his or her having a disability. Unlike taxicab service Uber assumes primary responsibility for screening potential drivers and hiring only those found to be qualified, and the passengers receive more information in advance about their prospective rides—information that includes not only the driver's name but also pictures of him (or her) and of the car. Furthermore, the TNPs use part – time drivers extensively, and it is believed that these part – timers drive their cars fewer miles on average than taxicab drivers, who are constantly patrolling the streets in hope of being hailed; and the fewer miles driven the less likely a vehicle is to experience wear and tear that may impair the comfort of a ride in it and even increase the risk of an accident or a breakdown.

There are enough differences between taxi service and TNP service to justify different regulatory schemes, and the existence of such justification dissolves the plaintiffs' equal protection claim. Different products or services do not as a matter of constitutional law, and indeed of common sense, always require identical regulatory rules. The fallacy in the district judge's *599 equal protection analysis is her equating her personal belief that there are no significant differences between taxi and TNP service with the perception of many consumers that there are such differences—a perception based on commonplace concerns with convenience, rather than on discriminatory or otherwise invidious hostility to taxicabs or their drivers. If all consumers thought the services were identical and that there was therefore no advantage to having a choice between them, TNPs could never have gotten established in Chicago

Suppose the district judge happened to think dogs and cats interchangeable, and on that ground ruled that requiring dogs but not cats to be licensed (the law in Chicago) was a violation of equal protection. The proper response would be that she is entitled to her opinion but not entitled to impose it when the market perceives, and as we noted earlier has reasonable and nondiscriminatory grounds for perceiving, a rational difference between the competing animals that she does not perceive. Her belief that taxis and TNPs are interchangeable is similarly not shared by the entire relevant consumer market.

A "legislature, having created a statutory entitlement, is not precluded from altering or even eliminating the entitlement by later legislation. Were the rule otherwise, 'statutes would be ratchets, creating rights that could never be retracted or even modified without buying off the groups upon which the rights had been conferred. ' " *Dibble v. Quinn*, 793 F. 3d 803, 809 (7th Cir. 2015), quoting *Pittman v. Chicago Board of Education*, 64 F. 3d 1098, 1104 (7th Cir. 1995); see also *Wisconsin & Michigan Ry. Co. v. Powers*, 191 U. S. 379, 387, 24 S. Ct. 107, 48 L. Ed. 229 (1903) ("the legislature is not making promises, but framing a scheme of public revenue and public improvement").

Beginning in the 1970s a deregulation movement swept the country, powered by the belief that competition is often a superior alternative to regulation. Entire agencies vanished, such as the Civil Aeronautics Board, which had greatly limited competition in the airline industry. Many cities loosened the regulatory limitations on taxi services—and this well before there were any TNPs. See Adrian T. Moore & Ted Balaker, "Do Economists Reach a Conclusion on Taxi Deregulation?" 3 *Econ Journal Watch* 109, 111 (2006). The deregulation movement has surged with the advent of the TNPs. Chicago, like Milwaukee in our companion *Sanfelippo* case, has chosen the side of deregulation, and thus of competition, over preserving the traditional taxicab monopolies. That is a legally permissible choice.

The judgment of the district court is affirmed in all but that court's ruling on the plaintiffs' equal protection claims; that ruling is reversed with instructions to dismiss those claims with prejudice.

All Citations

839 F. 3d 594

附录8：英国“脱欧”案判决书英文原文

R（Miller） –v– Secretary of State for Exiting the European Union[①]

Neutral Citation Number：[2016] EWHC 2768（Admin）

Case No：CO/3809/2016 and CO/3281/2016

IN THE HIGH COURT OF JUSTICE

QUEEN'S BENCH DIVISION

DIVISIONAL COURT

Royal Courts of Justice

Strand, London, WC2A 2LL

3 November 2016

Before：

LORD CHIEF JUSTICE OF ENGLAND AND WALES

THE MASTER OF THE ROLLS

LORD JUSTICE SALES

Between ：

The Queen on the application of（1）Gina Miller &

（2）Deir Tozetti Dos Santos Claimants

— and—

The Secretary of State for Exiting the European Union Defendant

（1）Grahame Pigney & Others

（2）AB, KK, PR and Children Interested Parties

Mr George Birnie & Others Interveners

---

① 网址：https：//www. judiciary. uk/judgments/r – miller – v – secretary – of – state – for – exiting – the – european – union – accessible/，最后登录时间2019年3月20日。

Lord Pannick QC, Rhodri Thompson QC, Anneli Howard and Tom Hickman for the 1st Claimant

Dominic Chambers QC, Jessica Simor QC and Benjamin John for the 2nd Claimant

H. M. Attorney – General, James Eadie QC, Jason Coppel QC, Tom Cross and Christopher Knight for the Defendant Secretary of State

Helen Mountfield QC, Gerry Facenna QC, Tim Johnston, Jack Williams and John Halford for the 1st Interested Parties

Manjit Gill QC, Ramby De Mello and Tony Muman for the 2nd Interested Parties

Patrick Green QC, Henry Warwick, Paul Skinner and Matthieu Gregoire for the Interveners

Hearing dates: 13th, 17th and 18th October 2016

Approved Judgment

Lord Thomas of Cwmgiedd CJ, Sir Terence Etherton MR and Sales LJ :

Introduction

(*a*) *The question for the court*

1. On 1 January 1973 the United Kingdom joined the European Communities. This occurred as a result of a process of Treaty negotiation by the government, the enactment of the European Communities Act 1972 ("the ECA 1972") to give effect to Community law in the national legal systems of the United Kingdom and then ratification by the United Kingdom and other Member States of the amended Community Treaties. Thus, as a result of the ECA 1972, Parliament by primary legislation gave effect in each jurisdiction of the United Kingdom to binding obligations and rights arising under those Treaties. In due course the European Communities became the European Union.

2. On 23 June 2016 a referendum took place under the European Union Referendum Act 2015 ("the 2015 Referendum Act"). The question asked in the referendum was "Should the United Kingdom remain a member of the European Union or leave the European Union?" The answer given in the referendum was that the United Kingdom should leave the European Union.

3. Withdrawal from the European Union under the Treaty provisions of European Union is governed by Article 50 of the Treaty on European Union ("TEU") . That Article came into force in 2009 after amendment of the TEU by the Lisbon Treaty of 2007.

4. The sole question in this case is whether, as a matter of the constitutional law of the United Kingdom, the Crown – acting through the executive government of the day – is entitled to use its prerogative powers to give notice under Article 50 for the United Kingdom to cease to be a member of the European Union. It is common ground that withdrawal from the European Union will have profound consequences in terms of changing domestic law in each of the jurisdictions of the United Kingdom.

(*b*) *The common ground that the question is justiciable*

5. It is agreed on all sides that this is a justiciable question which it is for the courts to decide. It deserves emphasis at the outset that the court in these proceedings is only dealing with a pure question of law. Nothing we say has any bearing on the question of the merits or demerits of a withdrawal by the United Kingdom from the European Union; nor does it have any bearing on government policy, because government policy is not law. The policy to be applied by the executive government and the merits or demerits of withdrawal are matters of political judgement to be resolved through the political process. The legal question is whether the executive government can use the Crown's prerogative powers to give notice of withdrawal. We are not in any way concerned with the use that may be made of the Crown's prerogative power, if such a power can as a matter of law be used in respect of Article 50, or what will follow if the Crown's prerogative powers cannot be so used.

(*c*) *The parties to the proceedings to resolve the legal question*

6. The Secretary of State is the appropriate representative of the Crown acting through the government. If the claimants' case is correct, it will of course cover action by any other government minister. Aspects of the submissions for the government were presented in turn by the Attorney General, Mr Eadie QC and Mr Coppel QC.

7. It is not difficult to identify people with standing to bring the challenge since virtually everyone in the United Kingdom or with British citizenship will, as we explain at paragraphs 58 and following, have their legal rights affected if notice is given

under Article 50. The claimants and interested parties comprise a range of people whose interests are potentially affected in different ways. The main part of the argument for the claimants was presented by Lord Pannick QC, appearing for the first claimant. His submissions were adopted by those appearing for the other claimant and the interested parties. Certain aspects of the argument for the claimants and the interested parties were presented by other counsel. Mr Chambers QC, appearing for the second claimant, dealt with the topic of parliamentary sovereignty. Miss Mountfield QC, appearing for one group of interested parties, dealt with the topics of EU citizenship rights, the position of Scotland under the Act of Union 1707 and the impact of the devolution legislation. Mr Green QC, appearing for interveners who are British citizens (or those associated with them) exercising their free movement rights under EU law by living in other EU Member States and having access to public services there, focused on the impact which notification under Article 50 would have upon them and also dealt in particular with the effect of the European Union Act 2011. Mr Gill QC focused on the position of another group of interested parties for whom he appeared, who are children and their carers whose immigration status in the United Kingdom may be affected as a result of notification under Article 50. Counsel for the Lord Advocate of Scotland and for the Counsel General of Wales were present in court but played no part in the proceedings.

(*d*) *The scheme of the judgment*

8. We will answer the question for our decision under the following headings:

①Article 50 of the TEU (paragraphs 9 – 17)

②The principles of constitutional law: the sovereignty of Parliament and the prerogative powers of the Crown (paragraphs 18 – 36)

③The domestic effect of EU law under the ECA 1972 (paragraphs 37 – 56)

④Categories of rights arising under the ECA 1972 and EU law (paragraphs 57 – 66)

⑤UK legislation in relation to the EU subsequent to the ECA 1972 (paragraphs 67 – 72)

⑥The parties' principal submissions (paragraphs 73 – 76)

⑦Our decision on the question (paragraphs 77 – 104)

⑧The Referendum Act 2015 (see paragraphs 105 – 108)

⑨Conclusion and form of declaratory relief (paragraphs 109 – 111)

(1) Article 50 of the TEU

(*a*) *The terms of Article* 50

9. Article 50 states:

"1. Any Member State may decide to withdraw from the Union in accordance with its own constitutional requirements.

2. A Member State which decides to withdraw shall notify the European Council of its intention. In the light of the guidelines provided by the European Council, the Union shall negotiate and conclude an agreement with that State, setting out the arrangements for its withdrawal, taking account of the framework for its future relationship with the Union. That agreement shall be negotiated in accordance with Article 218 (3) of the Treaty on the Functioning of the European Union. It shall be concluded on behalf of the Union by the Council, acting by a qualified majority, after obtaining the consent of the European Parliament.

3. The Treaties shall cease to apply to the State in question from the date of entry into force of the withdrawal agreement or, failing that, two years after the notification referred to in paragraph 2, unless the European Council, in agreement with the Member State concerned, unanimously decides to extend this period.

4. For the purposes of paragraphs 2 and 3, the member of the European Council or of the Council representing the withdrawing Member State shall not participate in the discussions of the European Council or Council or in decisions concerning it.

A qualified majority shall be defined in accordance with Article 238 (3) (b) of the Treaty on the Functioning of the European Union.

5. If a State which has withdrawn from the Union asks to rejoin, its request shall be subject to the procedure referred to in Article 49."

(*b*) *Common ground: notice is irrevocable and cannot be conditional*

10. Important matters in respect of Article 50 were common ground between the parties: (1) a notice under Article 50 (2) cannot be withdrawn, once it is given; and (2) Article 50 does not allow for a conditional notice to be given: a notice cannot be qualified by, for example, saying that it will only take effect if Parliament ap-

proves any agreement made in the course of the negotiations contemplated by Article 50 (2) .

(c) *The effect of the notice*

11. Once a notice is given, it will inevitably result in the complete withdrawal of the United Kingdom from membership of the European Union and from the relevant Treaties at the end of the two year period, subject only to an agreement on an extension of time between the United Kingdom and the European Council (acting unanimously) as set out in Article 50 (3) or the earlier making of a withdrawal agreement between the United Kingdom and the European Council (acting by a qualified majority and with the consent of the European Parliament) . The effect of the giving of notice under Article 50 on relevant rights is direct, even though the Article 50 process will take a while to be worked through.

12. A withdrawal agreement under Article 50, if one is made, may preserve some parts of the relevant Treaties or may make completely new provision for various matters. Since the Crown will negotiate the terms of any withdrawal agreement, this means that the Crown is entitled to pick and choose which existing EU rights, if any, to preserve—if it can persuade the European Council to agree—and which to remove. Again, therefore, the effect of the Article 50 negotiation process on relevant rights is direct.

13. The Secretary of State was at pains to emphasise that, if a withdrawal agreement is made, it is very likely to be a treaty requiring ratification and as such would have to be submitted for review by Parliament, acting separately, under the negative resolution procedure set out in section 20 of the Constitutional Reform and Governance Act 2010 ("the CRAG 2010") . The procedure under section 20 does not involve the enactment of primary legislation. For this reason, the claimants do not accept that the Secretary of State's reliance on the CRAG 2010 meets their submission.

14. Moreover, if by virtue of the operation of the procedure under section 20 a decision were taken that a withdrawal agreement should not be ratified, meaning that it did not come into effect as an agreement, the effect would be that the basic two year period would continue to run under Article 50 (3) so that the EU treaties would cease to apply to the United Kingdom at the expiry of that period (or any agreed ex-

tension). Parliament's consideration of any withdrawal agreement under the procedure in the CRAG 2010 would thus be constrained by the knowledge that if it did not approve ratification of it, however inadequate it might believe the withdrawal agreement to be, the alternative would likely eventually to be complete removal of all rights for the United Kingdom and British citizens under the EU Treaties when the relevant Article 50 time period expires.

(*d*) *Is the challenge by the claimants a challenge to the decision to withdraw or giving of the notice*?

15. There was some debate about whether the claimants' challenge is properly to be regarded as a challenge to the making of a decision to withdraw from the European Union under Article 50 (1) or a decision to notify the European Council under Article 50 (2).

16. In our view, nothing really turns on this, since it is clear that the two provisions have to be read together. The notification under Article 50 (2) is of a decision under Article 50 (1). If the Crown has no prerogative power under the constitutional law of the United Kingdom to give a notice under Article 50 (2), then it would appear to follow that under the provisions of Article 50 (1) it cannot, on behalf of the United Kingdom, acting solely under its prerogative powers, make a decision to withdraw "in accordance with [the United Kingdom's] own constitutional requirements".

17. However, we agree with the submission of Lord Pannick QC that, whatever the position in relation to any decision under Article 50 (1), a decision to give notice under Article 50 (2) is certainly the appropriate target for this legal challenge, since it is the giving of notice which triggers the effects under Article 50 (2) and (3) leading to the exit of a Member State from the European Union and from the relevant Treaties.

(2) The principles of constitutional law: the sovereignty of Parliament and the prerogative powers of the Crown

(*a*) *The United Kingdom constitution*

18. The United Kingdom does not have a constitution to be found entirely in a written document. This does not mean there is an absence of a constitution or consti-

tutional law. On the contrary, the United Kingdom has its own form of constitutional law, as recognised in each of the jurisdictions of the four constituent nations. Some of it is written, in the form of statutes which have particular constitutional importance (as we explain at paragraphs 43 – 44). Some of it is reflected in fundamental rules of law recognised by both Parliament and the courts. There are established and well – recognised legal rules which govern the exercise of public power and which distribute decision – making authority between different entities in the state and define the extent of their respective powers. The United Kingdom is a constitutional democracy framed by legal rules and subject to the rule of law. The courts have a constitutional duty fundamental to the rule of law in a democratic state to enforce rules of constitutional law in the same way as the courts enforce other laws.

19. In these proceedings, this court is called upon to apply the constitutional law of the United Kingdom to determine whether the Crown has prerogative powers to give notice under Article 50 to trigger the process for withdrawal from the European Union. The law we were taken to was primarily the law of England and Wales, with some reference to the position in the other jurisdictions in the United Kingdom, Scotland and Northern Ireland. Although this court only has jurisdiction to apply the law of England and Wales, we note that no – one in these proceedings has suggested that such parts of constitutional law in Scotland and Northern Ireland in relation to the interaction between statute and the Crown's prerogative powers as are relevant to determine the outcome in this case are any different from the law of England and Wales on that topic. Accordingly, for ease of reference and in view of the general constitutional importance of this case we will refer to UK constitutional law.

(*b*) *The sovereignty of the United Kingdom Parliament*

20. It is common ground that the most fundamental rule of UK constitutional law is that the Crown in Parliament is sovereign and that legislation enacted by the Crown with the consent of both Houses of Parliament is supreme (we will use the familiar shorthand and refer simply to Parliament). Parliament can, by enactment of primary legislation, change the law of the land in any way it chooses. There is no superior form of law than primary legislation, save only where Parliament has itself made provision to allow that to happen. The ECA 1972, which confers precedence on EU

law, is the sole example of this.

21. But even then Parliament remains sovereign and supreme, and has continuing power to remove the authority given to other law by earlier primary legislation. Put shortly, Parliament has power to repeal the ECA 1972 if it wishes.

22. In what is still the leading account, *An Introduction to the Law of the Constitution* by the constitutional jurist Professor A. V. Dicey, he explains that the principle of Parliamentary sovereignty means that Parliament has:

"the right to make or unmake any law whatever; and, further, that no person or body is recognised by the law... as having a right to override or set aside the legislation of Parliament."

(p. 38 of the 8th edition, 1915, the last edition by Dicey himself; and see chapter 1 generally).

Amongst other things, this has the corollary that it cannot be said that a law is invalid as being opposed to the opinion of the electorate, since as a matter of law:

"The judges know nothing about any willof the people except in so far as that will is expressed by an Act of Parliament, and would never suffer the validity of a statute to be questioned on the ground of its having been passed or being kept alive in opposition to the wishes of the electors." (*ibid.* pp. 57 and 72).

23. The principle of Parliamentary sovereignty has been recognised many times in leading cases of the highest authority. Since the principle is common ground in these proceedings it is only necessary to cite the speech of Lord Bingham of Cornhill in *R (Jackson) v Attorney General* [2005] UKHL 56; [2006] 1 AC 262 at para. [9]:

"The bedrock of the British constitution is... the supremacy of the Crown in Parliament...".

(c) *The Crown's prerogative powers*

24. The extent of the powers of the Crown under its prerogative (often called the royal prerogative) are delineated by UK constitutional law. These prerogative powers constitute the residue of legal authority left in the hands of the Crown. As Lord Reid said in *Burmah Oil Co (Burma Trading) Ltd v Lord Advocate* [1965] AC 75, at 101:

"The prerogative is really a relic of a past age, not lost by disuse, but only available for a case not covered by statute."

25. An important aspect of the fundamental principle of Parliamentary sovereignty is that primary legislation is not subject to displacement by the Crown through the exercise of its prerogative powers. But the constitutional limits on the prerogative powers of the Crown are more extensive than this. The Crown has only those prerogative powers recognised by the common law and their exercise only produces legal effects within boundaries so recognised. Outside those boundaries the Crown has no power to alter the law of the land, whether it be common law or contained in legislation.

26. This subordination of the Crown (i. e. the executive government) to law is the foundation of the rule of law in the United Kingdom. It has its roots well before the war between the Crown and Parliament in the seventeenth century but was decisively confirmed in the settlement arrived at with the Glorious Revolution in 1688 and has been recognised ever since.

27. Sir Edward Coke reports the considered view of himself and the senior judges of the time in *The Case of Proclamations* (1610) 12 Co. Rep. 74, that:

"the King by his proclamation or other ways cannot change any part of the common law, or statute law, or the customs of the realm"

and that:

"the King hath no prerogative, but that which the law of the land allows him."

28. The position was confirmed in the first two parts of section 1 of the Bill of Rights 1688:

"Suspending power—That the pretended power of suspending of laws or the execution of laws by regall authority without consent of Parlyament is illegall.

Late dispensing power—That the pretended power of dispensingwith laws or the execution of laws by regall authoritie as it hath beene assumed and exercised of late is illegall."

29. The legal position was summarised by the Privy Council in *The Zamora* [1916] 2 AC 77, at 90:

"The idea that the King in Council, or indeed any branch of the Executive, has power to prescribe or alter the law to be administered by Courts of law in this country is out of harmony with the principles of our Constitution. It is true that, under a number of modern statutes, various branches of the Executive have power to make rules having the force of statutes, but all such rules derive their validity from the statute which creates the power, and not from the executive body by which they are made. No one would contend that the prerogative involves any power to prescribe or alter the law administered in Courts of Common Law or Equity. . . "

These principles are not only well settled but are also common ground. It is therefore not necessary to explain them further.

(*d*) *The power under the Crown's prerogative to make and unmake treaties*

30. Another settled feature of UK constitutional law is that, as a general rule applicable in normal circumstances, the conduct of international relations and the making and unmaking of treaties on behalf of the United Kingdom are regarded as matters for the Crown in the exercise of its prerogative powers.

31. As we shall explain in more detail in examining the submission of the Secretary of State (see paragraphs 77 and following), it is the Secretary of State's case that nothing has been done by Parliament in the ECA 1972 or any other statute to remove the prerogative power of the Crown, in the conduct of the international relations of the United Kingdom, to take steps to remove the United Kingdom from the European Union by giving notice under Article 50 for the United Kingdom to withdraw from the TEU and other relevant European Treaties. The Secretary of State relies in particular on *Attorney General v De Keyser's Royal Hotel* [1920] AC 508 and *R v Secretary of State for Foreign and Commonwealth Affairs, ex p. Rees – Mogg* [1994] QB 552 (DC); he contends that the Crown's prerogative power to cause the United Kingdom to withdraw from the European Union by giving notice under Article 50 could only have been removed by primary legislation using express words to that effect, alternatively by legislation which has that effect by necessary implication. The Secretary of State contends that neither the ECA 1972 nor any of the other Acts of Parliament referred to have abrogated this aspect of the Crown's prerogative, either by express words or by necessary implication.

(e) *The effect of Treaties on the domestic law of the United Kingdom*

32. The general rule that the conduct of international relations, including the making and unmaking of treaties, is a matter for the Crown in exercise of its prerogative powers arises in the context of the basic constitutional principle to which we have referred at paragraph 25 above, that the Crown cannot change domestic law by any exercise of its prerogative powers. The Crown's prerogative power to conduct international relations is regarded as wide and as being outside the purview of the courts precisely because the Crown cannot, in ordinary circumstances, alter domestic law by using such power to make or unmake a treaty. By making and unmaking treaties the Crown creates legal effects on the plane of international law, but in doing so it does not and cannot change domestic law. It cannot without the intervention of Parliament confer rights on individuals or deprive individuals of rights.

33. The general position was explained by Lord Oliver of Aylmerton giving the leading speech in the Tin Council case, *J. H. Rayner (Mincing Lane) Ltd v Department of Trade and Industry* [1990] 2 AC 418, at 499E - 500D as follows:

"It is axiomatic that municipal courts have not and cannot have the competence to adjudicate upon or to enforce the rights arising out of transactions entered into by independent sovereign states between themselves on the plane of international law. That was firmly established by this House in *Cook v. Sprigg* [1899] A. C. 572, 578, and was succinctly and convincingly expressed in the opinion of the Privy Council delivered by Lord Kingsdown in *Secretary of State in Council of India v. Kamachee Boye Sahaba* (1859) 13 Moo. P. C. C. 22, 75:

'The transactions of independent states between each other are governed by other laws than those which municipal courts administer: such courts have neither the means of deciding what is right, nor the power of enforcing any decisionwhich they may make.'

On the domestic plane, the power of the Crown to conclude treaties with other sovereign states is an exercise of the Royal Prerogative, the validity of which cannot be challenged in municipal law: see *Blackburn v. Attorney - General* [1971] 1 W. L. R. 1037. The Sovereign acts

'throughout the making of the treaty and in relation to each and every of its stipulations in her sovereign character, and by her own inherent authority; and, as in making the treaty, so in performing the treaty, she is beyond the control of municipal law, and her acts are not to be examined in her own courts:' *Rustomjee v. The Queen* (1876) 2 Q. B. D. 69, 74, *per* Lord Coleridge C. J.

That is the first of the underlying principles. The second is that, as a matter of the constitutional law of the United Kingdom, the Royal Prerogative, whilst it embraces the making of treaties, does not extend to altering the law or conferring rights upon individuals or depriving individuals of rights which they enjoy in domestic law without the intervention of Parliament. Treaties, as it is sometimes expressed, are not self-executing. Quite simply, a treaty is not part of English law unless and until it has been incorporated into the law by legislation. So far as individuals are concerned, it is *res inter alios acta* from which they cannot derive rights and by which they cannot be deprived of rights or subjected to obligations; and it is outside the purview of the court not only because it is made in the conduct of foreign relations, which are a prerogative of the Crown, but also because, as a source of rights and obligations, it is irrelevant."

We would add that treaties can have certain indirect interpretive effects in relation to domestic law, such as those discussed in *R v Lyons* [2002] UKHL 447; [2003] 1 AC 976 at [27] - [28]; but this does not affect the basic position that the Crown cannot through the use of its prerogative powers increase or diminish or dispense with the rights of individuals or companies conferred by common law or statute or change domestic law in any way without the intervention of Parliament.

(f) The relevance of the principles to the question in the case

34. A particular feature of the present case is that the legal question for decision arises in a statutory context in which a direct link exists between, on the one hand, rights and obligations arising through action taken on the international plane—by entry into and continued membership of the European Communities (now, the European Union) and creation of EU law in the relevant Treaties and by law—making institutions of the European Union—and, on the other, the content of domestic law. This is the result of a combination of principles of EU law, including principles of direct effect of EU law in the national legal systems of Member States, and the terms of the

ECA 1972, which we consider at paragraphs 37 and following below.

35. It is this feature of the legal context which leads the claimants and interested parties to contend, in their subsidiary submission, that the ECA 1972 and other statutes which provide that EU law has effect in domestic law leave no room for the Crown to have any prerogative power to give notice under Article 50 to withdraw from the TEU and other relevant Treaties, since that would offend against the constitutional principle summarised in *The Zamora* by allowing the Crown to alter domestic law by exercise of its prerogative powers and to deprive them of their legal rights under that law.

36. At the same time, it is this feature which leads the Secretary of State to contend that the Crown's prerogative power to give notice to withdraw from the TEU and the other treaties has not been removed by primary legislation. Hence, it is argued, Parliament must be taken to have recognised that the Crown would have power to give notice under Article 50 in the exercise of its prerogative to conduct international relations on the part of the United Kingdom and thereby intended that the Crown should have power to bring about the changes in domestic law about which the claimants complain.

(3) The domestic effect of EU law and the ECA 1972

(*a*) *The forms of EU law and the role of the Court of Justice of the European Union*

37. As again the basic picture about how EU law operates is common ground, it is not necessary to give more than a brief explanation. Put very shortly, therefore, EU law as contained in the relevant Treaties in some parts contains rights for individuals and in other parts creates law – making institutions which can legislate to make new legally binding norms of EU law from time to time. The principal forms of EU legislation are (1) Directives, which require Member States to introduce changes into their national law in conformity with what is set out in them, and (2) Regulations, which have direct effect in the national law of Member States. Where the treaties create rights for individuals, those rights may be enforced as directly effective in the national courts of Member States. The same is true of rights set out in Regulations. Also, some individual rights set out in Directives are directly effective and

may be relied upon in the national courts of Member States.

38. These directly effective rights under EU law override even domestic primary legislation. Thus, for so long as EU law is accepted and applied by the national courts of a Member State, it operates as a form of law which is in that sense superior to all domestic law.

39. The Community and EU Treaties created the European Court of Justice (now the Court of Justice of the European Union – "CJEU") as the judicial body with authority to interpret and rule upon EU law. The CJEU does so both in proceedings brought by Member States or by EU institutions and in cases referred to it by national courts under the reference procedure now contained in Article 267 of the Treaty on the Functioning of the European Union ("TFEU"). Controversial issues of EU law are to be referred by national courts to the CJEU for authoritative determination by that Court, and national courts are obliged to apply EU law as interpreted by the CJEU.

40. These basic features of Community law were established well before the United Kingdom joined the European Communities in 1973. In particular, the superiority of EU law with direct effect was established in the well – known judgments of the Court of Justice in Case 26/62, *Van Gend & Loos* ECLI: EU: C: 1963: 1 and Case 6/64 *Costa v ENEL* [1964] ECR 585. It has been affirmed many times since, for instance in the well – known judgment in Case 106/77, *Amminstrazione delle Finanze v Simmenthal SpA* ECLI: EU: C: 1978: 49. Where EU law does not have direct effect but domestic legislation is introduced by a Member State to comply with its obligations under a Directive or other EU law, then as a matter of EU law a strong interpretive obligation applies so that the domestic legislation must be interpreted so as to be compatible with EU law wherever possible: Case C – 106/89, *Marleasing* ECLI: EU: C: 1990: 395.

(*b*) *The need for the ECA* 1972 *and its effect on the law of the United Kingdom*

41. As a practical matter, by reason of the limits on its prerogative powers referred to at paragraph 25 above, the Crown could not have ratified the accession of the United Kingdom to the European Communities under the Community Treaties unless Parliament had enacted legislation. Legislation by Parliament was needed to give

effect to EU law in the domestic law of the jurisdictions in the United Kingdom as was required by those Treaties and as was necessary to give effect in domestic law to the rights and obligations arising under EU law.

42. It is common ground that only Parliament could create the necessary changes in national law to allow EU law to have the effect at the level of domestic law which the Treaties required. As we have explained at paragraph 1 above, this was done by the enactment of the ECA 1972 in contemplation of the United Kingdom becoming part of the European Communities by accession to the Community Treaties so as to allow that to happen. If this legislation had not first been put in place, ratification of the Treaties by the Crown would immediately have resulted in the United Kingdom being in breach of its obligations under them, by reason of the absence of provision for direct effect of EU law in domestic law.

(*c*) *The ECA* 1972 *as a constitutional statute*

43. In due course, the House of Lords confirmed in *R v Secretary of State for Transport*, *ex p. Factortame Ltd* [1990] 2 AC 85 that the ECA 1972 was effective, while it remained on the statute book, to give directly effective EU law superiority even over domestic primary legislation. By virtue of the ECA 1972, the national courts give full effect to EU law as part of the domestic law applied by them.

44. As Laws LJ said in *Thoburn v Sunderland City Council* [2003] QB 151 (DC) at [62]:

"It may be there has never been a statute having such profound effects on so many dimensions of our daily lives."

He described the ECA 1972 as a constitutional statute, having such importance in our legal system that it is not subject to the usual wide principle of implied repeal by subsequent legislation. Its importance is such that it could only be repealed or amended by express language in a subsequent statute or by necessary implication from the provisions of such a statute. Similarly, the ECA 1972 was described as one of a number of constitutional instruments by Lord Neuberger of Abbotsbury PSC and Lord Mance JSC in *R* (*Buckinghamshire County Council*) *v Secretary of State for Transport* [2014] UKSC 3; [2014] 1 WLR 324, at [207].

(*d*) *The provisions of the ECA* 1972

45. The long title to the ECA 1972 states that it is:

"An Act to make provision in connection with the enlargement of the European Communities to include the United Kingdom, together with (for certain purposes) the Channel Islands, the Isle of Man and Gibraltar."

(At the time of the United Kingdom's accession in 1973, there were three Communities: the European Economic Community, the European Coal and Steel Community and the European Atomic Energy Community. The European Union has succeeded to these three Communities.)

46. The ECA 1972 has been amended by primary legislation with each change to the Community Treaties to extend the scope of competence and modes of law – making within the Communities and, as it eventually became, the European Union. The list of Treaties set out in the ECA 1972 to define EU law which is given effect in domestic law has been amended on each occasion in advance of ratification of the new Treaty, following the same pattern as for the initial accession of the United Kingdom to the Communities and for the same reason: the need to provide for domestic effect of EU law in national law in order to satisfy the United Kingdom's obligations under each successive Treaty so that rights and obligations under the Treaty and EU law have effect in domestic law. Since the main provisions of the ECA 1972, as amended, are in essence the same as when that Act was passed, subject to the change in the list of relevant Treaties to which we have referred, it is sufficient to set out the relevant provisions of that Act in their current form.

47. Section 1 (2) sets out various definitions. It defines "the Treaties" to mean the pre – accession treaties described in Part I of Schedule I to the Act, "taken with" further specific treaties entered into since accession which are listed in the subsection

"and any other treaty entered into by the EU (except in so far as it relates to, or could be applied in relation to, the Common Foreign and Security Policy), with or without any of the member States, or entered into, as a treaty ancillary to any of the Treaties, by the United Kingdom."

48. Section 1 (3) stipulates that treaties falling within this general definition

are to be identified by a declaration made by Her Majesty by Order in Council, and for treaties made after or incorporating terms agreed after 22 January 1972 such Order in Council must be approved in draft by resolution of each House of Parliament.

49. Section 2 of the ECA 1972 is headed "General implementation of Treaties." It gives effect to the United Kingdom's membership of the European Union and makes the changes to domestic law that are required as a result of membership.

50. Subsection 2 (1) provides:

"All such rights, powers, liabilities, obligations and restrictions from time to time created or arising by or under the Treaties, and all such remedies and procedures from time to time provided for by or under the Treaties, as in accordance with the Treaties are without further enactment to be given legal effect or used in the United Kingdom shall be recognised and available in law, and be enforced, allowed and followed accordingly; and the expression 'enforceable EU right' and similar expressions shall be read as referring to one to which this subsection applies."

By virtue of this provision all directly applicable EU law is made part of United Kingdom law and is enforceable as such.

51. It is common ground that if the United Kingdom withdraws from the Treaties pursuant to a notice given under Article 50 of the TEU, there will no longer be any enforceable EU rights in relation to which this provision will have any application. Section 2 (1) would be stripped of any practical effect.

52. Subsection 2 (2) confers power to implement any EU law obligation of the United Kingdom into domestic law, as follows:

"Subject to Schedule 2 to this Act, at any time after its passing Her Majesty may by Order in Council, and any designated Minister or department may by order, rules, regulations or scheme, make provision—

for the purpose of implementing any EU obligation of the United Kingdom, or enabling any such obligation to be implemented, or of enabling any rights enjoyed or to be enjoyed by the United Kingdom under or by virtue of the Treaties to be exercised; or

for the purpose of dealing with matters arising out of or related to any such obligation or rights or the coming into force, or the operation from time to time, of subsection (1) above;

. . . "

This provides for subordinate legislation to be promulgated to address those parts of EU law that are not directly applicable in domestic law, in particular to satisfy the requirements of Directives that are intended to be implemented by national measures. If the United Kingdom withdraws from the Treaties pursuant to a notice given under Article 50, this provision would in due course inevitably be deprived of any practical application.

53. Section 2 (4) provides, in relevant part:

"The provision that may be made under subsection (3) above includes. . . any such provision (of any such extent) as might be made by Act of Parliament, and any enactment passed or to be passed, other than one contained in this Part of this Act, shall be construed and have effect subject to the foregoing provisions of this section. . . " .

By this provision, as was recognised by the House of Lords in *ex p. Factortame Ltd*, Parliament legislated to give force and effect to EU law as set out in section 2 (1) and (2) in priority to all primary legislation, past or future.

54. Section 3 (1) requires the national courts in the United Kingdom to follow the rulings of the CJEU in the interpretation of EU law, as follows:

"For the purposes of alllegal proceedings any question as to the meaning or effect of any of the Treaties, or as to the validity, meaning or effect of any EU instrument, shall be treated as a question of law (and, if not referred to the European Court, be for determination as such in accordance with the principles laid down by and any relevant decision of the European Court) . "

(e) *The right of withdrawal from the EU*

55. As we have mentioned at paragraph 3, it was only with the coming into effect of the Lisbon Treaty in 2009 that an express right for a Member State to leave the European Union was set out in the form of Article 50 of the TEU. We received brief submissions on the question whether, under international law as it stood before then (and in particular as it stood in 1972 and 1973, when the ECA 1972 was enacted and took effect), it would have been possible for the United Kingdom to with-

draw from the Community Treaties after it had acceded to them on 1 January 1973. The Attorney General maintained that under customary international law the United Kingdom would have been entitled to give unilateral notice to withdraw. The claimants and interested parties pointed to Article 54 of the Vienna Convention on the Law of Treaties, which indicated that withdrawal could only have been achieved by agreement with the other parties.

56. In the end, this difference is not significant for present purposes and does not have to be resolved. Neither side suggested that either interpretation of international law would assist us in addressing the question of law which we have to decide. Since on either view of international law the United Kingdom would in principle have been capable of seeking to withdraw from the relevant Treaties, whether by giving unilateral notice or by making and ratifying an agreement to do so, when enacting the ECA 1972 Parliament must be taken to have had that possibility in mind. The question would still have arisen whether Parliament intended that this should be something that the Crown would be able to do through exercise of its prerogative powers without Parliament's intervention.

(4) Categories of rights arising under the ECA 1972 and EU law

57. The parties presented a broad schematic account of three different categories of rights arising under EU law. For the purposes of analysis in this case it is helpful to use this scheme, although it is, of necessity, rather simplified. The analysis focuses on rights, but it is important to bear in mind that there are other substantial areas of EU law such as the schemes of regulation which take effect as part of the law of the United Kingdom.

(*a*) *Category* (*i*): *rights capable of replication in the law of the United Kingdom*

58. The first category of rights is those which are in principle capable of replication in domestic law if the United Kingdom does withdraw from the European Union ["category (i) rights"]. One example discussed at the hearing is the rights of workers under the Working Time Directive. Even if the United Kingdom had no obligation under EU law to maintain such rights in domestic law, Parliament could choose to do so. The Secretary of State points to the fact that in many cases EU Di-

rectives and other EU laws have been implemented by domestic legislation, whether primary or subordinate, which will continue to apply, unless repealed, as free – standing enforceable domestic legislation when the United Kingdom leaves the European Union. The Secretary of State also points to the government's proposal for a Great Repeal Bill, according to which EU law rights would be re – enacted as ordinary rights in primary legislation.

59. We note that although the rights might be re – enacted using the same language, there would be some differences. For example, national courts would have no obligation to make, and individuals would not be able to seek, a reference to the CJEU to obtain an interpretation of the rights by that Court. Of course, Parliament might choose not to replicate all existing EU law rights in domestic law.

(*b*) *Category* (*ii*): *rights enjoyed in other members states of the EU*

60. The second category of rights is those enjoyed by British citizens and companies in relation to their activities in other Member States, as provided for by EU law, for example pursuant to rights of free movement of persons and of capital and rights of freedom of establishment ["category (ii) rights"]. If a British citizen resides in another Member State pursuant to EU rights of free movement, EU law requires the authorities and courts of that Member State to respect and give effect to those rights. It also prohibits the authorities in the United Kingdom from placing impediments in the way of the exercise of such rights.

(*c*) *Category* (*iii*): *rights that could not be replicated in UK law*

61. The third category of rights is those which have an effect in the domestic law of the United Kingdom and which would be lost upon withdrawal from the European Union and which could not be replicated in domestic legislation ["category (iii) rights"] . Mr Eadie QC, on behalf of the Secretary of State, characterised these as rights flowing from the membership of "the EU club". These include the right to stand for selection or, later, for election to the European Parliament and the right to vote in such elections (see paragraph 69 below) . The right to seek a reference to the CJEU is another example. So is the right to seek to persuade the EU Commission to take regulatory action in relation to matters within the United Kingdom, such as to investigate a violation of EU competition law or of EU environmental protection legis-

lation occurring within the United Kingdom and grant a remedy in relation to it.

(*d*) *The effect of withdrawal of the rights*

62. The point of discussion of these categories of rights at the hearing was to examine the extent to which withdrawal of the United Kingdom from the relevant EU Treaties would affect rights in domestic law and would undo or modify the legal effects as brought about by Parliament though the enactment of the ECA 1972. The claimants contend that Parliament by the ECA 1972 intended to give effect to each of these categories of right. They do so to emphasise the extent of the change which would be brought about by withdrawal pursuant to Article 50, in order to reinforce their argument that the Crown could not effect such changes by the exercise of its prerogative powers. The Secretary of State maintains that whatever the extent of the changes upon withdrawal, Parliament has left the Crown with prerogative power to give notice under Article 50. He also argues that the claimants exaggerate the extent and the degree to which categories (i) to (iii) were created by Parliament by the ECA 1972. The Secretary of State accepts that category (iii) rights would be lost upon withdrawal, but he sought to minimise the extent of loss of category (i) rights and disputed that category (ii) rights were the product of enactment of the ECA 1972.

63. Since the Secretary of State accepts that category (iii) rights include rights applicable in domestic law which are at least in part the product of the ECA 1972 and will be lost upon withdrawal from the European Union, which is sufficient for the claimants' argument, these issues can be dealt with shortly.

64. As to category (i) rights, we consider that the claimants are correct in their submission that it is the ECA 1972 which is the principal legislation under which these rights are given effect in domestic law of the United Kingdom; and that it is no answer to their case to say that some of them might be preserved under new primary legislation, yet to be enacted, when withdrawal pursuant to Article 50 takes place. The objection remains that the Crown, through exercise of its prerogative powers, would have deprived domestic law rights created by the ECA 1972 of effect. We also consider that the removal of the ability to seek authoritative rulings of the CJEU regarding the scope and interpretation of such rights would itself amount to a material change in the domestic law of the United Kingdom.

65. As regards category (ii) rights, the prohibition against impediments to the exercise of these rights is part of EU law with direct applicability in the domestic law of the United Kingdom, as the Secretary of State accepts. However, the Secretary of State submits that the main content of these rights (say, the ability of a British citizen to rely on his or her rights of free movement when in another Member State) is not the product of the ECA 1972. Rather, it is the product of the operation of EU law in combination with the domestic law of that Member State, just as the free movement rights of a national of that Member State in England and Wales would be the product of EU law in combination with the domestic law of England and Wales. The Secretary of State says, further, that the effect of EU law on other Member States for the benefit of British citizens was brought about by ratification of the relevant EU Treaties by the Crown on behalf of the United Kingdom on the international plane and the reciprocal ratification of those treaties by other Member States, also on the international plane.

66. In a highly formalistic sense, this may be accurate. But in our view, it is a submission which is divorced from reality. As explained at paragraphs 41 – 42 above, the enactment of the ECA 1972 was a necessary step before ratification of the relevant Treaties could occur, as Parliament knew. As Parliament contemplated, it was only if it enacted the ECA 1972 (and then amended it to refer to later EU Treaties) that ratification of those Treaties could occur. The reality is that Parliament knew and intended that enactment of the ECA 1972 would provide the foundation for the acquisition by British citizens of rights under EU law which they could enforce in the courts of other Member States. We therefore consider that the claimants are correct to say that withdrawal from the European Union pursuant to Article 50 would undo the category (ii) rights which Parliament intended to bring into effect, and did in fact bring into effect, by enacting the ECA 1972. Although these are not rights enforceable in the national courts of the United Kingdom, they are nonetheless rights of major importance created by Parliament. Accordingly, the claimants are entitled to say that it would be surprising if they could be removed simply through action by the Crown under its prerogative powers.

(5) UK legislation in relation to the EU subsequent to the ECA 1972

(*a*) *The European Communities* (*Amendment*) *Act* 2008

67. As mentioned at paragraph 46 above, the ECA 1972 has been amended on a number of occasions to give effect to new EU Treaties as they have been made and ratified by the United Kingdom. This includes amendment of the ECA 1972 by the European Communities (Amendment) Act 2008 ("the 2008 Act") to allow for ratification of the Lisbon Treaty. However, the material provisions of the ECA 1972 set out at paragraphs 47 – 54 above have remained unchanged since 1972, save for additions to the list of EU Treaties in section 1 (2).

68. Section 6 of the 2008 Act provided for parliamentary control of Ministers before they took any action in relation to certain decisions to increase the powers of the EU institutions. It did not provide for any similar parliamentary control in relation to a decision to give notice under Article 50 of the TEU.

(*b*) *The European Parliamentary Elections Act* 2002

69. The European Parliamentary Elections Act 2002 ("the 2002 Act") makes provision in relation to elections to the European Parliament. Section 1 provides that there shall be 73 members of the European Parliament elected for the United Kingdom in respect of 12 electoral regions. Section 8 states who is entitled to vote in European parliamentary elections. It is common ground that these provisions will lose their effect if the United Kingdom withdraws from the European Union.

70. At the time the United Kingdom decided to join the European Communities the European Parliament was in place, with members selected from parliamentarians in each Member State (but not yet elected), and there was at that stage a requirement that proposals should be drawn up for elections by direct universal suffrage: see Part 5 of the Treaty of Rome 1957. In 1972 and 1973 it was the right to seek selection to be a member of the Parliament which constituted the relevant category (iii) rights already in place, and there was an expectation that they would be added to by further Community legislation to create an elected Parliament. The European Parliament became a body elected on a general franchise in 1979. The domestic legislation to give effect to this was the European Parliamentary Elections Act 1978, which has been superseded by the 2002 Act.

(*c*) *The European Union Act* 2011

71. The European Union Act 2011 ("the EUA 2011") enacted certain restrictions on treaties and decisions relating to the EU. Section 2 provides that "A treaty which amends or replaces TEU or TFEU is not to be ratified unless", amongst other things, the treaty is approved by Act of Parliament and in certain cases a referendum is held. Section 3 provides that similar conditions would have to be fulfilled in relation to amendment of the TFEU under the simplified revision procedure under Article 48 (6) of the TEU. Section 4 sets out cases where a referendum would be required, focusing on cases where there would be an extension of the competences or powers of EU institutions.

(*d*) *The European Union Referendum Act* 2015

72. The 2015 Referendum Act provided, in section 1, for the holding of a referendum on the question, "Should the United Kingdom remain a member of the European Union or leave the European Union?" Section 1 (1) simply stated, "A referendum is to be held on whether the United Kingdom should remain a member of the European Union." The remainder of the Act made provision in relation to the holding of that referendum. We set out at paragraph 105 the position of the Secretary of State in relation to this Act.

(6) The parties' principal submissions

73. The arguments advanced to the court by all parties were transcribed and made available on the internet free of charge. It is therefore possible to summarise the arguments briefly.

74. The claimants' primary submissions are as follows.

①The question in this case is to be approached on the basis that it is a fundamental principle of the UK constitution that the Crown's prerogative powers cannot be used by the executive government to diminish or abrogate rights under the law of the United Kingdom (whether conferred by common law or statute), unless Parliament has given authority to the Crown (expressly in or by necessary implication from the terms of an Act of Parliament) to diminish or abrogate such rights.

②No words can be found under which Parliament has given any such authority either expressly or by necessary implication in the ECA 1972 or subsequent legislation relating to the European Union.

③The giving of a notice under Article 50 (2) of the TEU would pre – empt any ability of Parliament to decide on whether statutory rights should be changed. The notice would automatically abrogate in due course category (iii) rights and the rights under 2002 Act; it would remove the category (i) rights as enacted by Parliament in the ECA 1972; and it would remove from Parliament decisions on the maintenance of category (ii) rights.

④Ratification by Parliament of a withdrawal treaty made pursuant to Article 50 (2) (if any such treaty was agreed between the United Kingdom and the European Union) would not cure the pre – emption, as the effect of giving the Article 50 (2) notice would in effect inevitably remove the real decision from Parliament.

⑤Parliament had not given authority by the 2015 Referendum Act for the Crown to give notice of withdrawal under Article 50.

75. The claimants' alternative submission is that, if they are wrong in their primary contention that the Crown is prevented under the principles of the constitutional law of the United Kingdom from giving notice under Article 50 without express authority from Parliament, any power under the Crown's prerogative to do so has been removed by the ECA 1972 or by subsequent legislation in relation to the European Union. In addition, Mr Green QC argued in the further alternative that any relevant power under the Crown's prerogative was removed by the EUA 2011.

76. The Secretary of State submits as follows.

①Parliament could choose to leave (or not to abrogate) prerogative power in the hands of the Crown, even if its use would result in a change to common law and statutory rights.

②It was clear from *ex p. Rees – Mogg* that, unless express words could be found in a statute, Parliament could not be taken to have abrogated the Crown's prerogative powers in relation to the EU Treaties so that notice under Article 50 (2) could be given with the consequences that followed in the form of either a withdrawal treaty or automatic departure. Alternatively, applying the guidance in *De Keyser's Royal Hotel* in the context of the EU Treaties, Parliament could not be taken to have abrogated such prerogative power unless by express words in a statute (or possibly by necessary implication from a statute).

③No words could be found in the ECA 1972 or any other statute which abrogated that power expressly or by necessary implication.

④In particular, it is notable that neither the 2008 Act nor the EUA 2011 restricted the Crown's prerogative power to give a notice under Article 50 (2), even though that provision had come into existence by the time they were enacted. On the contrary, both Acts implicitly recognised that such prerogative power existed as no restriction was placed on the power of the Crown to invoke that right exercisable under the TEU, as amended by the Lisbon Treaty.

⑤Nor were there any express words in any United Kingdom legislation that abrogated the Crown's prerogative power to withdraw from the treaties as distinct from amending them. That was because the intention of Parliament, in particular as appears from the EUA 2011, was directed at restricting the increase in the powers of the European Union and its encroachment on Parliamentary sovereignty, not at restricting the ability to withdraw from the European Union and thereby restoring Parliamentary sovereignty.

⑥As it is likely that any withdrawal treaty would contain a provision requiring ratification, the withdrawal treaty would in any event have to be approved by Parliament by way of the negative resolution procedure in the CRAG 2010 before that occurred; if it contained provisions requiring application in domestic law, primary legislation would also need to be introduced to allow that. This would be consistent with the proper sequencing of the respective functions of the Crown and of Parliament, as had invariably happened in the past: once an EU treaty had been made, domestic law was brought into line by Parliament through legislation and then the treaty was ratified.

⑦Although the 2015 Referendum Act does not itself confer statutory power on the Secretary of State to give notice under Article 50 (2), the implication from the fact that the 2015 Referendum Act is silent on the issue whether legislation is required before notice could be given under that Article supported the contention that Parliament accepted the continued existence of the prerogative powers of the Crown to give such notice; it certainly contains no restriction on such prerogative power as may still exist.

(7) Our decision on the legal question

(*a*) *The nub of the contention of the Secretary of State*

77. Rather than begin with our consideration of the claimants' primary submission, to which we turn at paragraph 95, we will consider first the Secretary of State's submission on the interpretation of the ECA 1972. He maintains that under section 2 (1) of the ECA 1972 the content of EU rights is defined by reference to the EU Treaties. This means that Parliament intended there to be a continuing condition for the existence of any EU rights to be given effect in domestic law under section 2 (1), in the shape of the continued membership of the European Union on the part of the United Kingdom; and that whether that condition is satisfied or not was intended by Parliament to depend entirely upon the action of the Crown on the plane of international law.

78. If the Secretary of State's contention as to the proper meaning of section 2 (1) of the ECA 1972 is correct, there is no violation of the principle in *The Case on Proclamations*, summarised in *The Zamora*, as set out at paragraphs 27 – 29 Parliament would then itself have provided that the EU rights in domestic law should be vulnerable to removal by executive action on the plane of international law through the use of the Crown's prerogative powers.

79. This would be a function of the principle of parliamentary sovereignty, as Parliament can produce any effect it likes in law and so in theory can, if it chooses, legislate in such a way that aspects of the application of a statutory regime may be left to be filled in by reference to formal steps taken by the executive government. *Post Office v Estuary Radio Ltd* [1968] QB 740, CA, is an example of this. In that case, on the proper interpretation of the legislation in question in its particular context, the extent of application of the legislative regime was to be determined by reference to the concept of the United Kingdom's territorial waters, as they happened to be defined from time to time by the Crown by making relevant claims regarding their extent in the conduct of international relations under its prerogative powers.

80. Under the approach advocated by the Secretary of State, the resolution of the issue would depend upon whether the claimants could point to an intention on the

part of Parliament as expressed in the 1972 Act to remove the Crown's prerogative power to take action to withdraw the United Kingdom from the Community Treaties once they were ratified. If Parliament had done nothing in the ECA 1972 to qualify the Crown's pre – existing prerogative power to conduct international relations, that power would on this approach have continued after the promulgation of that Act.

81. However, in our judgment the Secretary of State goes too far in his suggestion that the constitutional principle summarised in *The Zamora* drops out of the picture and that the approach to statutory interpretation in relation to abrogation of the Crown's prerogative powers as set out in *De Keyser's Royal Hotel* leads to the conclusion that under the ECA 1972 the Crown retained prerogative power to take steps to withdraw the United Kingdom from the Community Treaties and now, therefore, has power under the Crown's prerogative to give notice under Article 50.

(*b*) *The approach to the interpretation of the ECA* 1972 *as a constitutional statute*

82. Statutory interpretation, particularly of a constitutional statute which the ECA 1972 is for the reasons given at paragraph 43 – 44, must proceed having regard to background constitutional principles which inform the inferences to be drawn as to what Parliament intended by legislating in the terms it did. This is part of the basic approach to be adopted by a court engaging in the process of statutory interpretation. Where background constitutional principles are strong, there is a presumption that Parliament intended to legislate in conformity with them and not to undermine them. One reads the text of the statute in the light of constitutional principle. In the particular context of the primary legislation which falls for interpretation, can it be inferred that a Parliament aware of such constitutional principle and respectful of it intended nonetheless to produce effects at variance with it?

83. There are several examples of this approach to statutory interpretation. There is a strong presumption against Parliament being taken to have intended to give a statute retrospective effect, even if the language used in the statute might appear to create such effect. There is a similar presumption as to the territorial effect of statutes. There is a strong presumption that Parliament does not intend to preclude access to the ordinary courts for determination of disputes: see, for example, *Anisminic*

Ltd v Foreign Compensation Commission [1969] 1 AC 147. Another example, debated at some length at the hearing, is the principle of legality, i. e. the presumption that Parliament does not intend to legislate in a way which would defeat fundamental human rights: see *R v Secretary of State for the Home Department*, *ex p. Pierson* [1998] AC 539 at 573G, 575B – G (Lord Browne – Wilkinson) and *R v Secretary of State for the Home Department*, *ex p. Simms* [2000] 1 AC 115, 131D – G (Lord Hoffmann). All these presumptions can be overridden by Parliament if it so chooses, but the stronger the constitutional principle the stronger the presumption that Parliament did not intend to override it and the stronger the material required, in terms of express language or clear necessary implication, before the inference can properly be drawn that in fact it did so intend. Similarly, the stronger the constitutional principle, the more readily can it be inferred that words used by Parliament were intended to carry a meaning which reflects the principle.

84. We emphasise this feature of the case because the Secretary of State's submission, in our view, glossed over an important aspect of this starting point for the interpretation of the ECA 1972 and proceeded to a contention that the onus was on the claimants to point to express language in the statute removing the Crown's prerogative in relation to the conduct of international relations on behalf of the United Kingdom. The Secretary of State's submission left out part of the relevant constitutional background. It was omitted, despite the Secretary of State making recourse to this approach to statutory interpretation a keystone of his own submission that the conduct of international relations is a matter for the Crown in the exercise of its prerogative powers. He made it so in order to argue that express (or at any rate especially clear) language would need to be found in the ECA 1972 before it could be inferred that Parliament intended to remove the Crown's prerogative power to take steps to remove the United Kingdom from the European Communities and the Community Treaties. Despite this, the Secretary of State's submission on section 2 (1) of the ECA 1972 gave no value to the usual constitutional principle that, unless Parliament legislates to the contrary, the Crown should not have power to vary the law of the land by the exercise of its prerogative powers.

85. In our view, the Secretary of State's submission is flawed at this basic level.

That view is reinforced by reference to two constitutional principles.

(*c*) *The principle that the Crown cannot use its prerogative powers to alter domestic law*

86. First, the powerful constitutional principle that the Crown has no power to alter the law of the land by use of its prerogative powers is the product of an especially strong constitutional tradition in the United Kingdom (and the democracies which follow that tradition – see for example the New Zealand decision in *Fitzgerald v Muldoon* [1976] 2 NZLR 615 at 622). It evolved through the long struggle (to which we have referred at paragraph 26) to assert parliamentary sovereignty and constrain the Crown's prerogative powers. It would be surprising indeed if, in the light of that tradition, Parliament, as the sovereign body under our constitution, intended to leave the continued existence of all the rights it introduced into domestic law by enacting section 2 (1) of the ECA 1972 (and, in the case of category (ii) rights, which it passed the ECA 1972 to bring into existence) subject to the choice of the Crown in the exercise of its prerogative powers as to whether to allow the Community Treaties to continue in place or to take the United Kingdom out of them. As Lord Browne – Wilkinson put it in *R v Secretary of State for the Home Department*, *ex p. Fire Brigades Union* [1995] 2 AC 513 at 552E:

"It is for Parliament, not the executive, to repeal legislation. The constitutional history of this country is the history of the prerogative powers of the Crown being made subject to the overriding powers of the democratically elected legislature as the sovereign body."

87. In this context, it is also relevant to bear in mind the profound effects which Parliament intended to produce in domestic law by enactment of the ECA 1972, which has led to its identification as a statute of special constitutional significance. The wide and profound extent of the legal changes in domestic law created by the ECA 1972 makes it especially unlikely that Parliament intended to leave their continued existence in the hands of the Crown through the exercise of its prerogative powers. Parliament having taken the major step of switching on the direct effect of EU law in the national legal systems by passing the ECA 1972 as primary legislation, it is not plausible to suppose that it intended that the Crown should be able by its own

unilateral action under its prerogative powers to switch it off again.

88. Moreover, the status of the ECA 1972 as a constitutional statute is such that Parliament is taken to have made it exempt from the operation of the usual doctrine of implied repeal by enactment of later inconsistent legislation: see *Thoburn v Sunderland City Council*, at [60] – [64], and section 2 (4) of the ECA 1972. It can only be repealed in any respect if Parliament makes it especially clear in the later repealing legislation that this is what it wishes to do. Since in enacting the ECA 1972 as a statute of major constitutional importance Parliament has indicated that it should be exempt from casual implied repeal by Parliament itself, still less can it be thought to be likely that Parliament nonetheless intended that its legal effects could be removed by the Crown through the use of its prerogative powers.

(*d*) *The Crown's prerogative power operates only on the international plane*

89. The second principle is the well settled limitation on the constitutional understanding that the conduct of international relations is a matter for the Crown in the exercise of its prerogative powers. The Secretary of State has overstated that constitutional understanding as his submission overlooks the inter – relationship between that principle and the constitutional principle summarised in *The Zamora*, which was highlighted by Lord Oliver in *H. Rayner* in the passage quoted at paragraph 33 above. It is precisely because the exercise of the Crown's prerogative powers in the conduct of international relations has no effect in domestic law that the courts accept that this is a field of action left to the Crown and recognise the strength of the understanding that it is not readily to be inferred that Parliament intended to interfere with it. But the justification for a presumption of non – interference with the Crown's prerogative in the conduct of international affairs is substantially undermined in a case such as this, where the Secretary of State is maintaining that he can through the exercise of the Crown's prerogative bring about major changes in domestic law.

90. For this reason, it is our view that the decision in *ex p. Rees – Mogg*, on which the Secretary of State sought to place considerable weight, does not provide guidance in the present case. In that case a strong Divisional Court addressed the question whether section 2 (1) and (2) of the ECA 1972 had by implication abrogated the prerogative power of the Crown to amend or add to the EEC Treaty, so as to

disable the Crown from ratifying the Protocol on Social Policy as an addition to that treaty: [1994] QB 552 at 567A – 568E. The court answered that question in the negative, drawing a contrast with section 6 of the European Parliamentary Elections Act 1978 which, as amended by the European Communities (Amendment) Act 1993, stated that no treaty which provided for any increase in the powers of the European Parliament should be ratified unless it had been approved by an Act of Parliament. At pp. 567G – 568E the court said this:

"We find ourselves unable to accept this far – reaching argument [for the claimant]. When Parliament wishes to fetter the Crown's treaty – making power in relation to Community law, it does so in express terms, such as one finds in section 6 of the Act of 1978. Indeed, as was pointed out, if the Crown's treaty – making power were impliedly excluded by section 2 (1) of the Act of 1972, section 6 of the Act of 1978 would not have been necessary. There is in any event insufficient ground to hold that Parliament has by implication curtailed or fettered the Crown's prerogative to alter or add to the E. E. C. Treaty.

Would the ratification of the Protocol on Social Policy alter the content of domestic law? The Protocol itself makes clear that it was not intended to apply to the United Kingdom. Nor is the United Kingdom party to the agreement which is annexed to the Protocol. The Protocol is not one of the treaties (which for this purpose includes protocols: see section 1 (4)) included within the definition of "the Treaties" in section 1 (2) of the Act of 1972. For it is specifically excluded by section 1 (1) of the Act of 1993. It follows that the Protocol is not one of the Treaties covered under section 2 (1) of the Act of 1972 by which alone Community treaties have force in domestic law. It does not become one of the treaties covered by section 2 (1) merely because, by the Union Treaty, it is annexed to the E. E. C. Treaty: see section 1 (3) of the Act of 1972.

Mr. Pannick [counsel for the claimant] argues that under paragraph 1 of the Protocol, the United Kingdom has agreed to authorise the other eleven member states to have recourse to the Community institutions for the purpose of givingeffect to the Agreement. But this is an obligation on the international plane, not the domestic plane. He further argues that the Protocol may have indirect effect on our domestic law, because some of the matters covered by the Agreement are covered elsewhere in Community law. Thus article 6 of the Agreement, which enshrines the principle of equal pay for equal work, follows the language of article 119 of the E. E. C. Treaty. Accordingly a decision of the European Court of Justice on the meaning of article 6 might affect, so it is said, the application of article 119 so as to influence the development of United Kingdom domestic law.

But in our view, this possible indirect effect is far too slender a basis on which to support Mr. Pannick's argument. We conclude that the Government would not, by ratifying the Protocol, be altering or affecting the content of domestic law without parliamentary approval. For the above reasons we would reject Mr. Pannick's... argument." (emphasis added)

91. In our judgment, the nub of the court's reasoning, as is apparent from the passages which we have highlighted, is that ratification of the Protocol on Social Policy by the Crown would not alter or affect the content of domestic law by virtue of section 2 (1) of the ECA 1972. Accordingly, there was no good reason to infer that Parliament had intended by enactment of that Act to affect the usual position, properly applicable in relation to that Protocol, that the Crown has untrammelled prerogative powers to make treaties in the conduct of the United Kingdom's international relations. Contrary to the Secretary of State's submission, the judgment cannot properly be read as saying, let alone holding, that express words would be required to fetter the Crown's treaty – making power in relation to EU law, since the court looked to see if there was sufficient ground to hold that Parliament had by implication curtailed or fettered the Crown's prerogative in that regard. That question arose in the context of the making of a Protocol to extend, not remove, EU rights. It is clear from the judgment that it was the fact that the ratification of the Protocol would not alter domestic law which led to the court's conclusion. The court did not have to consider an argument as to whether the Crown's prerogative powers had been unaffected by the ECA 1972. In the very different context of the present case, the question is whether the Crown has power under its prerogative to *withdraw* from the relevant EU Treaties where such withdrawal will, on the Secretary of State's argument, have a major effect on the content of domestic law. It is clear that the court in *ex p Rees Mogg* did not

touch on that question.

(*e*) *Our conclusion as to Parliament's intention*

92. Interpreting the ECA 1972 in the light of the constitutional background referred to above, we consider that it is clear that Parliament intended to legislate by that Act so as to introduce EU law into domestic law [and to create the category (ii) rights] in such a way that this could not be undone by exercise of Crown prerogative power. With the enactment of the ECA 1972, the Crown has no prerogative power to effect a withdrawal from the Community Treaties on whose continued existence the EU law rights introduced into domestic law depend [rights in categories (i) and (iii)] and on whose continued existence the wider rights of British citizens in category (ii) also depend. The Crown therefore has no prerogative power to effect a withdrawal from the relevant Treaties by giving notice under Article 50 of the TEU.

93. That this was the intention of Parliament and is the effect of the ECA 1972 appears from the following provisions of that Act, read in the light of the relevant constitutional background.

①The long title indicates that Parliament intended that the ECA 1972 was to give effect to the enlargement of the European Communities by the addition of the United Kingdom as a Member State. It is inconsistent with that major constitutional purpose of the Act that the Crown should have power to undo that enlargement by exercise of its prerogative powers.

②The heading of section 2 indicates that it is to provide for the implementation of the relevant "Treaties". The "Treaties" referred to are defined in section 1 (2) and the most important of them are expressly listed there. It is inconsistent with that specific declared statutory objective that the Crown should have power under its prerogative to remove the United Kingdom from those treaties so that they cannot be implemented.

③In our view point (2) refutes the Secretary of State's own textual argument on section 2 (1), to the effect that where it refers to all rights, powers, liabilities etc "from time to time created or arising by or under the Treaties" and to all remedies and procedures "from time to time provided for by or under the Treaties", it imports an implied condition that the United Kingdom remains a member of the European Union and is bound by "the Treaties" and the Crown has not withdrawn from "the Treaties" through the exercise of its prerogative power. It is on the basis that there is such an implied condition that the Secretary of State seeks to say that Parliament has chosen to allow the Crown's prerogative powers to withdraw the United Kingdom from the relevant EU Treaties to continue in being. But such a condition is contrary to the express wording of section 2. There is nothing in the constitutional background to warrant reading the words in that way. On the contrary, the constitutional background strongly reinforces the claimants' own suggested interpretation of the provision. Read according to their natural meaning and in their proper context, the words quoted above refer only to EU law rights, remedies and procedures etc that exist in the Treaties themselves or by virtue of EU legislation passed from time to time.

④This interpretation of section 2 (1) shows that Parliament intended to introduce into domestic law EU rights which were in place and would continue to be in place in relation to the United Kingdom under the relevant Treaties. The fact that Parliament uses the label "enforceable EU right" ["enforceable Community right" in the version of section 2 (1) as originally enacted] reinforces the view that this is what Parliament meant to achieve. This reading of the provision is again inconsistent with the existence of any power under the Crown's prerogative to undo those rights by effecting the withdrawal of the United Kingdom from the relevant Treaties.

⑤Section 2 (2) also indicates that Parliament believed and intended that it was legislating to give effect to EU law in domestic law and that the effect of its legislation should not be capable of being undone by the Crown through the exercise of its prerogative powers. Section 2 (2) confers a power to make subordinate legislation to implement "any EU obligation" of the United Kingdom and to enable "any rights enjoyed or to be enjoyed by the United Kingdom under or by virtue of the Treaties" to be exercised. Read in context and in light of the relevant constitutional background, these words refer only to EU obligations and EU rights which arise from time to time by virtue of the "Treaties" and do not import by implication any condition that such obligations and rights are only to be treated as such for so long as the Crown has not exercised its prerogative powers to withdraw the United Kingdom from the Treaties.

⑥Further, section 2 (2) states in sub-paragraph (b) that this statutory power may be exercised to make subordinate legislation for "the purpose of dealing with matters arising out of or related to any such obligation or rights" . On the Secretary of State's argument, this would appear to include making subordinate legislation to deal with the removal of any such EU obligation or EU rights as a result of withdrawal from the EU by virtue of exercise of the Crown's prerogative powers; but the subsection also says that the person exercising the power to make subordinate legislation "may have regard to the objects of the EU" (or "the objects of the Communities", as the subsection stated as originally enacted) . This would make little sense if Parliament had intended that the ECA 1972 should be interpreted as the Secretary of State contends.

⑦In our view, section 3 (1), relating to the ability to seek references from the CJEU under what is now Article 267 TFEU and the obligation of national courts to determine questions as to the validity, meaning or effect of any EU instrument in accordance with the jurisprudence of the CJEU, is most naturally to be read in context as presupposing the continued applicability of EU law and the EU Treaties in relation to the United Kingdom unless and until Parliament legislates for withdrawal. As with section 2 (1) and (2), Parliament cannot be taken to have legislated potentially in vain by this provision, as would be the case if the Crown could itself choose to withdraw the United Kingdom from the European Union without the need for further legislation and thereby strip it of any effect whatever.

⑧Finally, we have already drawn attention to the significance of the fact that the principal EU Treaties which are given effect in domestic law are specifically listed in section 1 (2). Section 1 (3) provides for parliamentary control before any ancillary treaty can be made and regarded as a "Treaty" for the purposes of the Act, and hence given effect in domestic law. The Crown cannot simply make and ratify ancillary treaties in the exercise of its prerogative powers and thereby create legal effects in domestic law. It is not compatible with this degree of Parliamentary control—listing the main "Treaties" in the ECA 1972 itself and providing for a high degree of Parliamentary control by way of approval by resolution of both Houses before an ancillary treaty qualifies as a "Treaty" for the purposes of the Act—that Parliament at the same time intended that the Crown should be able to change domestic law by the simple means of using its prerogative power to withdraw the United Kingdom from the Treaties. Moreover, the fact that Parliament's approval is required to give even an ancillary treaty made by exercise of the Crown's prerogative effect in domestic law is strongly indicative of a converse intention that the Crown should not be able, by exercise of its prerogative powers, to make far more profound changes in domestic law by unmaking all the EU rights set out in or arising by virtue of the principal EU Treaties.

94. In our judgment, the clear and necessary implication from these provisions taken separately and cumulatively is that Parliament intended EU rights to have effect in domestic law and that this effect should not be capable of being undone or overridden by action taken by the Crown in exercise of its prerogative powers. We therefore reject the Secretary of State's submission that Parliament did not intend to abrogate the Crown's prerogative powers and had not done so through the ECA 1972. Parliament also intended that British citizens should have the category (ii) rights and that, likewise, they should not be capable of being undone by the Crown by exercise of its prerogative powers. We arrive at this conclusion and reject the Secretary of State's submission by interpreting the ECA 1972 as a statute which introduces EU rights into domestic law and must be taken to cover the field. The ECA 1972 cannot be regarded as silent on the question of what happens to EU rights in domestic law if the Crown seeks to take action on the international plane to undo them. Either the Act reserves power to the Crown to do that, including by giving notice under Article 50, or it does not. In our view, it clearly does not.

(*f*) *The claimants' principal argument*

95. We have reached this conclusion by examining and rejecting the submission advanced by the Secretary of State. We now turn, as we indicated at paragraph 77, to the claimants' principal contention that as a matter of general constitutional principle derived from the sovereignty of Parliament and the case law beginning with *The Case of Proclamations*, to which we have referred at paragraphs 27 – 29 above, that the contention of the Secretary of State was misconceived. It was their submission that the Crown could not change domestic law and nullify rights under the law unless Parliament had conferred upon the Crown authority to do so either expressly or by

necessary implication by an Act of Parliament. The ECA 1972, in their submission, contained no such authority.

96. If the issue is approached in this way on the basis of the claimants' primary submission, it follows from the detailed analysis that we have set out that the ECA 1972 confers no such authority on the Crown, whether expressly or by necessary implication. Absent such authority from the ECA 1972 or the other statutes, the Crown cannot through the exercise of its prerogative powers alter the domestic law of the United Kingdom and modify rights acquired in domestic law under the ECA 1972 or the other legal effects of that Act. We agree with the claimants that, on this further basis, the Crown cannot give notice under Article 50 (2).

(*g*) *The decisions in De Keyser, Fire Brigades Union and Laker Airways*

97. The interpretation of the ECA 1972 we have set out and the conclusions we have reached are fully in line with the guidance given in *De Keyser's Royal Hotel*. That case establishes that Crown prerogative powers may be impliedly abrogated by primary legislation: [1920] AC 508, 526 (Lord Dunedin), 539 (Lord Atkinson), 554 (Lord Moulton), 561 –562 (Lord Sumner) and 575 –576 (Lord Parmoor). It also provides an example of one kind of case where that will be found to have occurred, i. e. where a matter formerly dealt with under the Crown's prerogative powers has been directly regulated by statute. In that case, the taking of property by the Crown during wartime had previously been permitted in exercise of the Crown's prerogative powers without any obligation to pay compensation, but the legislation in issue required the payment of compensation in relation to such a taking. The House of Lords held that the Crown's prerogative power to take without paying compensation had thereby been impliedly removed by the legislation. But the House of Lords did not decide that this is the only kind of situation in which an implied abrogation may be found. The *Fire Brigades Union* case, discussed in the next paragraph, shows that it is not; see also the speech of Lord Parmoor at [1920] AC 508, 576. Whether there is an implied abrogation is a matter of interpretation of the particular statute in each case, in its specific context and having regard to the subject matter it is dealing with.

98. In fact, the way in which sections 2 (1), 2 (2) and 3 (1) of the ECA

1972 would be stripped of effect by exercise of the Crown's prerogative powers if the Secretary of State's interpretation of that Act were correct provides an even stronger illustration than that which led the House of Lords in *R v Secretary of State for the Home Department, ex p. Fire Brigades Union* [1995] 2 AC 513 to hold that the Crown's prerogative had been impliedly abrogated by the statute in issue there. That case concerned the Criminal Injuries Compensation Scheme, which had originally been introduced under the Crown's prerogative powers. Parliament enacted legislation to put such a scheme on a statutory footing, applying certain rates of compensation as set out in the statute. The statutory scheme was not brought immediately into effect, but according to the statute the Secretary of State had to keep under review whether he should make an order to bring it into effect. Instead, however, he decided to exercise the Crown's prerogative to make changes to the compensation scheme introduced through the use of the Crown's prerogative powers by specifying tariff compensation rates which were lower than those set out in the statutory provisions. The House of Lords held that this was unlawful, as the Crown's prerogative power to change the scheme had been impliedly abrogated by the statute to the extent that he was not entitled to exercise it, as he had sought to do, in a manner which in practice meant he debarred himself from exercising the statutory power (to bring the statutory scheme into effect) for the purposes and on the basis which Parliament intended: see pp. 552D – 554G (Lord Browne – Wilkinson), 568G – 573C (Lord Lloyd of Berwick) and 575B – 578F (Lord Nicholls of Birkenhead). The new tariff scheme was not introduced as a temporary stopgap, but as a long – term replacement for the existing scheme and its statutory embodiment. As Lord Nicholls said at p. 576A – B:

"The executive cannot exercise the prerogative power in a way which would derogate from the fulfilment of a statutory duty. To that extent, the exerciseof the prerogative power is curtailed so long as the statutory duty continues to exist."

99. The effect of the decision in the *Fire Brigades Union* case was that Parliament could not be taken to have legislated in vain. Even though the statutory compensation scheme had not yet been brought into force, the Secretary of State was under a duty to consider bringing it into force at some point. He could not use the Crown's prerogative powers to create a new prerogative scheme which was incompati-

ble with the statutory scheme and was intended to stand in place of it, even though the statutory scheme was not yet in effect. In the present case, on the other hand, sections 2 (1), 2 (2) and 3 (1) of the ECA 1972 set out legal duties already in force which require effect to be given to EU law. In the present case, contrary to the submission of the Secretary of State, the inference that Parliament intended to abrogate the Crown's prerogative powers that would allow those provisions to be stripped of practical effect is even stronger.

100. It is finally necessary to refer to *Laker Airways Ltd v Department of Trade* [1977] 643 (CA), on which the claimants relied. In that case the Court of Appeal found that the Crown's prerogative powers in relation to the making of treaties had been impliedly abrogated by a statutory scheme for the licensing of air carriers. The claimant carrier had been licensed under the statute to provide an airline service between London and New York, but the Crown proposed to cancel the designation of the claimant as an approved carrier under the relevant treaty arrangement with the USA, which designation was necessary to allow it to operate its service. The court held that this would be unlawful. As Lord Denning MR said, "such a procedure was never contemplated by the statute" (p. 707B). Roskill LJ applied the guidance in *De Keyser's Royal Hotel* and held that Parliament should be taken to have intended to fetter the prerogative of the Crown in the relevant respect by its legislation (pp. 719B – 722H). Lawton LJ likewise held that the legislation regulated all aspects of the revocation of licences and by necessary implication should be construed so as to prevent the Secretary of State from achieving that effect through the exercise of the Crown's prerogative powers (pp. 727B – 728D). The analysis of all three judges depended on what Parliament had intended in the primary legislation and was in line with the approach in *De Keyser's Royal Hotel.*

101. Lawton LJ discussed the Secretary of State's submission that there was nothing in the legislation which curbed the Crown's prerogative powers in the sphere of international relations, and that indeed the legislation recognised that the Crown had such powers. Lawton LJ said

"This is so: but the Secretary of State cannot use the Crown's powers in this sphere in such a way as to take away the rights of citizens: see *Walker v Baird*

[1892] AC 491."

He held that this was in reality what the Secretary of State was doing (p. 728A). The claimants argued that this short passage supported their primary submission. The context in which Lawton LJ said this was in his discussion regarding the proper interpretation of the primary legislation in issue. It therefore is to be viewed as providing additional support for our analysis rejecting the Secretary of State's submission, since Lawton LJ clearly regarded reference to background constitutional principles as relevant to his interpretation of the legislation.

(*h*) *The Act of Union* 1707, *the devolution statutes and other statutes*

102. In the light of the conclusion we have reached by consideration of the terms of the ECA 1972 and basic constitutional principles, we do not find it necessary to address the supplementary submissions made by Miss Mountfield QC on the effect of the Act of Union of 1707. Nor is it necessary or appropriate to consider various alternative arguments put forward by the claimants, interested parties and other interveners. They relied upon the 2002 Act, but that came well after the enactment of the material provisions in the ECA 1972 and cannot affect their meaning; and in so far as the 2002 Act was relied upon as further legislation abrogating prerogative powers if the submissions based on the ECA 1972 did not succeed, the question does not arise. The claimants also relied upon the EUA 2011 and the various devolution Acts, but the same points apply.

103. In parallel with these proceedings in England and Wales there have been proceedings in the High Court in Northern Ireland concerned with the distinct question whether the Northern Ireland Act 1998 abrogates the Crown's prerogative powers in relation to the giving of notice under Article 50 TEU. We were informed that the issues being argued in the case before us were not the subject of argument and would not be decided in the Northern Ireland proceedings.

104. When the draft of our judgment was in the course of preparation Maguire J handed down his judgment in the Northern Ireland proceedings: *Re McCord's Application* [2016] NIQB 85. We do not say anything about the proper interpretation or effect of the Northern Ireland Act 1998; the parties before us deliberately withdrew from their arguments submissions based on that Act and the "Good Friday Agree-

ment" on the basis that those issues were for the decision of the High Court in Northern Ireland. However, in relation to certain observations made in the judgment which relate to the extent of the Crown's prerogative powers, the interpretation of the ECA 1972 and the effect of giving notice under Article 50, we infer that the observations reflected the way the case appears to have been argued based on the premise that such issues were primarily for determination by us. We would simply say:

①At [67] the judge notes that it is implicit in the argument of the applicants in the case before him that, were it not for the displacement of the prerogative by the Northern Ireland Act 1998, the use of prerogative power to give notice under Article 50 would be unobjectionable and affirms that position as the appropriate starting point for his analysis. But it is not the appropriate starting point, because a prior question is the effect of the ECA 1972 on domestic law and the Crown's prerogative powers.

②At [70] the judge refers to *The Case of Proclamations*, but only for the principle that "the King hath no prerogative, but that which the law of the land allows him". The judgment does not however address the principle that the Crown cannot through its prerogative power change any part of the law of the land; nor is reference made to the Bill of Rights: see paragraphs 28 - 29 Further, counsel for the applicants in the Northern Ireland case argued that there was no need to establish an intention on the part of the legislature to limit the prerogative (see [82]), which was very different from the submission presented to us. We therefore do not find it surprising that the judge was able to reject the overly broad submission made to him. It follows that when the judge gave consideration to the case law, he did so without having the proper starting point identified.

3. Finally, at [104] - [108] it is evident that the judge did not have the benefit of the careful analysis of the effect of Article 50 addressed to us. It is therefore again unsurprising that his conclusion at [105] that notification under Article 50 will only "probably" ultimately lead to changes in United Kingdom law was arrived at without knowledge it had been accepted before us on all sides that it necessarily will have that effect. The same must be said of his observation that at the point when the application of EU law in the United Kingdom changes, "the process necessarily will be one controlled by parliamentary legislation, as this is the mechanism for

changing the law in the United Kingdom." Before us the Secretary of State's positive case was that, if the Crown is entitled to give a notice under Article 50, then when it takes effect to withdraw the United Kingdom from the European Union the effect of existing EU law under the relevant EU Treaties will cease and sections 2 (1), 2 (2) and 3 (1) of the ECA 1972 will be stripped of their effect in domestic law without any requirement of further primary legislation.

(8) The Referendum Act 2015

105. The Secretary of State's case regarding his ability to give notice under Article 50 was based squarely on the Crown's prerogative power. His counsel made it clear that he does not contend that the 2015 Referendum Act supplied a statutory power for the Crown to give notice under Article 50. He is right not to do so. Any argument to that effect would have been untenable as a matter of statutory interpretation of the 2015 Referendum Act.

106. That Act falls to be interpreted in light of the basic constitutional principles of parliamentary sovereignty and representative parliamentary democracy which apply in the United Kingdom, which lead to the conclusion that a referendum on any topic can only be advisory for the lawmakers in Parliament unless very clear language to the contrary is used in the referendum legislation in question. No such language is used in the 2015 Referendum Act.

107. Further, the 2015 Referendum Act was passed against a background including a clear briefing paper to parliamentarians explaining that the referendum would have advisory effect only. Moreover, Parliament must have appreciated that the referendum was intended only to be advisory as the result of a vote in the referendum in favour of leaving the European Union would inevitably leave for future decision many important questions relating to the legal implementation of withdrawal from the European Union.

108. We emphasise that the Secretary of State's position on this part of the argument and the observations in the preceding paragraphs relate to a pure legal point about the effect *in law* of the referendum. This court does not question the importance of the referendum as a political event, the significance of which will have to be assessed and taken into account elsewhere.

(9) Conclusion and form of declaratory relief

109. As we have set out at paragraph 5, it is agreed on all sides that the legal question we have examined and answered, as to whether the Crown can use its prerogative powers to give notice under Article 50, is justiciable. Since it is a justiciable issue, the court must plainly be entitled to grant appropriate declaratory relief. The Secretary of State accepts this as well. It is appropriate for the precise form of the declaratory relief to be granted to be addressed once the parties have seen this judgment.

110. This case came on before us as a "rolled up" hearing, for the questions of permission to seek judicial review and, if granted, the substantive merits of the claim to be considered at one hearing. We formally grant permission.

111. For the reasons we have set out, we hold that the Secretary of State does not have power under the Crown's prerogative to give notice pursuant to Article 50 of the TEU for the United Kingdom to withdraw from the European Union.